【제2판】

4차 산업혁명 시대를 위한

교육과정의 이해

김병희 · 정길영 · 차상희 · 은은숙

KNOWLEDGE COMMUNITY 공동체

머리말

학교교육 현장이나 교육 활동이 전개되는 곳에서의 가장 본질적인 과제는 교육대상에게 무엇을 어떻게 가르칠 것인가의 문제를 결정하고 그 과정을 확인하는 일이다. 교육과정은 이처럼 무엇을 가르칠 것인가의 문제에 관하여 탐구하는 영역이다. 지금까지 교육과정은 대학의 교직과목 중의 한 과목으로 소개되어 왔으므로 실제로는 이론적인 면에 치중된 채 다소 소홀하게 취급되어 온 듯하다.

현대사회는 교육에 큰 변화를 요구하고 있으며 교육과정에 대한 인식 또한 새롭게 변화하고 있다. 즉, 교육 활동은 교사인 성인이 학습자가 지닌 독특한 특성과 권리를 인정하며 한 사람의 인격체로서의 개인을 존중하고 그가 가지고 있는 흥미와 관심에 중점을 두게 되었다. 이러한 교육과정의 변화에 따라 전문성을 요구받는 교사 또한 교육과정에 대하여 새롭게 인식하는 것이 필요하게 되었다.

교육과정은 교육의 역사와 함께 변화되어 현재에 이르렀으며 나아가서 미래를 지향하고 있다. 이에 본 저서는 교육과정이 지녀야 하는 교육철학적인 면을 파악하면서 미래 교육의 질적인 향상을 모색하고자 교육과정에 대하여 체계적으로 정리하였다. 교육과정에 관한 연구는 교육 현상이나 교육문제에 대하여 사고하고 비판·분석하여 교육에 대한 지혜와 안목을 넓히는 데 그 의의가 있다. 왜냐하면 교육과정 문제의 배경에는 철학적인 질문이 전제되기 때문이다.

이러한 관점에서 이 책을 집필하면서 역점을 둔 것은 첫째, 가능한 한 전문용어를 알기 쉽게 풀어서 제시하였다. 따라서 교육용어에 익숙하지 않은 사람들도 본 저서에 쉽게 접근할 수 있을 것이다. 둘째, 실제 교육의 현장에서 교사가 적용하기 쉽도록 교육과정이 지닌 의미를 제시하였다. 셋째, 예비교사들이 교사 임용시험에 대비할 수 있도록 핵심적인 내용과 주제를 가능한 한 모두 정리하였다. 넷째, 대학에서 한 학기 강의와 수업에 적합하도록 내용을 배열하여 제시하였다.

머리말

본 저서는 교육과정에 대한 중요한 내용을 체계적으로 분석하려고 노력하였다. 이 책의 구성내용을 간략히 소개하면, 우선 교육과정의 기초적인 내용과 개념을 해설하였으며, 교육과정의 철학적인 배경에 대하여 변천 과정을 따라 정리하였다. 이어서 사회문화의 변화와 교육과정의 재개념화, 교육과정의 유형에 관한 내용, 그리고 우리나라의 교육과정 변천에 관한 내용을 수록하였다. 또한 우리나라 2015 개정 교육과정과 개정된 내용, 우리나라의 유치원 교육과정의 변천에 관한 내용이 포함되었다. 마지막으로 교육과정의 구성과 교수-학습 및 수업 전략, 교육과정의 운영과 평가, 학습자와 교사의 특성과 4차 산업혁명 시대의 교육과정에 관한 내용을 담았다.

이 책은 교육과정에 관한 내용을 중심으로 언급하고 있다는 점에서 이미 나와 있는 교육과정에 관련된 다른 책들과 차별된다. 교육평가 부분을 제외한 나머지 교육과정 분야에 지면을 많이 할애함으로써 교육과정에 대한 전문성과 실제적인 면을 부각하였다. 현행 교육과정의 특징인 단위학교 중심의 전문적이고 자율적인 학교 교육과정과 이를 반영한 최신 교육과정 이론을 보다 충실하게 반영하고자 하였다.

엄청난 변화의 모습으로 흐르는 시대와 함께 교육과정은 변화하고 있다. 우리는 이 교육과정의 변화에 대하여 생각하고 염려하면서 또한 적응하려고 노력하고 있다. 필연적으로 맞아야 할 교육과정의 변화는 우리의 교육 전반에 대하여 새로운 각오와 새로운 철학을 요구하고 있다.

이 책은 앞서 출판되었던 『교육과정의 이해』의 개정판으로서, 『제4차 산업혁명 시대를 위한 교육과정의 이해』라고 제목을 바꿔보았다. 이 개정판에는 앞서 게재되었던 내용에 3개의 내용을 추가하게 되었다.

추가한 내용을 간단히 소개하면, 제7장에서 2015 개정 교육과정을 추가하였는데, 이는 2009 개정 교육과정에 이어서 2015 개정 교육과정에 관한 내용이 당연히 삽입되어야 할 것이다. 이는 다음의 개정 교육과정이 나올 때까지 가장 유력한 교육과정의 지위를 유지하고 있을 것으로 사료된다. 또한 제12장

학습경험의 선정과 조직에서는 앞의 내용에 이어서 다문화 교육에 관련된 내용을 추가하였다. 이 다문화 교육은 현재 우리 사회의 교육현장에서 크게 이슈가 되는 내용이면서 앞으로 점점 더 관심의 폭이 확대될 것이 예상되는 바이다. 이어서 제15장 "4차 산업혁명과 교육과정"이 추가되었는데, 이는 현재 우리나라 사회변화의 진로 방향과 교육과의 연관성을 나타내는 것으로서 큰 의미가 있는 부분이 되겠다.

미래 4차 산업혁명 시대의 완전하고 희망찬 대한민국을 실행하기 위하여 교육의 중요성이 새삼 언급되는 현시점에서 교육과정을 새로운 관점으로 조망하여 개정판을 내는 것은 크게 의미가 있다고 생각된다. 다시 강조하는 바이지만 교육과정은 교육 활동의 본질에 관련되는 것으로서 교육학 지식을 획득하는 데 있어서 가장 중심이 되는 분야이면서 핵심적인 자리를 차지하고 있음을 밝히는 바이다. 모쪼록 개정된 『4차 산업혁명 시대를 위한 교육과정의 이해』가 교육학을 연구하고 미래를 설계하며 참교육과 사회복지를 고민하는 학습자 모두에게 크게 도움이 될 것을 기대한다. 그러나 아직도 교육과정의 현장 적용의 측면에 관해서는 다소 미약하다고 여겨진다. 앞으로 미진한 부분에 대한 보완과 계속적인 연구를 약속하며 여러 독자들의 더 많은 관심과 지도를 부탁드린다.

끝으로 이 글이 교육과정에 대하여 관심이 있는 교육학자와 교육대학원생, 교사와 교육과 학생들, 교사 지원자, 그리고 학부모와 이에 관하여 연구하는 모든 분들에게 미약하나마 도움이 되기를 바란다. 이 책이 나오기까지 격려와 도움을 아끼지 않았던 주위의 사랑하는 지인들과 가족들, 그리고 이 책을 출판해 주신 공동체 출판사의 김동훈 사장님께 감사의 뜻을 전하는 바이다.

2019년 8월

저자 일동

차 례

차 례

CHAPTER 01

교육과정의 기초

1. 교육과정의 개념
2. 교육과정의 실행상의 유형
3. 교육과정 활동

01 CHAPTER 교육과정의 기초

1. 교육과정의 개념

교육과정(curriculum)은 교육활동의 목적, 내용, 방법을 규정하는 계획 및 실행과 관련된 분야이다. 따라서 어떤 형태의 교육활동도 교육과정에 대한 아이디어가 명시적으로든 혹은 암시적으로든 연관되지 않고서는 이루어질 수가 없다. 교육활동 속에는 반드시 교육과정이 존재한다고 할 수 있으며, 교육과정에 의해서 교육활동의 성격이 가장 잘 드러난다고 할 수 있다. 그런데 오늘날 교육과정이라는 용어는 여러 가지 방식으로 사용되고 있으며, 따라서 그 의미도 다양하게 규정될 수가 있어서 한마디로 정의 내리기는 쉽지가 않다. 여기서는 먼저 교육과정이라는 용어의 어원적 의미부터 살펴보고, 교육과정에 대한 다양한 정의를 검토해 봄으로써 교육과정이란 무엇인가에 대하여 제시하고자 한다.

1) 교육과정의 어원

'교육과정'은 영어 'curriculum'의 번역어이다. 이 말의 어원은 라틴어의 'currere'이다. '쿠레레'는 경주에서 말들이 달려야 하는 '정해진 길'을 뜻하기도 하고, 경주에서 각각의 말들이 정해진 길을 따라 '달리는 과정'을 의미하기도 한다. 교육과정을 교육적 체험의 과정으로 보는 관점은 후자의 해석에 기초를 두고 있다. 즉, 쿠레레로서 교육과정은 교사나 학습자 자신이 외부의 사물이나 사건을 접하고, 읽고, 생각하고, 느끼고, 배우는 체험의 과정을 가리킨다. 이러한 의미를 학교교육에 적용한다면 교육과정은 학습자가 학교에서 학습해야 하는 과정 또는 학습자가 학교를 다니는 동안 학습하도록 학교가 계획한 교육내용을 뜻한다.

2) 교육과정의 의미

교육과정 분야의 문헌에는 교육과정이 무엇인가 하는 정의가 다양하게 실려 있으며, 그 정의의 수는 문헌의 수만큼 많다고 할 수 있다. 여기서는 교육과정의 정의를 크게 4가지 개념으로 묶어서 그 의미를 이해하고 상호간의 관련성을 살펴보기로 한다.

(1) '교수요목'으로서의 교육과정

교육과정에 대한 가장 오래된 정의는 교육과정을 '쿠레레'라는 어원적 의미에 따라서 '교수요목(a course of study)'이라고 규정하는 것이다. 이것은 전문적인 교육과정 연구가 시작되기 전인 20세기 이전에 받아들여진 교육과정에 대한 정의이며, 이 정의에 따라 유형화된 교육과정이 '교과중심 교육과정'이다. 여기에서 교수요목이란 가르칠 내용의 주제나 제목을 열거한 것으로서, 각 학문분야에서 중요한 지식을 선택하고 그 각각을 다시 세부적인 단위로 쪼개어 각각의 조각을 순서에 맞게 전체적으로 조직해놓은 것을 말한다.

교육과정이라는 용어는 1820년경부터 사용되기 시작하였으나 교육과정이 하나의 연구분야로서 전문적인 학술적 용어로는 언제부터 쓰여지기 시작했는지는 정확하게 밝히지 못하고 있다. 미국에서는 1890년부터 교육과정에 대한 학술적 사고와 연구가 이루어지기 시작하였다. 이 시기에 교육과정은 교수자의 입장에서 교육과정의 내용면에 초점을 두어 '학생들이 필수적으로 배워 나가야 하는 내용'으로 규정하였다. 교육과정을 조직화된 지식을 모아 놓은 교과서, 교과개요, 교사지침서의 내용과 같은 것으로 생각한 것이다. 이러한 교육과정에 대한 가장 고전적 정의는 현대 미국교육의 형성기라고 할 수 있는 1890년대부터 1930년대까지 약 40년 동안 보편적으로 받아들여져왔다.

교육과정의 개정 작업이 있을 때 신문이나 방송에서 보도하는 교육과정의 일반적인 의미는 각급 학교에서 배우는 교과들의 종류, 중요도, 시간배당 등이다. 즉, 언론기관에서 고등학교 교육과정이 바뀌었다고 보도하면 그것은 고등학생들이 배우게 될 교과목의 종류, 필수·선택과목의 구분, 각 교과에 배당된 단위 수가 달라진다는 것을 말한다. 이러한 의미의 교육과정은 학교에서 배우게 될 교과들의 목록을 가리킨다.

(2) '학습경험'으로서의 교육과정

교육과정을 학습경험으로 보는 입장은 학교교육이 갖는 사회화의 기능에 주목하면서 교육과정에 대한 고전적 개념규정을 깨고자 하는 듀이(J. Dewey), 킬패트릭(W. H. Kilpatrick)과 같은 진보주의 교육철학자들로부터 비롯하였다. 이러한 변화를 주도한 것은 1920년대에 등장한 경험중심 교육과정이다. 경험중심 교육과정에서는 교육과정을 '학교의 지도 아래 학생들이 겪게 되는 모든 경험'이라고 정의하였다. 이러한 교육과정은 학교가 계획하고 교사가 제공하는 교육내용보다는 학습자가 실제로 겪는 경험이 중요하다는 사실을 강조한다.

교육목적이 학생들의 바람직한 행동변화에 있다는 것은 널리 알려진 사실이다. 만일 어떤 학생이 학교를 다니면서 주요한 교과들을 배웠는데 조금이라도 좋은 방향으로 달라지지 않았다면 학습에 문제가 있다고 생각한다. 이 말은 아무리 주요한 내용으로 구성된 교과라 하더라도 학생들에게 학습되지 않는다면 교육적으로 아무런 가치가 없다는 것이다. 학생들의 바람직한 행동변화가 교육목적이라면, 교육과정은 학교 시간표에 나타나는 것이 아니라 학생들이 갖는 경험 속에 있는 것이다.

하지만 학생들이 학교생활을 하면서 겪는 모든 경험이 교육적인 가치가 있다고 보기는 어렵다. 따라서 학교가 경험을 계획한다는 것은 학생의 능동적 경향을 파악하고 그들에게 작용하는 환경조건을 계획·조작하여 가치 있는 경험을 적시에 할 수 있도록 도와주는 것을 말한다.

(3) '의도된 교육계획'으로서의 교육과정

1960년대를 전후하여 학문중심 교육과정이라는 새로운 유형의 교육과정이 등장하게 되었다. 학문중심 교육과정에서는 학교에서 가르치는 교육내용을 지식의 구조라는 개념으로 파악하고 이것을 발견학습이라는 방식으로 가르칠 것을 제안하면서, 교육과정을 '학문 또는 지식의 탐구과정의 조직' 또는 '일련의 구조화된 의도하는 학습결과'라고 정의하였다.

이들의 교육과정은 문서 속에 담긴 교육목적과 교육내용의 체계, 그리고 이를 효과적으로 전달하기 위한 교육방법, 교육평가, 교육운영 등에 대한 종합계획을 가리킨다. 즉, 교육과정은 학교교육을 통해서 도달해야 할 교육목표들의 체계와 배워야 할 교육내용들의 범위와 위계로 구성되며, 학생들이 이와 관련된 학습경험을 가질 수 있도록 하기 위한 교육방법, 교육평가, 기관운영의 일반적 지침들로 구성된다.

이러한 정의는 교육과정을 학습성과, 학습내용, 학습경험보다는 학습을 위한 종합계획으로 본다는 점에서 포괄적이며, 예비교사들이나 현직교사들이 교육과학기술부, 교육청, 학교에서 만든 문서에 들어있는 내용을 이해하는 데 도움을 준다는 점에서 실용적이다.

(4) '학생의 삶에 대한 해석'으로서의 교육과정

1970년대 재개념주의자들은 교육과정을 전통적인 관점과는 전혀 다른 시각에서 해석하고자 하였다. 이들은 교육과정이란 학습자가 겪게 되는 개인적 경험으로 이해하였다. 따라서 이들은 교육과정이란 학습자의 삶에 대한 자서전적 해석으로 보고 학습자는 누가, 어떻게, 왜, 지금의 자신으로 성장하였는지를 알아내는데 초점을 맞추어서 자서전적인 설명을 기록해야 한다고 주장한다. 또한 이들에게 교육과정이란 교육자나 학습자가 살아오면서 갖게 된 체험들을 자신의 존재의미와 연관지어서 해석하고 이를 통하여 자기반성적인 삶을 살아가도록 하는 과정이다. 따라서 교육과정을 '학생의 삶에 대한 해석과 전망'이라고 정의한다.

이와 같이 교육과정은 보는 관점에 따라 매우 다양하게 정의된다. 따라서 교육과정의 경우에 어떤 정의가 옳고 어떤 정의가 틀렸다고 말할 수는 없다. 하지만 교육과정을 보는 관점에 따라 관련 기관과 인사들의 역할과 책임이 달라지며, 권력관계도 바뀐다. 예를 들어, 교육과정을 교육내용으로 볼 때와 학습경험으로 볼 때 학교와 교사는 가르칠 교과들의 목록을 점검하거나, 각 교과 속에 들어갈 내용을 위계적으로 조직하는 것을 말한다. 더욱이 교육청이 교과들의 목록과 교과내용의 결정권을 가지고 있다면, 교육과정과 관련된 학교와 교사의 역할은 매우 제한되며, 교육과정의 운영에 있어서 교육청의 통제를 강하게 받게 된다.

그러나 교육과정을 학습경험으로 본다면 학생들의 흥미, 관심, 필요 등의 조사를 바탕으로 학생들의 삶을 살피고, 하나의 생태계로 학교를 파악하려는 노력이 학교와 교사들에게 요구된다. 학생들의 학습권이 강조되며, 학교와 교사는 교육과정의 개발, 운영, 평가에 관한 과업을 수행해야 한다. 따라서 학교와 교사들의 교육과정에 관련된 자율성은 높아지고 교육청의 통제력은 약해진다.

2. 교육과정의 실행상의 유형

교육과정은 다양한 관점에서 이해될 수 있지만, 특정한 관점에서 이해되고 계획된 교육과정은 최종적으로는 교육실제에서 구체화되어 실행되는 과정을 거치게 된다. 교육과정이 교육실제에서 어떤 방식으로 실행되어 나타나게 되느냐에 따라 교육과정을 몇 가지 유형으로 나누어 볼 수 있는데, 이것이 교육과정의 실행상의 유형이다. 교육과정의 실행상의 유형은 크게 표면적 교육과정, 잠재적 교육과정, 영교육과정으로 나누어 볼 수 있다.

1) 표면적 교육과정

표면적 교육과정(manifest curriculum)이란 학교가 본래 가르치려고 계획하고 의도한 교육과정을 말한다. 표면적 교육과정은 공식적(official), 형식적(formal), 외현적(overt) 교육과정이라고도 한다. 교육과정을 계획하고 개발할 때 우리는 항상 명백하고 공식적인 교육목표를 갖는다. 그리고 의도하는 목적을 구체화하여 조직적이고 체계적인 교육과정으로 제시한다. 우리나라에서는 국가수준의 교육과정, 시·도 교육청의 교육과정 지침, 지역 교육청의 장학자료, 학교 교육과정 등이 공식적 교육과정에 속한다고 할 수 있다.

그래톤(Glattorn)의 교육과정 유형 분류에 따르면, 공식적 교육과정은 문서화된 교육과정(written curriculum)으로 국가, 지역, 학교수준의 교육과정 지침이나 교육계획을 담고 있다. 공식적 교육과정은 실제적 교육과정의 성격을 갖고 있으며 더 세부적으로 가르친 교육과정(taught curriculum), 학습된 교육과정(learned curriculum), 평가된 교육과정(tested curriculum)으로 분류할 수 있다.

'가르친 교육과정'은 교사들이 교실에서 실제로 가르친 교육내용을 의미한다. '학습된 교육과정'은 학생들이 실제로 학습한 교육내용을 말하는데, 이는 교육과정의 모든 유형 중에서 가장 중요하지만 가장 통제하기 어려운 부분이다. 예를 들어, 수학교사가 한 시간 내내 함수개념을 가르쳤는데, 학생들이 그 개념에 대해서는 이해하지 못하고 선생님의 말씀을 바른 자세로 듣는 참을성만 배웠다면 가르친 교육과정과 학습된 교육과정은 판이하게 다른 것이다. '평가된 교육과정'은 중간고사나 기말고사, 지필평가나 관찰평가, 서술식 평가나 객관식 평가, 자격고사나 선발고사 등의 평가를 통하여 사정되는 교육내용을 가리킨다.

교육과정개발자나 교육행정가는 공식적 교육과정, 즉 가르친 교육과정, 학습된 교육과정, 평가된 교육과정을 더욱 긴밀하게 연결하기 위한 노력을 하지만, 사실상 교육과정 유형들 사이에는 간극이 존재할 수밖에 없다.

2) 잠재적 교육과정

잠재적 교육과정(latent curriculum)은 최근 학교에 관한 다양한 연구들을 통해 학교에서 의도한 바와 관련된 경험과 학교에서 의도하지 않는 경험을 구분하게 되면서 전자를 표면적 교육과정, 후자를 잠재적 교육과정이라 부르게 되었다.

교육과정을 '학교에서 가르치고 배우는 모든 종류의 교육내용'이라고 볼 때, 교육내용 안에는 의도된 내용도 있고 그렇지 않은 내용도 있으며 학생에게서 학습의 결과로 성취된 내용도 있고, 성취되지 못한 내용도 있을 수 있다. 이와 같이 교육과정을 학교에서 가르쳐진 모든 종류의 교육내용으로 정의하면 교육과정은 두 종류의 하위 교육내용으로 분류될 수 있다. 이는 학교가 '의도적으로 가르친 교육내용'과 '의도하지는 않았지만 가르치게 된 교육내용'이다.

'의도하지는 않았지만 가르치게 된 교육내용'은 교사나 학교의 관점에서 기술된 표현이며, 학생의 관점에서 기술한다면 학습된 교육내용, 학습된 경험을 의미한다. 따라서 학생의 입장을 포함시켜 잠재적 교육과정의 의미를 정의한다면 '학교가 의도하지는 않았지만 학생이 배우게 된 교육내용, 즉 학습결과나 경험'을 말한다. 잠재적 교육과정의 이러한 특징으로 인해 '잠재적'이란 용어 외에도 다양한 용어들이 사용되고 있다. 예컨대, '숨은(hidden)', '비가시적(invisible)', '내현적(covert)', '내적(internal)', '비공식적(unofficial)', '비형식적(unformal)', '비구조적(unstructure)', '비조직적(unorganized)', '기대되지 않은(unexpected)' 등의 용어들이 교육과정이란 용어 앞에 붙어 사용되고 있다. 이런 용어들은 모두 잠재적 교육과정의 '비의도성'과 관련되는 특성을 나타내고 있다.

잠재적 교육과정의 개념은 기능주의 사회학자 머튼(Merton)에게서 유래한다. 머튼은 사회제도에의 적응에 관련된 의도된 결과는 표면적 기능으로, 의도되지 않고 의식되지 못하였던 결과는 잠재적 기능으로 구분하고 지금까지 표면적 기능의 관점에만 관찰되고 해석되던 사회적 제도나 행동들이 잠재적 기능의 관점에서 어떻게 새롭게 관찰되고 해석될 수 있는가를 설명하였다.

미국의 남서부에 있는 애리조나 주의 원주민인 호피(Hopi) 인디언족은 가뭄이 심할 때 기우제를 지내는 풍습이 있었다. 이는 비를 내리도록 해달라고 하느님께 비는 의식으로 최근 과학의 상식에서 보면 호피족의 기우제는 하나의 미신이나 전통적 특성에 불과하다. 왜냐하면 기우제가 비를 내리게 하는 기능을 한다고 볼 수 없기 때문이다. 비를 내리게 하는 기능을 하지 못한다면, 기우제는 당연히 사라져야 하지만 호피족의 기우제는 지금까지도 계속되고 있다.

표면적 기능의 관점에서 보면, 기우제는 하나의 미신에 불과할지 모르나 잠재적 기능의 관점에서 보면, 기우제는 가뭄으로 인하여 들뜬 민심을 가라앉히고 부족원 간의 집단의식과 단결을 강화시키는 기능을 한다. 표면적 기능의 관점에서만 보면 비합리적이고 미신에 불과한 기우제가 잠재적 기능의 관점에서는 새로운 의미로 관찰되고 해석된다.

머튼의 사회제도와 관련된 잠재적 기능은 교육학 분야에도 적용되기 시작하였다. 1960년대 말 잭슨(P. W. Jackson)은 초등학교 아동들의 학교생활을 집중적으로 관찰, 연구하여 『교실에서의 생활』이라는 책을 발표하였다. 여기에서 그는 아동들의 학교생활이 교사의 수업을 통해 가르쳐지는 공식적인 교육과정 외에도 여러 가지 면에서 매우 대조되는 것들을 학습하게 되어 있다고 지적하면서, 이러한 학습내용을 가리켜 '잠재적 교육과정'이라는 용어를 사용하였다. 이후 미국교육협회가 『잠재적 교육과정』이라는 제목의 책을 출판하면서 이 용어는 보다 본격적으로 여러 사람들의 관심을 끌게 되었다. 이후 많은 연구자들은 교과에서 의도한 바와 관련이 없는 또는 상반되는 학습결과에 주목하게 되었다. 경우에 따라서는 교과의 범위를 벗어난 일상의 학교생활에서 학교의 계획과 의도와는 관계없이 학생들이 가지는 경험들이 있으며 이러한 경험들은 학교교육의 순기능과 역기능에 모두 관련되어 있다는 사실에 주목하게 되었다.

3) 영교육과정

학교에는 표면적 교육과정과 잠재적 교육과정이라는 두 가지 교육과정이 존재한다. 아이즈너는 이 두 가지 교육과정 이외에도 학생들에게 교육적 결과를 생성시키는 또 하나의 교육과정이 있음을 확인하고, 이를 영교육과정(null curriculum)이라 불렀다. 영교육과정이란 존재하지 않는 교육과정, 즉 학교가 가르치지 않는 부분을 지적하는 교육과정의 의미이다.

영(null)은 '법적인 구속력이 없는(zero에 가까운)'이라는 뜻을 지닌다. 따라서 영교육과정이란 법적인 구속력이 있는 공적인 문서에 들어있지 않아서 학교에서 가르치지 않는 교육내용을 가리킨다. 교육과정은 가르칠 만한 가치가 있는데도 불구하고 공적인 문서에서 빠진 내용을 가리킨다고 할 수 있다.

공식적인 교육과정에 속하지 않는 많은 교육내용들이 있는데, 만일 학교가 이것들을 공식적인 교육과정에 포함하지 않는다면 학교의 교육적인 영향력은 그만큼 위축되거나 왜곡될 수 있다고 경고하였다. 예를 들어, 공식적인 교육과정이 문자나 숫자 위주의 표현양식만을 강조하고 시각, 청각, 운동 등 다양한 표상 형식의 개발을 경시한다면, 이는 인간의 다양한 능력 중에서 일부만을 개발하게 되어 결국 교육적으로 막대한 손실을 끼치게 된다.

영교육과정의 또 다른 의미는 학습자의 측면에서 살펴볼 수 있다. 이러한 관점에서 영교육과정의 영의 의미는 '학습할 기회가 없는(zero에 가까운)'이라는 뜻이다. 어떤 내용이 공식적 교육과정에 포함되어 있다하더라도 학습할 기회가 없었다면 영교육과정에 속한다. 이러한 관점에 따른다면 영교육과정은 공식적 교육과정에 포함되어 있는가 하는 것과 관계없이 교육적으로 가치있는 내용 중에서 학생들이 학습할 기회를 갖지 못한 모든 내용을 가리킨다. 이런 의미의 영교육과정은 공식적 교육과정뿐만 아니라 교재나 수업의 측면에서도 교육적으로 가치있는 내용이 제외된 것이 없는가를 살펴보도록 하는 역할을 한다.

아이즈너는 학교가 가르치는 교육과정, 즉 영교육과정은 학생들을 그 내용에 대해서 무지하게 만들며 그 문제에 대한 깊이 있는 사고와 분석력을 개발하지 못한다고 하였다. 그 결과 학생들은 사고의 빈곤, 즉 비판적 사고의 결여와 잘못된 편견을 갖게 된다고 주장한다. 이러한 점에서 학생이 어떤 문제나 사태에 있어서 알지 못하거나 편견에 찬 사고를 가지고 있는 것을 발견한다면 그것은 학생의 개인적인 문제가 아니라 학교가 의도적으로 가르치려고 하는 내용뿐만 아니라 적극적으로 무시하고자하는 내용에 대한 논의가 필요하다는 것을 강조한다. '적극적으로 무관심함'이란 곧 어떤 목적을 위한 의도적 배제라는 뜻이다.

3. 교육과정 활동

교육과정 활동은 교육과정이 특정한 형태로 구체화되어 실행되는 단계적 과정을 말한다. 교육과정 활동은 크게 교육과정 개발, 운영, 평가의 세 부분으로 구성되는데, 이 세 부분은 단계적 과정으로 이루어지게 되며 서로 유기적인 연관성을 갖게 된다.

1) 교육과정 개발

교육과정 개발은 교육목적과 교육내용의 체계 그리고 이를 전달하기 위한 교육방법, 교육평가, 교육운영 등에 대한 종합적인 계획이 담긴 문서를 만드는 활동을 가리킨다. 교육과정 개발은 교육과정을 무엇으로 생각하는가에 따라서 그 방식이 달라지게 된다. 가령 교육과정을 보는 관점에 따라, 특정한 교과들의 목록이 담긴 문서, 학습경험의 계획에 관한 문서, 의도된 학습성과 목록을 적은 문서를 만드는 활동 등의 형태로 이루어지게 된다.

교육과정 개발은 여러 수준에서 이루어지는데, 가장 광범위한 수준에 적용되는 교육과정 문서에서 특정 학교만 적용되는 문서까지 매우 다양하다. 예를 들어, 전체 초등학교에 적용되는 교육과정에서 어떤 하나의 초등학교에만 적용되는 문서까지 그 적용범위가 다양한 문서들이 개발된다.

교육과정 개발은 여러 단계를 거쳐서 이루어진다. 먼저 참여기관과 인사가 선정되고, 이들에 의해 프로그램에 담기는 주요 항목들이 결정된다. 대개 교육목적의 설정, 교육내용의 선정과 조직, 학습경험의 선정과 조직, 교육평가의 내용과 방법 등에 관한 주요 항목들이 결정되며 이는 문서형태로 출판·보급된다.

2) 교육과정 운영

교육과정 운영이란 개발된 교육과정을 학교현장에서 채택하고 실행에 옮기는 과정을 말한다. 교육과정 운영에서 중요한 것은 여기에 영향을 미치는 다양한 요인들을 파악하고 이를 반영하는 것이다. 이 요인들은 크게 인적 환경과 물적 환경으로 나눌 수도 있고, 학교 내 요인과 학교 외 요인으로 나눌 수도 있다. 이들 요인 중에서 가장 영향력이 큰 것은 실제로 교육과정 운영을 담당하는 교사 요인이라고 할 수 있다.

교육과정 운영은 교육실제에서 수업의 형태로 나타나게 된다. 따라서 교육과정 운영계획에서 수업계획은 가장 중핵적인 위치를 차지하게 되며, 이외에도 교육과정 운영계획은 교장의 지도성, 교사연수, 교육과정 자료의 구비, 교육시설 장치, 기구의 정비 등을 포함하는 내용들로 구성된다.

3) 교육과정 평가

교육과정 평가는 교육과정의 가치를 판단하는 활동을 말한다. 교육과정 평가는 교육과정을 개발하고 운영하는 전체적인 과정을 대상으로 이루어진다. 여기에는 교육과정 계획의 수립에 해당하는 교육과정 개발평가, 계획된 교육과정을 행동으로 옮기는 교육과정 운영평가, 교육과정 운영의 결과적 산물에 대한 교육과정 성과평가 등이 포함된다.

교육과정 평가를 통하여 교육과정 개발이나 운영활동이 효과적으로 일어날 수 있도록 하고, 교육과정 운영의 결과를 사정하여 교육과정의 유지와 수정 및 폐기 여부를 판단할 수가 있다. 교육과정을 평가할 때는 판단, 관찰, 실험의 방법으로 자료를 수집하고, 양적 방법과 질적 방법으로 수집된 자료를 기술하고 분석한다.

CHAPTER 02

교육과정의 역사적 배경

1. 교육과정의 변천
2. 현대의 교육과정
3. 현대의 사회변화와 교육과정

02 CHAPTER

교육과정의 역사적 배경

1. 교육과정의 변천

교육과정 분야가 하나의 학문영역으로 자리잡은 것은 20세기 이후의 일이다. 그러나 학교라는 공식적 제도가 생기기 이전에도 부모나 사회구성원들은 자녀들의 교육에 관심을 가져왔으며, 여기에서도 교육과정은 형식화되지 않은 사고와 행동의 형태로 나타났다. 사회가 점점 복잡해지고 다양해짐에 따라 형식적인 교육기관인 학교가 출현하였고 교육과정의 성격에도 변화가 생겨나게 되었다. 현재의 교육과정을 잘 이해할 수 있기 위해서는 고대부터 현재까지의 교육과정에 관한 이론과 실제를 살펴볼 필요가 있다. 여기서는 서양교육에서 교육과정의 흐름을 고대에서 현대까지 살펴보고자 한다.

1) 고대의 교육과정

오늘날의 교육과정의 기원은 고대 그리스에서 찾을 수 있다. 고대 그리스의 철학자들 중 소크라테스(Socrates), 플라톤(Platon), 아리스토텔레스(Aristoteles)가 교육과정에 많은 영향을 끼쳤다.

소크라테스는 교육과 탐구의 방법으로 '산파술'이라고 일컬어지는 토론과 질문법을 사용하였으며, 덕(德)을 교육의 중요한 목적으로 삼았다. 소크라테스의 교육의 목적은 선을 알아서 이를 실행하는 도덕적 성품을 기르는 것이다. 악은 무지에서 시작된다고 보고 교육의 목적을 지행합일에 두었다. 지행합일설은 소피스트의 상대주의에 반대하고 보편적 개념을 추구하여 인간에게 보편적 개념을 창출하게 하며, 인간이 자기 자신의 무지를 자각하여 새로운 지식으로서 보편적 개념에 도달하게 한다.

소크라테스는 교육은 지식을 부여하는 것이 아니라 사고력을 기르는 것이 중요하다고 하였다. 또한 지식을 습득하는 과정은 객관적으로는 대화로, 주관적으로는 경험과 반성이라고 보았으며, 교사는 암시와 자극에 의한 촉매자가 되어 학습자가 스스로 사고하도록 하는 역할을 중요하게 여겼다.

플라톤의 교육의 목적은 이상국가를 건설하고, '사회적으로 행복한 인간'을 양성하는 데 두었다. 이상국가가 실현되려면 사회의 구성원인 시민 각자가 자신의 본성과 적성에 합당한 역할을 수행해야 한다. 그는 교육을 통하여 각 개인의 본성과 천부적 소질을 발견하고, 이를 개인의 성향에 맞게 계발시켜 줌으로써 개인의 인격과 자질을 함양하고, 훌륭한 시민을 양성하고자 하였다.

플라톤의 저서 『국가론(*Republics*)』에 나타난 교육과정은 남녀 모두 6세부터 18세까지 12년간 이수하도록 되어 있다. 중요 교과목은 음악, 수학, 체조이다. 음악은 문학과 역사를 포함하며, 고상한 정서를 육성하기 위한 것이다. 수학은 지식의 조직을 포함하며, 이성을 자연세계의 과정과 연결지음으로써 개인의 환경을 통제하는 데 기여한다. 체조는 춤과 율동 및 체육과 군사기술의 학습을 포함하며, 신체적·정신적 성장 간의 상호 의존을 강조하는 교과목이다.

12년간의 교육이 끝난 후에는 2년간의 군사훈련 기간이 있다. 이 훈련이 끝난 후 자신의 장래를 구술하는 시험을 치게 된다. 이 시험에 통과한 학생은 10년 동안 인식론, 정치학, 윤리학, 심리학 및 법률 등을 연구하며, 시험을 통과하지 못한 학생들은 군인이나 노동자가 된다. 가장 뛰어난 엘리트는 국가를 통치하는 자가 되며 몇몇은 시험을 거쳐 정부의 관료가 된다.

이러한 플라톤의 교육과정에 대한 사상은 아리스토텔레스에게 이어지며, 나중에는 르네상스 이후의 교양교육의 기초가 된다. 아리스토텔레스의 교육의 목적은 선(善)을 가져오는 행복에 이르는 것이다. 따라서 교육과정은 특정 직업만을 지향해서는 안 되며, 광범위해야 한다. 음악, 체육, 윤리학을 통해 열정, 욕구, 흥미가 세련되며 철학과 과학을 통해 이성이 교육된다. 즉, 아리스토텔레스에게 있어서는 도덕적인 삶을 가져오기 위해서 지식뿐만 아니라 습관이 요구되며 바로 이러한 습관은 교육의 과정을 통하여 형성된다.

고대 로마의 교육은 그리스의 영향 위에 세워졌으며 로마인들의 법률체계와 라틴어는 오늘날에 이르기까지 교육에 커다란 영향을 미쳤다. 로마의 교육은 주로 그리스의 철학, 문학 그리고 수사학에 기초를 두고 있다. 이러한 교육은 이후에 라틴문법학교로 발전하였다. 라틴문법학교는 그 당시 성공의 상징인 웅변가의 훈련에 역점을 두었다.

로마의 교육은 공화정시기에는 대부분 가정교육과 사립교육으로 이루어져 왔는데, 정부가 학교를 지원하며 교육을 통제하는 공립학교를 출현시켰다. 로마시대의 대표적인 교육자는 수사학을 강조한 키케로(Cicero), 다방면의 교육을 받은 신사의 이미지를 강조한 플루타르크(Plutarch), 교사의 교수기법과 학습지도법을 저술한 퀸틸리아누스(Quintilian) 등이 있다.

2) 중세의 교육과정

중세의 교육과정은 기독교에 바탕을 두고 있다. 중세시대에 교육에 중요한 영향을 끼친 이들을 살펴보면 다음과 같다.

먼저 아우구스티누스(St. Ausustine)는 플라톤의 철학과 교회의 신앙을 조화시키려고 노력하였다. 아우구스티누스는 오직 '신'만이 다른 모든 것에서 독립된 영원한 존재이기 때문에 변하지 않고, 만물의 창조자이자 모든 생명의 근원이므로 인간과도 필연적 관계로 보았다. 그러므로 신을 소유할 때 영속적인 행복이 가능하다고 본다. 행복해지려면 참 진리이신 신을 향유해야 하며, 이것이 삶의 목적이며 동시에 교육의 목적이다.

아우구스티누스에 의하면, 신을 향유하기 위해 인간의 눈은 지적 도야가 필요하며, 특히 신의 계시가 담긴 성경을 이해하기 위해서는 각 분야의 지식이 필요하다. 이성은 영혼의 행위로서 진리인 신을 인식하는 통로이기 때문에 학문을 통하여 이성의 훈련이 필요하다.

아우구스티누스는 7자유교과인 문법, 수사학, 변증법, 음악, 산술, 기하, 철학이 신을 인식하는 적합한 수단이라고 생각하였다. 예를 들어, 언어의 구조와 사용법에 관한 지식, 사용된 용어들을 이해하고 인식하기 위한 라틴어, 그리스어, 히브리어를 익히는 문법적 지식은 성경을 이해하는데 가장 기본적인 학문이었다.

또한 기독교 설교자를 위한 교육은 학교의 세속적 교육내용 중에서 자신의 목적에 적합한 것은 모두 활용해야 하며, 문법과 수사학 교육을 위하여 그 자료를 고전에서뿐 아니라 성경과 기독교 관련서적을 이용해야 한다고 주장하였다.

토마스 아퀴나스(Thomas Aquinas)는 아리스토텔레스의 철학과 교회의 교리 및 신앙을 일치시킴으로써 가톨릭 신앙의 철학적 근거를 세웠으며 신학교육과 세속교육의 일치를 위하여 힘썼다. 교육의 궁극적인 목적은 인간이 구원에 이르도록 신에게 봉사하는 것이다. 아퀴나스는 교육과정에 대한 설명을 하지는 않았으나, 당시 널리 수용된 형이상학적 원칙과 인식론적 원리에 입각하여 학문을 구분하였다.

교육내용을 토마스 아퀴나스는 문법, 수사학, 논리학으로 구성되는 3학과 산술, 기하학, 천문학, 음악으로 구성되는 4과를 교양과목으로 적합하다고 보았다. 이러한 7자유 교과는 학문 자체를 연구하기 전에 필요한 학문적 사고훈련의 통로로 적합하기 때문이다. 그 후에 철학이나 형이상학을 배워야 한다. 왜냐하면 지적 지식은 감각적 지식에 근거하기 때문이다. 즉, 우주나 신의 존재와 같은 순수 형상을 생각하는 추상적인 형이상학의 세계에 관해 알기 위하여 먼저 질료의 세계에 대한 경험적이며 구체적인 지식이 선행되어야 한다.

1,400년대 중·후반기의 문예부흥기에 학자들은 다시 고대 그리스와 로마의 인문주의적 학문으로 관심을 돌렸다. 이때에 3학 4과라고 불렸던 7자유학과는 교육과정의 핵심으로 확고하게 자리잡게 되었다. 영국의 토마스 엘리엇(Thomas Eliot)은 교육과정으로 7자유학과와 고전어, 무용과 체육 등을 포함할 것을 주장하였다. 한편 네덜란드의 에라스무스(Desiderius Erasmus)와 프랑스의 몽테뉴(Michel Eyquem de Montaigne)는 교육에서 학습자의 흥미와 요구들을 받아들여야 할 것과 놀이 및 관찰, 직접 경험 등을 강조하는 진보적인 교육과정 이론을 주장하였다.

독일의 루터(Martin Luther)와 스위스의 칼뱅(John Calvin)은 종교개혁을 통하여 교육과정의 변화에 공헌하였다. 특히 루터는 국가가 모든 사람의 교육을 책임지는 의무교육을 주장하였으며, 교육과정으로는 지금까지의 교과목에 음악과 체육을 첨가시켰다. 가톨릭교회의 제수트 교단의 창설자인 스페인의 로욜라(Ignatius Loyola)는 교육과정으로 7자유학과와 고전어를 포함시켰으며 강연과 반복의 교수방법을 주장하였다.

16세기에는 고전을 숭상하는 한편 실학주의 교육자들이 출현하였다. 실학주의 교육자들은 인문주의자들보다 더 실제적인 교육을 강조하였다. 스페인의 비베스(Juan Luis Vives)는 생활중심적이고 학생중심적인 교육과정을 주창하였고, 프랑스의 라블레(Francis Rabelais)는 단순한 교과서에 의한 학습이 아니라 생활에 대한 관찰, 해석, 평가 등의 경험으로부터 학습해야 한다는 진보적인 이론을 나타내었다.

3) 근대의 교육과정

17~18세기는 코페르니쿠스(Copernicus), 갈릴레오(Galileo)와 뉴턴(Newton) 등의 과학적인 발견으로 인해 철학자와 사회이론가들과 교육자들은 과학적 탐구로 전환하였다. 이와 함께 영국의 베이컨(Francis Bacon)은 경험적 방법의 중요성을 제안하였다.

17세기에 모라비아의 코메니우스(John Amos Comenius)는 교육방법이 어린이의 발달단계와 관련되어야 한다는 것과 교육방법은 감각적 경험을 통한 발견을 포함해야 한다고 주장함으로써 교육과정의 방법론에 공헌하였다. 그는 감각 및 경험적 학습을 강조하였다. 페티(William Petty)는 오늘날 3R's라고 부르는 읽기, 쓰기, 셈하기에 강조점을 두었다.

영국의 로크(John Locke)는 마음이란 백지상태와 같으며 경험이 학습의 원천이라고 주장하였다. 로크에게 있어서 교육이란 일차적으로 지적인 성장이 아니라 도덕적 습관과 자기통제를 형성하는 것이었다. 그에게는 이러한 도덕적 습관과 자기통제는 지적 발달의 기초였다. 이에 따라 이 시기의 교육과정은 실제적인 교양교육의 교육과정, 즉 신사를 양성하는 교육과정의 성격을 갖게 되었다. 또한 효율적 의사소통을 위한 모국어, 신체교육, 수학교육, 세계주의적 태도를 개발할 수 있는 여행 등이 포함되었다.

바제도우(Basedow)는 루소와 로크의 영향을 받아 독일의 교육과정을 개혁하였다. 그는 자연학습, 자연의 역사, 해부학습 같은 실제적인 교과목을 첨가하였다. 직접적인 경험에 의한 학습을 주장하며 야외여행이나 소풍을 강조하였다. 그는 또한 교과서와 학교시설의 개선 및 온건한 방식에 의한 훈련에 공헌하였다.

페스탈로치(Pestalozzi)는 스위스의 이베르던(Yverdun)에 있는 실험학교에서 실제적인 대상물이나 그림에 몰두하는 실물학습(object lessons)을 도입하였다. 페스탈로치는 개인차에 우선적인 중요성을 두었으며, 감각적인 지각을 포함하는 교과와 실제로 경험해 볼 수 있는 교과목을 가르쳤다. 또한 아동들이 알고 있는 것에서 모르는 것으로 수업을 계열화하였다. 페스탈로치의 영향으로 독일에서는 무상 공립교육이 생겨났으며, 해리스(William T. Haris)의 노력을 통해 유럽을 위시하여 미국의 아동교육에 페스탈로치의 사상이 커다란 영향을 미쳤다.

한편 페스탈로치의 교육사상에 의거하여 독일의 프뢰벨(Froebel)은 1840년에 최초의 유치원을 설립하였으며, 20세기의 진보적 교육의 출현을 위한 길을 열었다. 프뢰벨의 교육과정은 아동중심적이었으며, 개인차에 따라 제공되었다. 프뢰벨은 종교적 신비주의가 인간으로 하여금 자신의 본성을 더 잘 이해할 수 있고, 보다 성숙하게 하며, 개방적이 되게 하고, 자유로운 사고를 할 수 있게 한다고 보았기 때문에, 모든 과목에 종교적 신비주의를 포함시켰다. 또한 예술활동, 공작, 자연과학, 언어, 음악 그리고 수학 등이 협동과 유희의 분위기 속에서 제공되었다.

19세기 중반 미국에서는 보통교육에 대한 일반적인 요구가 증대되었다. 1779년에 미국의 대통령 토마스 제퍼슨(Thomas Jefferson)은 지식의 일반적인 보급을 선언하고 실현할 것을 교육의 목표로 삼았다. 이에 부합하여 호레이스 만(Horace Mann)은 미국에서 모든 인종 및 종교 그리고 모든 사회적·경제적 계급에 속한 어린이들에게 공통적인 학교교육을 제공함으로써 사회를 도덕적으로 향상시키려고 생각하였다. 만은 제퍼슨의 이상이었던 탁월성과 평등에 실질적으로 공헌하였다.

영국의 스펜서(Herbert Spencer)가 저술한 『교육론』은 근대의 새로운 과학정신을 크게 자극하였다. 그의 저술 『어떠한 지식이 가치가 있는가?(1861)』에서 그가 답한 건강, 직업, 시민성, 가정 그리고 여가 등의 생활영역은 이후 100년간 교육과정과 교육목적의 진술에 커다란 영향을 끼쳤다.

이후 19세기에 이르러서는 교육과정에 있어서 다양한 형태가 나타났다. 셀던(Edward Austin sheldon)은 미국 최초의 교사훈련학교인 오스웨고 초등교원양성학교(Oswego primary Teacher's Training School)를 세워 페스탈로치의 교육방법을 실현시키고자 하였다. 한편 해리스(William Torrey Herris)는 교육에 헤겔의 사상을 적용시키려고 노력하였으며, 교육 실제에 심리적 기초를 세울 것을 주장하고, 미국 최초의 공립유치원을 설립하였다.

파커(Colonel Francis Wayland Parker)는 페스탈로치를 모방한 셀던의 추종자로서 후에 유럽을 여행하면서 헤르바르트, 페스탈로치 그리고 프뢰벨의 학교를 방문하였다. 그는 미국으로 돌아와 1883년부터 1902년까지 시카고(Chicago) 사범학교에서 그의 사상을 전파하였다. 그는 아동중심의 흥미와 경험을 강조하고 전통적인 교육을 비판하면서 진보적 교육을 위한 기초를 닦았으며 20세기의 위대한 교육사상가인 듀이에게 커다란 영향을 주었다.

2. 현대의 교육과정

1) 20세기 이전의 교육과정

19세기 말에서 20세기를 들어서면서까지 교육과정 분야는 매우 커다란 변화를 겪었다. 이는 교육과정 분야가 하나의 연구 분야 또는 학문 분야로 써 자리 잡기 시작하였다는 점이다. 학문으로서의 교육과정 영역은 미국을 중심으로 형성되기 시작하였다.

헤르바르트의 이론이 미국에 들어오기 이전, 19세기 미국의 교육과정은 주로 정신도야 이론에 근거해 있었다. 역사적으로 살펴볼 때 정신도야 이론은 가장 오래된 교육이론 중의 하나이다. 정신도야 이론은 사람에 따라 또는 시대에 따라 그 개념이 변해 왔으며, 플라톤으로부터 현재에 이르기까지 그 개념은 수세기 동안 발전되어왔다.

초기의 정신도야 이론에서는 일반적으로 교과목들은 정신을 훈련시키는 능력을 갖고 있으며 훈련된 결과는 전이된다는 가정을 하였다. 반면에 현대적 의미의 정신도야 개념은 사고하는 능력, 문제해결력과 탐구방법의 추구 등에 더 관심을 가지고 있었다.

이처럼 19세기 중반에까지 영향을 끼쳤던 전통적인 형식도야 이론은 19세기 후반기에 이르러서는 개방적인 정신도야 이론으로 바뀌었다. 이에 따르면 감각의 훈련도 전이될 수 있으므로, 모든 과목은 정신을 도야시키는 데 똑같은 효과가 있다. 이러한 견해는 산업주의나 다윈의 사상을 지지하는 교육자들에게는 중요하였다. 왜냐하면 실용적 과목들도 도야적 가치가 있다고 주장할 수 있기 때문이다. 그들에게 있어 모든 과목은 동등하게 중요하므로 많은 과목들을 제시하여 주고 학생들이 흥미에 따라 선택할 것을 제안하는 교육과정 사고가 형성되었다.

1890년대에 이르러 헤르바르트의 교육이론이 미국에 소개되기 시작하였는데, 헤르바르트주의자들은 도야적 가치에 대해 의문을 갖기 시작하였다. 헤르바르트는 정신을 능력의 덩어리로 보지 않고 생각이나 제시물로부터 지식을 만들어내는 개체로 보았다. 헤르바르트는 정신도야 이론을 과학적으로 반박하지는 못하였으나 윌리엄 제임스(William James), 손다이크(Thorndike)와 스탠리 홀(Stanley Hall) 등의 기능 심리학자들에게 새로운 길을 열어 놓았다. 그 후 정신도야 이론은 20세기로 들어서면서 그 심리학적 기반을 잃어버리게 되었다.

교육목표로서의 정신도야 이론의 가치는 이제 헤르바르트와 스펜서의 '완전한 삶'에 관한 사고로 대치되었다. 영국의 실용주의자로서 다윈의 진화론의 영향을 받은 스펜서는 완전한 삶을 위한 다섯 가지 활동영역을 서술하였다. 이것을

1918년에 '중등교육을 위한 카디널 원리(Cardinal Principle of Secondary Education)'에 반영되었으며, 이후 보비트(Bobbit)에 의해 10개의 주요 교육목표로 더욱 세분화되었다.

헤르바르트주의자들은 교육과정을 체계적으로 선정하고 배열하고 조직하는 데 관심을 가졌다. 1895년에 맥머리(McMurry) 형제와 그 외의 헤르바르트주의자들은 교수의 과학적 연구를 위해 전국 헤르바르트 학회(National Herbert Society)를 세웠다. 전통적인 정신도야 이론의 개념을 반대한 헤르바르트주의자들은 시간과 노력의 경제성에 관심을 가졌으며, 교육과정을 구성하는 데에 기술이나 방법에 전문적 관심을 기울였다.

2) 20세기 이후의 교육과정

1918년에 이르러서 정신도야 이론은 교육심리학적·철학적 근거를 잃게 되었다. 고전적인 정신도야 이론은 근대적인 정신도야 이론의 개념으로 바뀌었는데, 이는 능력심리학과는 달리 단지 생각하는 능력을 의미할 뿐이었다. 근대적 정신도야의 개념은 교육과정 구성에 관한 과학적 연구에 지평을 열었고, 교육과정 분야에서 기업 이데올로기가 교육과정에 적용되는 길을 열었다. 따라서 미국의 교육은 산업주의와 사회적 다윈주의의 영향을 받게 되었다.

19세기 말에서 20세기 초반의 교육과정 사상의 형성에 큰 영향을 끼친 또 다른 학자로는 스탠리 홀(Stanley Hall)을 들 수 있다. 스탠리 홀은 헤르바르트의 문학적 신기원 이론을 깊이 연구하여 '성장 중인 아동은 인류의 진화를 반복한다'는 헤르바르트적 발달의 개념을 '어린이는 과거의 지적 과정을 반영한다'고 확대시켰으며, 아동에 관한 세심한 연구가 필요하다고 강조하였다. 스탠리 홀의 사고는 학습은 습관의 획득을 통해 진전한다고 주장한 윌리엄 제임스(William James)와 함께 듀이에게 많은 영향을 끼쳤다.

듀이는 아동의 경험을 교육의 기초로 삼아야 한다고 주장함으로써 진보주의 교육운동의 초석이 되었다. 즉, 20세기에 들어 듀이 교육철학의 영향으로 전통적인 아동·학생관에 변화가 일어 '활동 중심 교육과정'의 유형이 등장하였다. 또한 학교와 사회의 적극적 상호관계를 강조하는 듀이의 교육사상이 반영되어 학교와 사회 사이에 높이 쌓여진 담을 헐고 사회의 문제를 교육과정의 중심 내용으로 다루려는 '사회문제 중심 교육과정'의 유형이 출현하였다.

이처럼 20세기에 이르러 미국에서는 교육과정에 사회적 행동주의와 진보주의의 두 가지 교육 사조가 각각 영향을 미쳤다. 이와 더불어 한편으로는 허친스(Robert Maynard Hutchins)와 메이클존(Alexander Meiklejohn), 하이트(Gilbert Highet), 아들러(Mortimer J. Adler) 등의 인물이 전통적인 주지주의적 교육과정을 강조하였다.

20세기 초반은 듀이의 진보주의 교육사상이 교육의 내용과 과정 및 방법의 정립에 핵심적인 영향을 끼쳤다. 듀이의 이론과 실제를 고무하기 위해 진보주의 교육협회(The Progressive Education Association)가 1919년에 설립되어 미국의 학교 교육에 커다란 영향력을 행사하기도 하였다.

진보주의 교육이 강조한 아동 중심의 교육과정은 미국 이외의 여러 곳에서도 일어났다. 유럽에서는 이탈리아의 몬테소리(Maria Montessori), 독일의 케르센슈타이너(Georg Kersdhensteiner), 벨기에의 데크로리(Ovide Decroly) 등의 진보주의자들이 출현하였다. 한편 진보주의 교육운동의 영향은 듀이의 실험학교와 같은 새로운 학교의 설립을 촉진하였다. 이 시기에 유럽에 세워진 실험학교는 메리안(J. L. Merian)의 실험학교, 콜리그(E. Collirgs)의 실험학교, 닐(A. S. Nell)의 서머힐(Summer Hill) 등을 들 수 있다. 전통적인 학교교육에서 교사중심의 교과조직을 하던 것과는 달리 이들 실험학교에서는 아동의 기본적인 욕구, 충동 혹은 흥미를 중심으로 활동의 내용을 선택하고 조직한 활동중심 교육과정을 개발·운용하였다.

활동중심 교육과정의 내용은 아동이 스스로의 목적의식에 의하여 참여할 수 있으며, 인위적인 외적 동기유발을 필요로 하지 않는 것으로 구성된다. 교육과정은 교사나 혹은 어떤 교육기관의 일방적인 전개에 의하지 않고 교사와 아동의 협동에 의하여 마련된다. 활동중심 교육과정이 일차적으로 목적하는 바는 문제

해결능력의 배양이다. 듀이는 활동중심 교육과정의 운영을 통하여 정상적인 신체적 발달, 읽기와 쓰기 및 그림 그리기 등의 능력의 향상, 지리 및 역사지식의 획득, 자세와 행동의 개선, 정돈 및 근면의 습관형성이 가능하다고 하였다.

미국의 진보주의 교육자들은 그들의 아동 중심의 교육관에 지배되어 1930년대에 있었던 경제공황으로 인한 사회적 위기에 무기력함을 나타내었지만, 전통주의자들과는 달리 사회적 요구에 민첩하게 부응할 수 있었다. 그리하여 '사회가 학교 속에, 그리고 학교가 사회 속에'라는 구호 아래 지역사회학교의 건설을 주장하였다. 이러한 교육의 사회적 기능을 충족시키기 위하여 사회적 방향감을 교육과정에 반영하는 방안으로 중핵 교육과정(core curriculum)이 출현하게 된 것이다.

중핵 교육과정은 중핵의 원리를 포착하는 방식에 따라 다음의 몇 가지로 분류할 수 있다.

첫째, 전통적 교과교육을 학교의 주된 기능으로 보는 관점에서 중핵의 원리를 포착하는 방식이다. 이에 의하면 학과의 세분화를 지양하고 한 주요 교과 혹은 영역을 중핵으로 하여 다른 교과를 이와 연관시켜 조직한다. 예컨대 역사와 문학을 중핵에 두고 자연과학, 수학, 언어, 예술을 그것에 따라 재조직하거나 자연과학을 중핵에 두고 거의 모든 과목을 이 속에 다 재조직하는 방식이다. 이러한 중핵 교육과정은 전통적 교과조직을 변용한 것이다.

둘째, 중핵의 원리를 아동·학생의 필요나 흥미의 영역에서 구하는 방식이다. 즉, 개인생활, 개인과 사회의 관계, 공민생활, 경제생활 등을 중핵으로 하여 여러 가지의 필요와 흥미를 조직적으로 구성하는 방식이 있다. 이 방식은 사전계획이 허용된다는 것 이외의 활동교육 과제가 별로 다를 것이 없다.

셋째, 사회기능이나 사회문제에서 중핵의 원리를 찾는 방식이다. 흔히 '사회중심적 중핵 교육과정'이라고 불리는 것으로 중핵 교육과정의 가장 발전된 형태이다. 사회중심적 중핵 교육과정에는 두 가지의 형태가 있다. 하나는 사회현상을 객관적으로 기술하여 분석하는 방식으로 사회의 기능을 분류하여 중핵을 기준으로 삼는 '사회기능 중심형'이며, 또 하나는 사회활동과 사회변동에 결정적 영향을 주는 사회문제를 분류하여 중핵의 기준으로 삼는 '사회문제 중심형'이다. 전자는 사회의 기능적 구조를 객관적으로 접근하면서 체계적인 이해를 가능하게 하지만, 사회의 중요한 문제들을 어떤 규범적 방향을 가지고 해결하는 데 있어서는 별로 기여하지 못하는 약점을 가진다. 그리고 후자는 전자의 약점을 극복하면서 사회적 방향감이라는 어떤 가치기준의 확실함을 전제로 하는 것이다. 그러나 이 가치기준은 상대적이거나 주관적이어서 문제해결을 위한 시도가 미숙한 아동에게는 그다지 적합하지 못한 단점이 있다.

1950년대는 교육과정의 지평에 있어서 보수주의 경향을 띠었던 시기이다. 즉, 이 시기는 1940년대 말 유행했던 생활중심 교육과정에 맞서려는 노력에서 기초학문에 진지한 관심을 기울일 것을 요구한 베스터(Arthur Bestor)의 주장대로 소위 '기초주의'의 경향으로 되돌아간 시기이다. 기초주의는 미래의 세대들이 앞에 가로놓여 있을지도 모르는 문제점들을 극복할 수 있도록 학습자들을 잘 준비시키려는 의도에서 시작된 운동으로 베글리(William C. Bagley)가 주도하였다.

특히 1957년에 일어난 소련의 스푸트니크(Sputnik) 위성의 성공은 미국의 교육제도를 개선하도록 하는 데 기폭제가 되었다. 제2차 세계대전을 치른 미국사회에는 종래의 아동중심의 진보주의 교육이 국가의 기동력 발휘에 필요한 일반시민의 자질과 '두뇌'의 동원에 기여하지 못하는 취약점을 가지고 있다고 생각하는 정치, 군사, 기업의 지도자와 학자들이 많아졌다.

그들은 국가와 시민의 능력과 능률과 힘과 수월성을, 특히 자연과학·기술과학의 분야와 관련하여 강조하였다. 그들은 종래의 교육은 개인의 개성과 성장과 복지에 중점을 두어왔기 때문에 공동체에 요구되는 가치들을 소홀히 하였고 현대사회를 위한 지적·사회적 기능이 그만큼 약화되었다고 주장하였다.

1950년대 이후, 학교는 점차적으로 국가의 요구와 정책에 기여하는 것이어야 한다는 생각이 강조되고 있었다. 그리하여 교육도 국가의 정치적·군사적 목적에 직·간접적으로 기여할 수 있어야 한다는 것이 교육적 가치판단의 중요한 기준이 되었다. 이와 같이 미국의 국가발전에 부응하는 학교교육을 이룩

하고자 하는 범국가적 노력은 교육과정 분야에서 지식의 구조적 접근으로 알려져 있는 브루너(Jerome S. Bruner)의 '학문중심 교육과정'으로 결실을 맺게 되었다. 학문중심 교육과정은 브루너가 우즈홀 회의의 결과를 정리하여 펴낸 보고서인 『교육의 과정』에서 강조된 교육과정 모형이다.

학문중심 교육과정이 태동한 것은 매사추세츠 주의 우즈홀(Woods Hole)에서 1960년에 열린 과학자들과 심리학자들의 합동 연구회의 소산이라고 할 수 있다. 이 대회의 주도자들은 대개가 과학을 학문적 배경으로 삼고 있는 일군의 교육학자들이었는데, 브루너가 심리학과 생물학을 전공한 교육학자였던 것처럼 이 대회의 또 다른 대표자인 슈왑(Joseph Schwab)도 대표적인 생물학자였다. 이처럼 미국에서의 스푸트니크 쇼크 이후의 교육과정 개혁은 교육과정의 경향을 사회적·정치적 목적에 대한 관심으로부터 지식의 훈련으로 바꾸어 놓았다. 이로써 교육과정에서 과학적 내용이 장려되었으며 교육과정과 교수에 관한 연구도 과학적 연구의 성격을 띠게 되었다.

물론 브루너와 슈왑 등과 같이 학문중심 교육과정을 주장하는 이론가들은 20세기에 들어와 확대된 학교의 기능을 축소시켰다. 그러나 학교교육이 다른 형태의 교육과는 달리 특징적으로 감당할 수 있고 또한 해야 할 것이 지식에 관한 것이다. 그러나 교육과정에 관한 이러한 사고는 이후 학문중심 교육과정이 지나친 주지주의적이며 반인간주의적 경향으로 흘렀다는 비판을 받게 되어 좀더 인간주의적인 교육과정 모델을 창출하려는 노력이 등장하였다.

교육과정에서 인간주의적 철학과 사상을 반영하려는 노력은 주로 1970~80년대에 이루어졌는데, 이러한 노력의 출발점은 이미 학문중심 교육과정이 강조되던 1960년대로 거슬러 올라간다. 1960년대에 들어서서는 닐(A. S. Neil)의 고전인 『서머힐』, 실버만(Charles Silveman)의 『교실의 위기』, 로저스(Carl Rogers)의 『학습의 자유』 등의 저술들과 관련이 있는 인간중심 교육과정과 열린교육운동이 일어났다.

인간중심 교육과정은 교육이 각 개인에게 만족스럽고 의미있는 경험을 제공해 주어야 한다는 데 그 기본 뜻을 두고 있다. 인간중심 교육과정 학자들은 현대 학교교육의 여러 비인간적 기능을 밝혀내고 또 개선이라는 이름 아래 시도되고 있는 여러 가지 새로운 교육적 처방의 비인간화 가능성을 지적하면서, 학교교육은 학습자가 하나의 전인으로서 성장하는 데 필요한 경험을 학습자의 필요에 맞도록 제공해야 한다고 주장한다.

한편 오늘날 학자에 따라서는 인간중심 교육과정 운동을 기존의 교육과정체제 전반에 대한 하나의 대응적 흐름으로 간주하기도 한다. 즉, 기존의 교육과정 개념의 체계를 본질적으로 경험과학에 바탕을 둔 이성주의 교육과정관이라고 규정짓고 인간중심 교육과정을 이에 대한 하나의 대안으로 보려는 것이다.

라이드(Ried), 아오키(Aoki) 등의 학자가 이에 속한다. 이와 함께 1970년대에 들어 제도교육, 즉 학교교육에 대한 책무성의 요구가 증가함에 따라 교육의 결과와 그 효율성 및 효과성에 대한 평가가 보편화되었다. 그런데 이에는 교육재정을 기부하는 주체가 사회적·정치적으로 어떤 성격을 띠는가에 따라 자금을 얻을 수 있는 주제의 변화, 압력집단에 대한 정치적·법적 대응, 교육과정의 계속적인 새로운 양식의 추구 등과 같은 문제들이 등장하였고, 이것은 교육과정을 하나의 정치적 현상으로 보이도록 하여 주의를 끌었다.

1970년대에 들어와 교육과정 분야에서는 문화적 다양성의 실현과 장애아들에 대한 공평한 대우 등에 많은 관심을 기울였다. 이것은 1980년대에 들어서도 증가된 빈곤 문제에 대항하여 도시 빈민의 교육을 강조하는 교육적 배경을 형성하였다. 아울러 사회적·경제적 배경, 인종 및 성별 배경을 지닌 집단에 대하여 교육의 기회를 균등하게 배분하는 데 노력하는 움직임이 계속되었다.

1980년대에는 '기초로의 복귀(Back to Basics)'를 강조하는 대중적인 보수주의 성향이 등장하였다. 이는 전반적인 학력 저하로 나타나는 공교육의 부실화 현상을 개선하기 위한 것이었고, 더 나아가 미국의 경제적·군사적 패권을 강화하기 위한 교육부문에서의 노력이기도 하였다. 동시에 이 시기는 미국 사회에 만연한 사회적 폭력과 부조화가 도덕적·윤리적 파탄에서 비롯된 것이라고 보고 윤리교육을 강화해나간 시기이기도 하였다. 그리고 20세기의 시작과 더불어 전 분야에 지배적이었던 기술적 진보가 1980년대에 들어와 컴퓨터의 혁명과 함께 더욱 강조되어, 다양한 하이 테크놀로지의 교육적 적용이 확대되었던 것도 20세기 후반기의 주요 특징이다.

20세기 후반기의 교육과정 이론과 사고의 또 다른 주요 특징으로 거론할 수 있는 것은 포스트모더니즘, 포스트구조주의, 포스트마르크시즘 등과 같은 일군의 포스트주의 사상들이 교육과정 이론 형성에 철학적·사회학적·심리학적 기반으로 자리하게 되었다는 점을 들 수 있다. 이들 교육과정 연구에서의 포스트 사상들은 대체로 1970~80년대의 비판주의적 입장의 이론들, 예컨대 재개념주의 교육과정 연구가 교육학 및 교육과정학의 철학적 기저를 이루면서 정치적·사회적 불평등의 수단으로 원용된 제도교육을 비판한 것에서부터 비롯되었다고 할 수 있다.

교육과정학에서의 포스트 이론들은 주로 교육과정의 내용과 교수-학습활동에서의 정치적·사회적 권력에 대한 비판, 계급 불평등과 성 불평등 및 인종적 불평등에 대한 비판을 핵심적인 주제로 다루고 있다. 20세기 말과 21세기 초의 미국의 교육과정 분야는 이러한 포스트 이론의 비판적 연구와 실천의 축적을 통하여 학교교육에서 인종과 성 문제에서의 편향을 극복하고 사회적·경제적·문화적 약자를 배려하는 민주화되고 평등화된 교육실천을 이루어가는 데 핵심적인 역할을 수행하고 있다.

3. 현대의 사회변화와 교육과정

오늘날 교육계획자들은 교육과정을 개발하는 데에는 많은 선택의 여지를 갖게 되었다. 이는 교육을 둘러싸고 있는 사회·문화적 변화가 다양해지고 심화하는 데서 비롯된다. 뿐만 아니라, 인간의 성장과 발달, 가르치고 배우는 과정에 대한 풍부한 심리적 지식의 새로운 발견에서도 그 이유를 찾을 수 있다. 따라서 교육과정 개발을 위한 의사결정과정에 참여하는 사람들은 그러한 사회·문화적 변화와 심리학적 지식의 발전을 고려하게 된다.

1) 사회문화의 변화

교육과정 활동에 참여하고 있는 사람들은 자신들을 둘러싸고 있는 다양한 환경의 영향을 받으면서 활동을 한다. 이들에게 영향을 미치는 힘은 학교 안팎으로 존재한다.

먼저 학교 바깥에서 교육과정 활동에 영향을 미치는 힘으로 정치·경제·사회·문화적 환경의 변화를 들 수 있다.

정권의 교체는 교육과정의 형태와 내용에 변화를 준다. 새로운 정부가 들어서면 국정 이념을 새롭게 하고 이들 이념을 교육개혁을 통해 실현하고자 하는데, 교육과정의 개정이 이에 포함되기도 한다. 김영삼 정부가 발표한 교육개혁안(1995. 5. 31.)에 제7차 교육과정의 개정과 관련된 부분이 들어 있는 것이 좋은 사례가 된다.

경제성장, 직업의 분화, 국제적인 무역분쟁, 실업 등도 교육과정에 영향을 미치는 요인이다. 경제성장에 따른 여가의 증대는 이에 대한 교육적 필요성으로 나타나며, 직업의 분화는 교육과정 선택의 폭을 넓히는 데 기여한다. 그리고 국제적인 무역분쟁은 외국어 교육을 강화하고, 실업률의 증가는 사회교육기관의 교육과정 결정에 영향을 미친다.

사회계층, 가족의 성격, 환경보존 등도 교육과정 결정에 영향을 준다. 중산층의 증가는 공통 교육과정의 성격에 영향을 주며 핵가족화, 여성의 사회진출, 이혼율의 상승 등에 따를 가족 성격의 변화는 남자 중학생에게도 기술·가정 교과를 필수로 부과하는 데 영향을 미친다. 또한 환경파괴와 에너지 고갈은 환경이라는 교과를 설정하게 하고, 물자 절약이라는 내용을 교과들 속에서 다시 강조하도록 만든다. 특히 출산율 저하와 고령 인구의 증가는 교육과정의 성격을 근본적으로 변화시키는 압력요인이 된다.

가치관의 변화, 매스컴, 정보통신의 발달 등도 교육과정 결정에 영향을 미친다. 가치관의 변화, 특히 물신주의(物神主義) 가치관을 변화시키고자 하는 노력은 교육과정에 반영되며, 정보통신의 발달은 컴퓨터를 하나의 교과목으로 편성되도록 한다. 또한 대중매체가 미치는 해악을 줄이기 위하여 매체를 올바로 보는 교육이 필요하다는 주장도 교육과정 결정에 영향을 준다.

다음으로 학교 내부에서 교육과정 활동에 영향을 미치는 요인으로 학교의 조직구조, 물리적 환경, 학교문화 등을 들 수 있다.

학교의 조직은 교육과정의 운영에 큰 영향을 준다. 현재와 같은 학년별, 교과별 조직은 계통적 학습을 중요시하는 교과 교육과정의 운영에 적합한 조직이다. 그러나 교육의 목적이 다원적이고 다양한 형태의 교육과정을 통해 운영되기 위해서는 교과 간을 연계하는 팀별 조직이 효과적이다. 마찬가지로 현재와 같은 시간표 편성은 학생의 학습리듬보다는 행정적 편의성이나 교사 수급의 불가피성에서 비롯된다. 따라서 프로젝트 학습과 같은 학습자 주도적인 교육과정을 운영하는 데는 방해가 된다.

학교의 건물 및 시설은 여러 가지로 교육과정 활동에 영향을 미친다. 현재와 같은 학급별 교실은 전통적인 방식의 교과 교육과정을 운영하는 데 도움을 준다. 그러나 수준별 교육과정이나 통합 교육과정과 같이 교육과정을 유연하게 운영하기 위해서는 크고 작은 크기의 특별실이 필요하다. 기구 및 장비도 교육과정의 편성과 운영에 영향을 미친다. 프로젝션 TV와 인터넷의 보급은 교재의 성격에 대한 관념을 바꾸었으며, 전자교재의 편찬 방향으로 나아가고 있다.

학교의 문화는 눈에 잘 띄지 않지만 교육과정 운영에 결정적인 영향을 미친다. 교사들이 교육과정의 편성과 운영에 관심을 가지고 있을 때와 반대로 저항과 거부의식이 팽배할 때 학교 교육과정의 모습은 극단적으로 달라지게 된다. 학생들의 문화가 학구적이고 도덕적일 때와 비학구적이고 반사회적일 때 학교 교육과정의 성격은 이에 대응하여 편성되어야 한다.

이와 같이 교육과정 활동은 교육과정 참여자가 지닌 철학적 관점과 심리학적 관점의 토대 위에서 전개되며, 이들이 속한 학교 안팎의 여러 가지 배경과 압력 속에서 이루어진다.

2) 교육과정의 현대화

이러한 사회변화들은 오늘날 학교 교육과정에 대하여 많은 내용의 변화를 요구하고 있다. 즉, 학교 교육과정의 혁신을 요구하고 있으며 교육과정의 현대화를 원하고 있다. 현대화란 덜 발달된 체제나 상태가 보다 발달된 체제나 상태에서 공통적으로 나타나는 특징을 획득하게 되는 변화의 과정을 의미한다. 이때의 변화는 자생적 변화가 아니라 대체로 계획된 변화이다.

교육과정에서의 현대화는 교육의 효율성과 효능성을 극대화시키기 위하여 교육내용의 구조와 기능의 변화를 가져오는 것이다. 우리가 교육과정 현대화에서 어떤 점을 유의해야 하는지 세 가지로 살펴본다.

첫째, 지금까지의 교육과정의 현대화는 그 범주에서 교과내용의 변화와 발전에 따른 현대화에 초점을 맞추었다는 데 문제가 있다. 각 교과별 지식의 생성과 변화에만 초점을 맞추다 보니 학교 교육과정의 교과 내용이 전문화되는 경향이 있다. 각 학문 분야의 교과전문가들은 서로 경쟁이라도 하듯이 자기들 학문 분야에 기초한 교과만을 중요하다고 착각하여 어려운 전문적인 내용들만을 선정하여 교과 내용으로 구성하는 문제가 있었다.

둘째, 교육과정의 현대화는 역사적인 측면과 시간적인 측면에서만 생각해서는 안 된다. 즉, 과거에서 현재 그리고 미래로 이어지는 역사적·시간적 흐름에서 현재 나타나고 있는 여러 가지 변화 양태를 교육과정 개발에 포함시키는 것은 매우 중요하다. 그리고 미래에 나타나게 될 변화를 예측하여 그것을 반영하는 일도 교육과정 현대화의 중요한 과업이다.

셋째, 교육과정의 현대화는 순간순간의 일시적인 처방이 아니라 보다 장기적으로 지속될 수 있는 힘을 지닌 현대화이어야 한다. 현대화는 순간에 이루어지는 것이 아니고 시간을 두고 합리적으로 추진되어야 하며, 단지 1회로 그치는 것이 아니라 현재의 지속적인 과정으로 추진되어야 한다.

CHAPTER 03

교육과정 이론의 확립

1. 초기의 교육과정의 관점
2. 타일러의 목표중심 교육과정 이론
3. 브루너의 학문중심 교육과정 이론

03 CHAPTER

교육과정 이론의 확립

1. 초기의 교육과정의 관점

교육과정이 교육학의 한 전문분야로 자리하면서 체계적이고 전문적인 연구를 시작한 것은 1920년경부터라고 할 수 있다. 이 시기를 교육과정의 탄생시기로 잡는 것은 보비트(Franklin Bobbitt)가 1918년에 『교육과정』이라는 책을 출판한 것에서 비롯된다. 그리고 1902년에 듀이가 『아동과 교육과정』이라는 글을 썼으며, 그에 앞서 19세기 말에는 스펜서가 최초로 의미있는 교육과정적 질문을 제기하였다.

교육과정에 관한 최초의 의미있는 논의는 스펜서(H. Spencer)에 의해서 이루어졌다. 그는 1860년 출간된 『어떤 지식이 가장 가치 있는 지식인가?』에서 '무엇을 가르칠 것인가'에 관한 교육내용의 선정준거에 관한 문제를 제기하였다.

그는 이 책에서 교육의 목적을 '완전한 생활을 준비시키는 것'에 두고, 생활을 준비하는 데 가장 가치있는 지식을 가르칠 것을 제안하였다. 그의 이러한 제안은 그 동안 고전어와 7자유학과를 중심으로 암기식 교육이 이루어진 것에 대한 비판으로서 '무엇을 가르칠 것인가'에 대한 선택의 기준은 '완전한 생활을 준비시키는 데 두어야 한다'는 것이다. 그는 완전한 생활을 준비시키는 교과로서 과학이 가장 중요한 교과임을 강조하고 완전한 생활을 준비하는 데 가장 가치 있는 지식으로 다음의 다섯 가지를 제시하였다.

첫째, 자기보전에 직접적으로 필요한 지식으로서 건강에 관련된 생리학이 대표적이다.

둘째, 자기보전에 간접적으로 필요한 지식이다. 의식주 등의 생활필수품 획득에 필요한 지식으로서 물리학, 화학, 수학, 사회학, 지질학, 천문학과 같은 자연과학과 인간 사회의 원리를 알게 하는 윤리학, 그리고 사회과학 등이다.

셋째, 자녀의 양육과 교육에 필요한 지식으로서 심리학과 지적, 도덕적 발달에 관한 지식이 이에 해당한다.

넷째, 시민으로서 사회적·정치적 생활에 필요한 지식이다. 시민으로서의 의무와 책임을 다하기 위한 교과로는 역사와 사회학이 중요하다.

다섯째, 개인적인 취미와 기호를 만족시켜 주는 여가생활에 필요한 지식이다. 문학, 미술, 음악, 체육 등이 이에 해당한다.

스펜서가 생활을 준비시키는 것을 목적으로 제안한 다섯 가지 영역을 보면, 당장 생활에 활용할 수 있는 직접적으로 유용한 지식을 가르치는 것이 아니라 간접적으로 적용되어 생활에 도움을 줄 수 있는 지식이 생활을 준비시키는데 보다 유용하다고 여겼음을 알 수 있다. 스펜서의 이러한 제안은 최초의 의미 있는 교육과정적 논의에 대한 대답이었다.

1900년대 초반의 약 30년간은 다양한 관점에서의 교육과정 개발운동이 활발하게 전개되었다. 대표적으로 이 당시 교육과정은 진보주의 교육철학으로부터 영향을 받았으며 아동중심적이라는 특징을 갖는다. 그러나 진보주의 교육철학 외에도 교육과정 결정에 영향을 미치는 네 가지의 주요 세력들이 나타났다.

클라바드(H. Kliebard)는 이 시기의 교육과정 결정에 영향을 미친 관점들을 다음과 같은 네 가지로 구분하고 있다. 첫째는 과거의 전통적인 인문교과 중심의 교육과정을 지지하는 인문주의자이다. 둘째는 아동발달 연구에 기초하여 아동중심의 교육과정을 결정할 것을 강조하는 아동중심주의자들이다. 셋째는 산업에서의 효율성을 교육과정에 그대로 적용하여 산업사회에서 필요로 하는 성인을 준비시키는 것을 목적으로 하는 사회적 효율성을 추구하는 사람들이다. 그리고 마지막으로 학교가 사회개혁을 주도할 수 있어야 한다는 입장의 사회개조주의자들이다.

20세기 전반의 교육과정 연구에 많은 영향을 끼친 것에는 클라바드가 지적

한 네 가지 관점 외에도 듀이의 교육철학과 진보주의 교육철학이 있다. 듀이의 철학은 20세기 이전의 지식중심, 교사중심의 교육과정을 학습자중심의 교육과정으로 변화시켰다는 점에서 20세기 교육과정에 가장 큰 영향력을 행사했다고 할 수 있다.

이 당시 새롭게 출범한 교육과정 연구는 듀이의 철학과 진보주의 교육철학으로부터 많은 영향을 받았다. 아동중심주의 교육을 표방하는 진보주의 교육철학자들은 듀이와 그의 추종자들에 의한 교육개혁운동을 실천하기 위하여 1919년 진보주의 교육협회(Progressive Education Association)를 결성하였다. 이 협회는 학습자중심의 교육과정 입안을 처음으로 주장하였다.

이들은 교육원리를 학습자의 자유, 흥미, 신체적 발달, 생활욕구 등에 두고, 그것에 대한 과학적 연구를 강조하였다. 이러한 원리들은 문화유산과 체계적인 지식을 중심으로 이루어진 종래의 교육과정에서 탈피하여 교육과정의 축을 학습자에게로 이행하려는 것에서 생겨났다. 진보주의는 당시 미국의 공교육에 커다란 영향을 미쳤고 새롭게 탄생한 교육과정 이론 역시 그것으로부터 영향을 받았다.

진보주의 교육협회는 교과중심에서 학습자중심으로의 교육과정 변화가 초등학교 수준에서 이루어진 것과는 달리 중등학교에서의 개혁이 소홀한 것에 주목하고, 그 원인을 대학입시에 있다고 생각하였다. 대학의 선발기준이 여전히 전통적인 인문교과 중심이기 때문이다. 이러한 기준이 중등학교의 교육과정을 지배하는 결과를 초래하였고, 중등학교에서 진보주의 교육철학을 실천하기 어렵게 하였다.

이 문제를 해결하기 위해 진보주의 교육협회는 중등학교와 대학 간의 연계위원회(Committee on the Relation of School and College)를 구성하였다. 1932년 진보주의 교육협회는 카네기재단과 교양교육위원회의 지원 아래 중등학교에서의 진보주의 교육의 가능성을 연구하는 것을 목적으로 '8년 연구(The Eight-Year Study)'를 시작하였다. 타일러(R. W. Tyler)는 이 8년 연구의 총책임을 맡았다.

8년 연구의 성과는 중핵교육과정(core curriculum)의 개발과 행동주의를 수용하여 교육과정 개발에서 교육목표를 설정하는 일을 최우선으로 삼았다. 이 연구의 가장 큰 효과는 중핵교육과정의 개발이고 교육과정에 대하여 갖는 의미는 교육과정 조직형태에 관한 새로운 방안을 제시하는 것이다.

2. 타일러의 목표중심 교육과정 이론

타일러는 8년 연구에 참가한 경험을 바탕으로 1949년 『교육과정과 학습지도의 원리』를 출간하였다. 이 책은 대표적인 교육과정 저서 중의 하나로서 그는 지금까지도 가장 대표적이라고 할 수 있는 교육과정 모형을 제시하고 있다. 이 모형은 보비트를 비롯한 20세기 초기 교육과정 학자의 논의를 정리하여 제시한 것으로서 현재까지도 교육과정 개발이나 이론적 탐구에서 가장 큰 영향력을 행사하고 있다.

이 책에 따르면, 학문으로서 그리고 교육의 실천체계로서 교육과정은 학교교육에 대하여 다음과 같은 본질적인 문제점을 다룬다. 그것은 '무엇을 가르칠 것인가'하는 지식의 본질과 선정에 관한 문제, '그것을 왜 가르치는가'하는 지식의 정당화에 관한 문제, '어떻게 가르칠 것인가'에 관련된 교수-학습상의 방법론적인 문제, 그리고 '가르친 것을 어떻게 평가할 것인가'하는 평가상의 문제이다. 이 네 가지 문제들을 종합적으로 고찰하였을 때 우리는 교육과정의 기본적인 개념모형을 정립할 수 있으며 교육과정을 중심으로 한 교육활동의 전모를 파악할 수 있게 된다.

타일러의 목표중심 교육과정 모형은 ① 교육목표의 설정, ② 학습경험의 선정, ③ 학습경험의 조직, ④ 학습성과의 평가라는 네 가지의 구성요소로 이루어진다. 교육과정의 이 네 가지 구성요소는 교육과정의 개발과 실행에서 순차적인 과업으로 나타나는 것이다. 따라서 목표중심 교육과정 모형은 '교육목표-학습경험-평가'가 유기적으로 단계별 과업이 논리적으로 연결되어 정립되는 '체제'의 특성을 가진다.

1) 교육목표의 진술

타일러의 교육과정 모형에서 교육과정 계획의 첫 번째 단계는 교육목표의 설정이다. 그는 교육과정이나 모든 교육 프로그램은 분명한 교육목표를 가지고 있어야 한다고 강조한다. 교육목표는 교재의 선택, 내용의 선정, 학습지도 절차의 개발, 그리고 시험이나 평가를 준비하는 준거가 된다는 점에서 중요하다. 교육목표에 관한 이러한 생각은 이 모형을 목표모형으로 부르게 한다.

타일러는 교육목표의 원천, 즉 가르칠 내용의 원천으로서 '학습자에 관한 사실', '사회에 관한 사실', '교과 전문가의 견해' 세 가지를 들고 있다. 즉, 학습자에 관해서는 학습자의 필요와 흥미를 알아보고, 사회생활에 관해서는 성인들의 사회에서의 활동과 생활조건, 가치관 등을 알아보고, 교과 전문가들이 각각의 교과목에 대해서는 제시하는 의견을 살펴보고 충고를 들어야 한다. 이 세 가지는 다시 교육이 지향해야 할 목표로서 바람직한 것인지를 교육철학을 준거로 검토해야 하며, 또한 학습자가 학습할 수 있는 것인지를 학습심리를 기초로 검토하고 교육목표를 설정하는 것이다.

(1) 학습자에 대한 연구

교육목표를 설정하기 위한 학습자의 연구는 필요와 흥미를 조사하는 것을 통하여 이루어진다. 제시된 학습자에 대한 연구는 진보주의 교육철학에서 강조하는 아동중심의 교육이 내세우는 제일의 목표이다. 첫째, 학습자가 실제로 필요로 하는 것이 무엇인가를 실제로 조사해야 한다. 필요를 조사하는 일은 현재 충족되지 않은 욕구가 무엇이며, 이러한 욕구를 충족시키기 위해서 학교가 해야 할 일이 무엇인가를 밝히는 것이고 교육목표를 도출하는 것이다. 둘째, 학습자의 흥미를 조사해야 한다. 진보주의 교육이론에 따르면 교육의 기초는 학습자의 흥미에 두어야 한다. 왜냐하면 학습은 능동적 과정으로 이루어지고, 학습자는 자신이 경험한 내용만을 진정으로 이해하기 때문이다.

(2) 사회에 관한 연구

사회생활은 학교교육의 실용성 내지는 실효성의 문제와 밀접하게 관련된다. 이는 학교에서 배우는 교육내용과 사회생활의 제반활동 사이에 내용적 일치와 전이의 정도를 높이기 위한 것이다. 즉, 학교의 학습환경과 실제 사회환경이 유사할 때, 학교에서 학습한 것을 보다 쉽게 실제의 상황에서 활용할 수 있다. 따라서 학교의 상황을 실제의 상황과 유사하게 만드는 것이 학습에 보다 효과적이며, 사회생활의 여러 영역 가운데 일반적인 시민생활이나 직업생활 또는 지역사회에서의 생활을 학습자들에게 준비시키려는 취지를 갖는다.

(3) 교과전공자들의 충고

교육목표를 설정하기 위해서는 교과전공자의 충고를 들어야 한다. 전문가들의 충고는 학생들이 학교를 졸업한 후에 각 교과의 전문가로서 활약하게 될 것이라는 생각에서 이루어진 것이기보다는 대부분의 학생이 보통의 시민으로 살아갈 것이라는 생각에서 나온 충고이어야 한다.

(4) 교육철학

교육내용을 결정하는 문제, 즉 교육목표를 설정하는 문제는 가르칠 만한 가치가 있는 것을 결정하는 가치판단의 문제이다. 타일러는 교육목표의 설정에서 이러한 가치판단의 문제를 해결하는 장치로서 '철학' 혹은 '교육철학'을 상정하고 있다. 즉, 앞에서 말한 세 가지 원천으로부터 도출해낸 교육목표가 과연 가르칠만한 가치를 지닌 것인지를 교육철학을 통해서 재고하는 것이다.

(5) 학습심리

설정된 교육목표가 실제로 가르칠 수 있는 것인지를 확인하는 장치로서 타일러는 '교육심리학' 혹은 '학습심리학'을 제시한다. '가르쳐야만 하는 것인가'와 '가르칠 수 있는 것인가'하는 문제는 교육목표의 가치와 달성 가능성을 묻는 것으로서, 타일러는 잠정적으로 설정된 교육목표를 걸러내는 체의 역할을 교육철학과 교육심리학에 부여하고 있는 것이다.

타일러에 의하면, 이렇게 해서 설정된 최종적인 교육목표는 실제로 수업과 평가에서 의미 있는 지침으로 기능하기 위해서 명료한 문장의 형태로 진술되어야 한다. 교육목표에 있어서의 타일러의 공헌은 이 목표진술의 방식을 정밀하게 논의한 데 있다. 타일러의 제안에 의하면, 교육목표는 '어떤 내용에 관한 어떤 행동'이라는 식으로 '내용'과 '행동'을 이원적으로 표시하는 것이어야 한다.

타일러는 교육목표 진술에서 포함되어야 하는 일반적인 학습행동의 유형을 미국의 고등학교 생물교과를 예시로 삼아 ① 중요한 사실과 원리의 이해, ② 믿을만한 정보원(情報源)에 익숙하기, ③ 자료 해석능력, ④ 원리의 적용력, ⑤ 학습 및 연구를 수행하고 그 결과를 보고하는 기능, ⑥ 넓고 원숙한 흥미의 개발, ⑦ 사회적 태도의 함양이라는 일곱 가지의 행동형으로 제시하고 있다. 타일러에 따르면 대체로 이러한 교육목표는 5개에서 8개 정도가 적절하며 10개를 넘어서면 너무 복잡하게 된다.

이러한 교육목표를 내용과 행동을 두 개의 차원으로 하는 '교육목표 이원분류표'로 작성하면 학습경험의 선정과 조직, 학습성과의 평가 등의 작업에 유용한 지침으로 활용할 수 있다.

2) 학습경험의 선정

교육목표를 설정한 다음에 해야 할 일은 설정한 목표를 달성하는 데 유용한 학습경험을 선정하는 일이다. 목표를 효과적으로 달성하기 위해서는 학습경험의 선정이 중요하다. 타일러에 따르면 '학습경험'은 학습자와 그를 둘러싼 외부의 학습환경 사이의 상호작용을 총체적으로 말하는 것이다. 따라서 학습경험을 선정하는 문제는 교사가 학생들로 하여금 갖게 되기를 바라는 학습경험을 최대한으로 보장해 줄 수 있는 환경적 조건을 마련하는 문제라고 할 수 있다.

구체적인 학습경험의 선정은 달성하고자 하는 교육목표에 따라서 달라지지만 추구하는 목표에 상관없이 적용할 수 있는 몇 가지의 기본적인 원칙이 있다.

첫째, 기회의 원칙이다. 학습경험은 교육목표가 의미하는 행동을 학생이 실제로 해볼 수 있는 기회가 내포된 경험이어야 한다.

둘째, 만족의 원칙이다. 학습경험은 학생이 교육목표가 가리키는 학습경험을 하는 과정에서 만족감을 느낄 수 있는 것이어야 한다.

셋째, 가능성의 원칙이다. 학습경험은 바라는 학생의 반응이 학생 자신의 능력 범위 내에 있는 것이어야 한다.

넷째, 동목표 다경험의 원칙이다. 하나의 교육목표를 달성하는 데에는 여러 가지 학습경험이 사용될 수 있다.

다섯째, 동경험과 다성과의 원칙이다. 한 가지의 학습경험은 반드시 한 가지의 목표달성에 유용하거나 한 가지의 학습성과를 가져오는 것이 아니라 동시에 여러 가지 목표를 달성하게 하거나 여러 가지 학습성과를 가져올 수도 있다.

앞에서 타일러는 교육목표를 도출해내는 원천으로서, 아동의 흥미와 관심이라는 심리학적 요소와 동 시대의 사회생활이라는 사회학적 요소, 그리고 교과지식이라는 인식론적 요소의 세 가지를 제시하였음을 보았다. 학습경험도 역시 이러한 심리학적·사회학적·인식론적 소재에 상응하는 것으로 이루어져 있다. 타일러가 제시한 학습경험에는 ① 지식을 습득하기 위한 학습경험, ② 사고력을 기르기 위한 학습경험, ③ 사회적 태도를 함양하기 위한 학습경험, ④ 흥미를 개발하기 위한 학습경험의 네 가지 종류가 있다.

여기서 첫 번째의 지식을 습득하기 위한 학습경험은 지식 자체를 독립적으로 다루기보다는 그것을 문제해결의 과정과 관련시켜서 다루는 것을 말한다. 두 번째의 사고력을 기르기 위한 학습경험은 문제해결을 위한 구체적인 사고의 귀납적 사고, 연역적 사고, 논리적 사고, 비판적 사고 등의 다양한 사고유형이 해당된다. 세 번째의 사회적 태도를 함양하기 위한 학습경험은 학습자의 정의적 태도와 인성을 형성시켜 주는 것으로서, 일반적으로 교사와 교재 그리고 교육장면 등과 같은 교육환경이 학습자에게 제공하는 정서적·정의적 영향력을 의미한다. 네 번째의 흥미를 개발하기 위한 학습경험은 학습을 지속적으로 유발하는 학습동기를 제공하려는 것이다. 이를 위해서는 학습의 과정에서 학습과제와 학습활동에 대하여 학습자가 적절한 만족감과 성취감을 갖도록 학습경험을 학습자의 지·정의적 발달수준에 맞추어 다양한 형태로 구성해야 한다.

3) 학습경험의 조직

학습경험을 선정하는 다섯 가지의 일반적 원칙을 고려하여 선정된 학습경험은 의미있는 학습성과를 가져오게 하기 위해서 여러 학습경험들이 서로를 보충해 주고 강화해 주는 관계로 구성되어야 한다. 즉, 학습경험을 '조직'하는 이유는 학습경험의 제공을 통한 학습자의 학습이 단절되지 않고 통합적이고 총체적인 형태로 이루어질 수 있도록 하기 위한 것이다.

학습경험을 조직할 때는 반드시 여러 학습경험들 상호간의 '순서'와 '범위'를 어떻게 정할 것인가를 고려해야 한다. 즉, 학습경험을 조직할 때는 순서에 관련된 '수직적 조직(종적 조직)'과 범위에 관련된 '수평적 조직(횡적 조직)'이 동시에 이루어져야 한다. '수직적 조직'이란 학습경험 상호간의 순서를 정하는 것으로서, 무엇을 먼저 가르치고 무엇을 나중에 가르칠 것인가를 다룬다. 반면에 '수평적 조직'은 학습경험들 상호간의 범위를 정하는 것으로서, 소정의 학습경험을 과연 어떤 영역에서 다룰 것이며 또한 그 학습경험과 다른 영역에서의 학습경험은 서로 어떻게 관련지을 것인가를 다룬다.

타일러는 학습경험을 조직할 때 따라야 할 준거로서, 각각 수직적 조직에서는 '계속성'과 '계열성'의 준거를, 그리고 수평적 조직에서는 '통합성'의 준거를 제시하고 있다.

계속성의 준거는 학습경험들의 종적인 배열에서 동일한 학습경험이 계속적으로 반복되는 것을 말한다. 과학에서 '에너지에 대한 의미 있는 개념을 개발하기'라는 교육목표가 설정되었을 경우, '에너지에 대한 개념'을 한 차시의 수업에서 한 번으로 끝내는 것이 아니라 계속해서 과학교과의 여러 부분 속에서 반복적으로 다루도록 조직하는 것이 계속성에 따른 조직이다.

계열성의 준거는 동일한 경험요인이 단순히 반복되는 수준을 넘어서서 계속적인 줄기는 있으되 동시에 그 줄기에 좀더 넓고 깊은 의미가 붙어질 수 있게 조직하는 것을 말한다. 즉, 각각의 계속적인 학습경험을 선행하는 학습경험 위에 세우지만 포함된 내용이 좀더 넓고 깊게 진행되도록 조직하는 것이 계열성의 준거이다. 예를 들어, 사회교과에서 '독서기술을 개발하기'라는 교육목표가 설정되었을 경우, 학년이 올라갈수록 점점더 복잡한 형태를 지닌 사회교과자료를 제공하여 이 자료들을 읽는 데 필요한 독서기술의 폭과 깊이를 더하도록 조직하는 것이 계열성에 따른 조직이다. 이 경우에 6학년의 사회교과에서 익히게 되는 독서기술을 좀더 넓고 깊게 전개시키는 것이 된다.

한편 통합성의 준거는 여러 가지 학습경험들을 그 횡적인 관계에서 서로 서로 보충과 강화가 이루어지도록 관련지음으로써, 학생들이 여러 영역에서의 학습경험을 통하여 모순이나 단절없이 통합된 의미를 발견할 수 있고 행동에도 통일성을 이루도록 하기 위한 것이다. 수학교과에서 '계산문제를 다루는 기술을 개발하기'라는 교육목표가 설정되어 있을 경우, 이러한 계산기술이 수학교과뿐만 아니라 사회교과, 과학교과, 실과교과에서도 효과적으로 이용될 수 있도록 조직함으로써, 산수에서 실과에 이르는 각 교과영역에서의 학습경험들이 상호보완되고 강화되어 궁극적으로는 학습자의 계산능력이 통일성을 이루도록 하는 것이 '통합성'에 따른 조직이다.

계속성은 특별한 학습요소들에 대한 학습자의 경험을 반복해서 강조하는 것이고, 계열성은 학습자의 발달을 점점더 넓히고 심화시키는 것이며, 통합성은 관련요소들에 연관시켜서 학습자의 행동의 통일성을 증가시키는 것을 말한다. 이러한 계속성과 계열성에 따른 수직적 조직과 통합성에 따른 수평적 조직을 통해 조직된 학습경험들은 작게는 과나 주제 또는 단원의 형태로부터 시작해서 크게는 교과목이나 프로그램의 형태에 이르기까지 다양한 형태로 구성되고 구조화된다.

4) 교육목표 달성도의 평가

목표중심 교육과정 모형에서 교육과정 실행의 제일 마지막 단계는 '평가'이다. 평가는 교육과정과 수업 프로그램을 통해서 소정의 교육목표가 실제로 어느 정도로 실현되었는지를 결정하는 과정이다. 즉, 평가는 교육 프로그램의 실행을 통해서 학습자의 행동상의 변화가 어느 정도로 일어났는지를 확인하고 평가하는 작업이다.

교육평가는 일반적으로 학습자의 학업성취도를 측정·평가하는 '학업성취도 평가'와 그 결과를 통하여 교육과정과 프로그램의 장·단점을 파악하는 '교육과정 평가'의 두 가지 차원을 갖는다. 이러한 교육평가의 목적은 궁극적으로 교육과정의 개선을 위한 정보를 수집하는 데 있다. 즉, 교육평가는 학습자의 학업성취를 알아보고, 교육 프로그램의 적절성과 효과성을 검증하며, 그 결과를 교육목표 설정단계로 피드백함으로써 이후에 전개될 새로운 교육 프로그램을 개발하는 데 필요한 사전 정보를 마련하기 위하여 실행한다. 이 점에서 교육평가는 교육실천의 '마무리' 활동이면서 동시에 '시작' 활동이기도 하다.

타일러가 정립한 교육과정 모형은 교육과정의 개발과 실행에 이르는 일련의 절차와 방법을 기술공학적으로 진술해놓은 것으로서, 체계적인 준거와 과정에 의거하여 이루어지지 못하였던 교육과정 개발을 본격적인 실천지향의 학문적 작업으로 정립시키는 데 공헌하였다.

3. 브루너의 학문중심 교육과정 이론

학문중심 교육과정은 1960년을 전후로 발생한 교육과정 이론으로서 생활적응을 목적으로 하는 경험중심 교육과정이 체계적인 지식교육을 소홀히 한 결과로 생겨난 교육과정이다. 학문중심 교육과정의 대표적인 학자는 브루너(J. S. Bruner)이다. 이 당시의 교육과정 개혁에 관심을 가졌던 학자들은 미국의 작은 도시 우즈홀이라는 곳에서 회의를 개최하였다. 이 회의에서는 그동안 이루어진 교육과정 개혁의 원리를 찾고, 앞으로 교육과정 개혁이 어떤 방향으로 나아가야 할 것인가에 대해 논의하였다.

이 회의의 의장을 맡은 사람은 심리학자인 브루너였고, 그는 회의의 결과를 1960년 『교육의 과정』이란 작은 책자에 담아서 출간하였다. 이 책은 타일러의 『교육과정과 학습지도의 기본 원리』와 함께 교육과정 분야에서는 대표적인 책이라고 할 수 있다. 이 회의를 통해 이들은 '지식의 구조'를 '발견학습'의 방법으로 가르칠 것과 이를 '나선형 교육과정'으로 조직할 것을 제안하였다.

브루너에 따르면, 그 동안의 지식교육이 올바른 지식교육이 되지 못한 까닭은 지식의 본래적 성격인 '지적 탐구활동'을 강조하지 않는 채로 지적 탐구의 결과물로서의 지식만을 학생들에게 습득시키는 데 몰두하였기 때문이다. 즉, 브루너는 교과 '자체'를 가르친 것이 아니라 교과의 '이차 언어' 혹은 '중간 언어'를 가르친 것이 그 동안의 지식교육의 문제점이라고 보았다. 여기서 교과 자체는 지적 탐구활동으로서의 교과를 가리키며, 교과의 중간 언어는 지적 탐구의 결과로서의 교과지식을 가리킨다.

지적 탐구의 결과로서의 교과지식을 주입식으로 가르치는 지식교육이 점점 더 복잡해져 가는 현실 사회의 문제점들을 해결하는 고도의 지적 사고능력을 적절하게 길러주는 데에는 아주 부족하다는 진단 아래, 브루너는 지식 자체의 탐구적 특성을 최대한으로 살리는 교육내용으로서 '지식의 구조'를 가르치는 교육과정을 제시하였다.

1) 지식의 구조

지식의 구조(structure of knowledge)는 학문중심 교육과정 모형에서 교육내용을 개념화하는 핵심 용어이다. 지식을 가르치는 것이 아니라 지식의 구조를 가르친다고 할 때 그것은 지식을 이루는 뼈대 내지는 근본 원리를 가르치는 것을 의미한다. 지식의 구조란 각 학문의 기저를 이루고 있는 기본 개념, 일반적인 원리, 아이디어 등을 뜻한다. 지식의 구조를 가르쳐서 한 분야의 기본적인 아이디어를 완전히 통달하도록 하는 것이 이 교육과정의 목적이다. 따라서 교육과정은 지식의 구조를 중심으로 개발해야 하는데, 한 교과의 지식의 구조는 그리 많지 않다. 무엇이 그 교과의 구조인가는 그 학문의 최고 권위자가 제시해 주어야 한다. 교육과정의 개발은 이것을 중심으로 한다.

지식의 구조를 파악한다는 것은 곧 그 학문의 가장 기본적인 원리를 이해하는 것이고, 각각의 구체적인 현상이나 사건들은 이 한 가지 원리로 설명될 수 있는 개별적인 특수한 사례로 볼 수 있다. 그러므로 지식의 구조를 가르치는 것은 낱낱의 개별적인 현상들을 따로따로 가르치기보다는 이들 개별현상에 모두 적용할 수 있는 일반적인 원리를 가르치는 것이라고 할 수 있다. 원리를 가르칠 경우 우리는 낱낱의 사실들을 따로따로 설명하고 가르칠 필요가 없기 때문에 경제적이다. 또한 일단 지식의 구조를 파악하고 나면 한 가지 현상을 여러 가지 다른 현상과 관련지어 이해할 수 있다. 즉, 지식의 구조를 학습한다는 것은 사물이나 현상이 서로 어떻게 관련되어 있는가를 이해하는 것이기도 하다. 이것이 구조가 갖는 의미이다.

지식의 구조에 대한 예로서 수학에서는 교환법칙, 결합법칙, 배분법칙을 들 수 있다. 방정식의 풀이는 미지수와 기지수로 이루어진 식에서 미지수를 찾아내는 것이다. 교환법칙, 결합법칙, 배분법칙은 모든 방정식 풀이에 적용되는 기본 원리이다. 일단 이 세 가지 법칙을 이해하고 나면, 새롭게 풀려고 하는 개개의 방정식들은 전혀 새로운 문제가 아니라 이미 알고 있는 방정식의 풀이뿐 아니라 다른 연산에서도 적용된다. 언어의 경우는 문법이 구조에 해당한다. 일단 한 문장의 문법적 구조를 파악하고 나면, 이 구조를 사용하여 수많은 문장을 만들어 낼 수 있다. 이렇게 만든 문장은 그 구체적인 내용에서는 서로 다르지만 구조에서는 동일하다. 어린이들은 말을 배우는 동안에 이러한 언어의 구조를 자연스럽게 익히고 그것을 활용하여 다양한 표현을 할 수 있다.

학습자가 지식의 구조를 배우게 될 때에 전통적인 지식학습과는 차별적인 유익함이 있다. 이에 대해 브루너는 다음의 네 가지 이점을 제시한다. 지식의 구조는 학습자로 하여금 학습내용을 ① 이해할 수 있도록 해주고, ② 기억하기 쉽게 하며, ③ 학습 이외의 사태에 적용할 수 있도록 하고, ④ 고등지식과 초보지식 사이의 간극을 좁힐 수 있게 한다. 이 가운데 네 번째 장점으로 제시된 '고등지식과 초보지식 사이의 간극을 좁힐 수 있게 된다'는 말은 브루너가 지식의 구조를 가르침으로써 얻게 되는 가장 강력한 장점으로 내세우는 것이다. 이것은 뒤에서 설명하게 될 나선형 교육과정을 통해서 가능하다.

2) 발견학습

지식의 구조를 가르친다는 것은 낱낱의 개별적인 현상들 모두에 공통적으로 적용할 수 있는 일반적인 원리를 가르치는 것이어서 겉으로 보기에는 서로 다른 것으로 보이지만 사실은 이미 알고 있는 원리의 한 가지 특수한 사례에 불과하다는 것을 이해할 수 있게 한다. 이것을 우리는 일반적 전이라고 하는데, 이는 지식의 구조를 가르쳤을 때 얻을 수 있는 교육적 효과라고 할 수 있다.

지식의 구조를 이해하고 나면 일반적 전이가 가능하다. 일반적 전이는 특수적 전이와 구분되는데 이 둘을 비교하면 다음과 같다. 어떤 종류의 학습이든 그것은 장차 우리에게 쓸모가 있어야 한다. 학습이 장차 쓸모 있게 되는 데는 두 가지 방법이 있다. 하나는 원래 배운 것과 아주 비슷한 상황에다 학습의 결과를 그대로 적용하는 것이다. 이러한 전이를 '특수적 전이'라고 한다. 특수적 전이는 주로 기술적인 학습에서 이루어진다. 예를 들면, 승용차의 운전을 배운 뒤에는 트럭이나 버스의 운전을 배우기가 쉽다. 학교에서도 우리는 특수적 전이가 이루어지는 기술을 얼마간은 배운다. 보통 기술교과에서 배운 지식에서 특수적 전이가 이루어지는 경우가 많다.

이와는 달리 학습의 결과를 보다 효과적으로 활용할 수 있는 방법은 '일반적 전이'에 의해서다. 일반적 전이란 원리와 태도의 전이를 뜻한다. 일반적 전이는 지식의 구조를 배움으로써 가능하다. 기본적인 개념이나 일반적인 원리, 아이디어를 학습하고 나면 우리는 그 뒤에 부딪치는 현상이나 문제들을 이미 학습한 일반적인 원리의 한 특수한 사례로 보고 이것에 비추어서 새로운 문제나 현상을 이해하고 다룰 수 있다. 일반적 전이는 서로 분리되어 있는 것으로 보이는 세상의 많은 사물이나 사건들을 서로 관련된 것으로 볼 수 있게 하며, 겉으로 보기에는 서로 달라 보이더라도 결국은 같은 것의 서로 다른 모습일 뿐이라고 이해하게 한다. 모든 것을 낱낱으로 기억하거나 이해하기보다는 한 가지 원리로서 기억하고 이해하는 것이 보다 효율적이고 경제적이다.

만약에 우리가 원리를 가르치지 않고 낱낱의 개별 사건들을 하나씩 가르친다면 얼마나 많은 것을 가르쳐야 하는가? 그러나 원리는, 겉으로는 서로 달라 보이는 세상원리로 이해할 수 있게 한다. 일단 그 한 가지 원리를 학습하고 나면 그것을 적용하여 나머지 낱낱의 사실을 쉽게 이해할 수 있다. 일반적 전이는 일반적인 아이디어나 원리를 가지고 지식의 폭을 더욱 확장하고 그 깊이를 심화시킬 수 있도록 한다. 우리가 학습한 지식의 구조가 보다 기본적이고 일반적이면 일반적일수록 그것이 적용되는 범위는 더욱 넓다. 지식의 구조는 일반적 전이가 이루어지기 때문에 보다 광범위한 적용 가능성을 갖는다.

브루너는 지식의 구조를 내면화하고 그것을 문제사태에 확장, 적용하는 학습방법으로 발견학습을 제안하였다. 발견학습은 지식의 구조를 학습자들이 스스로 발견하고 다양한 문제사태에 생산적으로 적용하도록 하는 학습지도방법이다.

지식의 구조를 학습한다는 것은 지식의 기본 개념과 원리 및 그의 적용방법으로서 탐구방법론을 학습하는 것이다. 이때 지식의 구조에 해당하는 개념과 원리 및 탐구방법론을 교사가 일방적인 학습지도로써 가르치는 것이 아니라 학습자가 자신의 적극적인 탐구활동으로 발견적으로 습득해나가는 것이 발견학습의 근본 의도이다. 또한 이것은 교수과정의 관점에서 볼 때 교과의 논리적 체계에 따라 가르치는 것과 학습내용과 함께 학습하는 방법도 함께 가르치는 것을 말한다.

한 분야의 기본적인 아이디어를 완전히 통달하는 데는 일반적인 원리를 파악할 필요가 있으며 탐구에 대한 태도, 추측과 가설설정에 대한 태도, 혼자 힘으로 문제를 해결할 수 있다는 자신감 등을 가져야 한다. 마치 물리학자가 자연에는 어떤 질서가 있고, 그 질서를 발견할 수 있다는 태도를 갖듯이 학습자 역시 이러한 태도를 가져야 한다. 수업을 통하여 이런 태도를 길러주려면 지식의 구조를 교사가 직접 설명해 주어서는 안 되고, 사물이나 현상에는 어떤 법칙성과 유사성이 있음을 스스로 발견하도록 해야 한다. 종래의 학습에서는 먼저 교사가 일반적인 명제를 제시하고 학생이 그 명제를 증명하거나, 아니면 원리가 어떻게 도출된 것인지를 교사가 직접 설명하면서 보여주었다. 이에 비하여 발견학습에서는 특수한 명제에서 일반적 명제를 학습자 스스로가 발견하도록 하거나 아니면 발견하기 바라는 원리를 교사가 문제상황으로 제시하고, 그 상황에서 학습자 스스로 원리를 찾아내도록 한다.

발견학습의 핵심적 아이디어는 지식의 구조를 교사의 언어적 설명으로 제시하는 것이 아니고 문제상황 속에서 학습자 스스로가 찾아내는 것이다. 이때 교사는 학습자가 발견하기 바라는 원리를 선정해야 하며, 이것을 찾아낼 수 있는 문제상황을 만들어야 한다. 1960년대 당시 과학과 수학 교육과정을 만든 사람들은 학습자에게 학문의 기본적인 구조를 제시하되 그것을 직접적으로 제시하는 것이 아니라 학습자가 스스로 발견할 수 있는 문제상황을 여러 가지 방법으로 제시하였다. 발견학습은 수학이나 물리학과 같은 과학교과서에서만 실시할 수 있는 것이 아니라 사회과나 그 밖의 교과에서도 가능하다.

이러한 발견학습의 과정은 교과지식의 위상을 전통적인 학습장면과는 다르게 개념화한다. 전통적인 학습장면에서는 지식이 암기하고 훈련해야 하는 외적 대상으로서의 '정답'으로 개념화된다. 그러나 발견학습에서는 지식을 본질적으로 문제의 성격을 갖는 '탐구와 발견의 과정'으로 개념화하며 또한 그 탐구와 발견의 과정 속에서 얻게 되는 타당성과 합리성을 갖는 '해답'으로 개념화한다. 즉, 발견학습은 탐구와 발견의 과정을 본질로 하는 학습인바, 이에 따라 학습자는 탐구와 발견의 학습과정을 통해서 '문제해결능력'으로서의 학문적 탐구능력을 체득하게 된다.

이와 같이 지식의 구조를 발견학습의 방법으로 가르칠 것을 주장하는 것은,

한편으로 학교는 문화전달의 기능 외에도 문화창조 및 인간형성의 기능을 달성하기 위해서 학습하는 방법을 학습시켜서 각 학문의 특징적인 사고와 인식의 방법을 이해시키고, 사고력과 인지능력, 태도 등을 길러주는 데 목적이 있기 때문이다. 또한 지식이 폭발적으로 증가하는 상황에서 모든 지식을 다 가르칠 수는 없다.

브루너가 학문중심 교육과정 이론을 주장한 것은, 주로 미국 교육의 예가 되겠지만, 그동안의 학교교육이 생활준비 교육을 지향하는 실용주의적 특성을 지나치게 강조함으로써 대학 이상의 수준에서 이루어지는 학문의 발전과 체계를 초·중등학교에서 적절하게 뒷받침하지 못한 현실을 극복하려는 의도였다. 학문중심 교육과정 이론의 내용모형은 브루너 자신의 진단이긴 하지만, 미국 교육이 갖는 비학구적 특성과 그로부터 연유된 미국사회의 비지성적 풍토를 학문중심의 초·중등교육으로써 개선하려는 한 '사회개선' 혹은 '사회개혁'의 교육적 맥락 속에서 형성되었다.

3) 나선형 교육과정

학문중심 교육과정은 지식의 구조를 발견학습의 방법으로 가르칠 것과 함께 그것을 나선형 교육과정으로 조직할 것을 제안한다. 교육과정의 조직에서 가장 중요한 문제 중의 하나는 언제, 어떤 순서로 어느 정도까지 가르쳐야 보다 효과적으로 학습할 수 있는가 하는 문제이다. 이에 대한 연구는 주로 발달심리학에 기초하며 발달의 수준에 따른 교육과정 조직을 해야 한다는 것이다.

나선형 교육과정(spiral curriculum)은 나사못의 끝은 뾰족하고 위로 올라갈수록 점차로 굵어지는 것과 같이 발달단계에 따라서 처음에는 아주 쉽고도 간단한 기본적인 아이디어만을 소개하고 점차로 그 내용을 심화·확대하면서 반복적으로 조직하여 제시하는 것이다. 발달단계에 따라서 다음의 세 가지 표현양식을 사용할 수 있다. 동작적 표현양식, 영상적 표현양식, 상징적 표현양식이 그것이다.

브루너가 제시한 나선형 교육과정은 교육내용을 조직·구성하는 데 있어서 적용되는 어떤 구체적인 방법 또는 원리를 말한다기보다는 교육내용을 조직하였을 때 나타나는 특성을 가리키는 추상적인 방법적 개념을 말한다. 교육과정 조직의 개념으로서 나선형 조직은 기존의 교육내용 조직의 원리로서 제시된 종적 조직에서의 계속성과 계열성의 원리를 학습자의 발달단계에 맞추어 형태화한 것이라고 할 수 있다. 즉, 동일한 학습요소로서의 지식의 구조를 계속적·연속적으로 반복·제시하면서, 그것을 학습자의 인지발달 단계에 맞추어 점점더 폭넓게 그리고 심화시켜 초보지식에서 고등지식으로 수준을 높여나가도록 구성하는 것이 나선형 조직이다. 이때 지식의 구조가 학습자의 경험과 이해의 폭에 따라 점점더 넓게 확장되고, 인지발달 단계에 따라 점점더 높게 상승되는 모양이 동심원의 모양으로 아래에서 위로 넓게 향하는 나선형태를 이룬다고 하여 나선형 교육과정이라고 한 것이다.

CHAPTER 04

교육과정의 재개념화

1. 재개념화 운동의 태동
2. 전통주의에 대한 비판
3. 재개념주의의 탐구 영역

04

CHAPTER

교육과정의 재개념화

교육과정학의 토대를 마련한 프랑크 보비트로부터 시작하여 지금까지 그 위력이 남아있는 타일러의 논리에 이르기까지 이들의 공통점은 '교육과정 편성절차'를 아주 구체적으로 명시하려고 했다는 데에 있다. 즉, 1920년대에서 1960년대 초반까지의 교육과정학자들은 '교육과정 편성절차 개발'이라는 실용적인 일에 매달려 있었다. 그러나 1950년대 후반 이와 같은 교육과정학자들의 전통적인 역할은 큰 도전을 받게 되었고 그 결과 교육과정학 분야에서는 '재개념화'라는 하나의 운동이 나타나게 되었다.

1. 재개념화 운동의 태동

1960년을 전후하여 '교육과정 개발' 이라는 극히 실용적인 작업의 주도권이 교과전문가에게로 넘어가고, 또한 교육과정학자들의 학문적 활동이 '타일러의 논리'를 수정·보완하는 수준을 넘어서지 못하자 1960년대 말에는 "교육과정학 분야는 죽어가고 있다"라는 말이 교육과정학계에 나타났다.

'교육과정학 분야는 죽어가고 있다'는 말을 처음 올린 사람은 시카고 대학교 교수였던 조셉 슈왑(Joseph Schwab)이었다. 그는 1969년 시카고 대학교 출판부에서 발행하는 『School Revieu』라는 학술지에 '실제적인 것 : 교육과정학을 위한 언어'라는 논문을 발표하였다. 이 논문이 유명해졌는데 이유는 '교육과정학 분야는 죽어가고 있다'는 충격적인 선언이 담겨 있었기 때문이었다. 이 논문은 당시 교육과정학계에 파문을 일으켰고 교육과정학의 재개념화라고 하는 하나의 새로운 물결을 일으키는 기폭제의 역할을 하였다.

슈왑은 위기에 처한 교육과정학 연구가 살아나기 위해서는 일반적인 원리나 보편적인 법칙을 찾는 이론적 작업에 매달리기보다는 실제적이고 절충적인 방향으로 그 접근방법을 바꾸어야 한다고 주장하였다. 이러한 슈왑의 위기의식에 젊은 교육과정 학자들이 동조하면서, 1950년대와 60년대를 지배한 행동주의적이고 기술공학적인 접근에 대한 비판과 함께 새로운 교육과정학 탐구의 토대를 구축하는 일이 시작되었는데 이들의 이러한 움직임을 '재개념화'라고 한다.

재개념화에 동조하는 학자들은 1973년 5월 미국 뉴욕주의 로체스터 대학교에서 회의를 가졌으며 이 학술회의를 준비한 사람은 윌리엄 파이나(William Pinar)였다.

파이나는 1975년 자신과 비슷한 생각을 가진 여러 학자들의 논문을 묶어 『교육과정 이론』을 출판하여 '재개념주의자'라는 용어를 처음으로 공론화하였다.

파이나는 1955년 동료들과 함께 쓴 『교육과정학의 이해』에서 1970년부터 1979년까지의 10년간을 교육과정학의 재개념화 시기로 규정하고, 이 시기를 거치면서 교육과정학 분야는 '타일러의 논리'를 기초로 한 '교육과정 개발'이라는 극히 실용적인 작업에서 '교육과정 이해'라는 이론적이면서 실용적인 작업으로 그 패러다임이 완전히 바뀌게 되었다고 주장하였다.

2. 전통주의에 대한 비판

교육과정 이론 연구에서 그동안 오랜 세월 지배적 위치에 놓여 있었던 타일러의 이론과 같은 사상을 가진 이론을 '사라지는 별'이라고까지 혹평하고 나선 재개념론자들의 타일러에 대한 비판은 다음과 같은 세 가지로 요약될 수 있다.

첫째, 타일러 부류의 전통주의자들의 교육과정 이론은 기술적이고 관료적인 학교 모형에 기초하여, 목표-수단 접근과 같은 정형화된 방식으로 교육과정을 생각함으로써, 교육과정 구성에서 반드시 생각하여야만 하는 인간의 내면적인 느낌이나 경험을 무시하였다.

둘째, 타일러 부류의 이론들은 교육과정 개발에서 여러 가지 맥락 간의 상호작용에 관심을 기울이지 않았다. 교육과정 구성에 있어서는 문화적 맥락, 남·여 관계적 맥락, 사회적·역사적·정치적 맥락이 매우 중요하게 검토되어야 하는데, 전통주의자들의 교육과정 이론에서는 이러한 것들이 무시되었다.

셋째, 타일러 부류의 이론은 결국 교수-학습 과정을 하나의 생산과정으로 보고, 일종의 생산모델을 정형화함으로써 교육과정 또는 교수-학습 과정에서 의미있는 문제들, 즉 문화적 헤게모니, 사회적 재생산, 저항, 잠재적 교육과정, 주변화와 같은 가치 있는 문제들에 대한 분석과 고려가 이루어지지 않았다.

3. 재개념주의의 탐구 영역

교육과정 이론에서 재개념론자들은 무엇을 어떻게 하고자하는지 그들의 생각을 이해하기 위하여 몇 개의 부류로 그들의 이론을 나누어 논의해 보고자 한다. 교육과정 재개념주의자들의 시도는 각자가 서로 다른 학문적 배경을 갖기 때문에 그 관점과 접근방식에서 매우 다양하다. 그러나 이들 모두가 전통적인 교육과정에 대하여 비판적인 시각을 갖는다는 점에서는 공통적이다. 재개념주의 연구는 이론적 토대와 접근방식의 다양성으로 인하여 간단히 정리하기는 어렵지만, 다양한 재개념주의적 접근 가운데서 많은 주목을 받고 있다고 할 수 있는 실존적 관점에서의 연구, 정치적 관점에서의 연구, 해방적 접근에 기초한 연구, 현상학적 관점에서의 연구, 미학적 관점에서의 연구에 관하여 살펴보기로 한다.

(1) 실존적 관점

파이나는 현대 인간이 처해있는 사회문화적 현실 속에서 개인이 갖는 경험과 그 의미를 찾고 이를 이해하는 것에 초점을 둔다. 기계문명의 발달과 산업화에 따른 인간 소외, 경제적 불안정, 사회적 갈등, 관료적 체제의 증가 등 사회가 지니고 있는 상황에 대하여 실존적인 해방을 추구하고 있다.

1960대 후반 미국사회가 베트남전에 대한 갈등과 대도시의 폭력사태, 이념 갈등 등으로 사회가 혼란할 시기에 오하이오 주립대학교에서 대학생이던 파이나는 현상학과 실존주의, 교육과정 이론과 심리학 등을 공부하였다.

그는 당시의 지배적인 학교교육 제도에 의하여 정서적으로 억압되고 심리적으로 미성숙하며 도덕적으로 미발달된 아동을 해방시키는 일에 집중하게 되었다. 그는 자신의 학문이 궁극적으로 추구해야 할 목적은 인간해방이라고 규정하였다. 인간해방의 과정은 다면적이고 연속적인 과정이므로 어느 한 가지 조건으로 한 순간에 시행되는 것이 아니라, 여러 상황을 종합적으로 고려하여 인간을 구속하고 있는 현상이나 거짓된 인식을 걷어내어 자신의 본래 모습을 회복할 때 가능하다고 보았다.

즉, 추상적으로 이론화하고 표준화시킨 인식에서 벗어나 생동적이고 구체적인 개인의 직접적인 경험세계를 회복함으로써 해방된다고 보았다. 교육과정에 보편적으로 적용하는 일반적인 원리를 추구하는 전통주의자나, 과학적인 체제와 그 법칙을 추구하는 개념적－경험주의자나, 인간을 구속하는 조건을 사회구조 속에 존재하는 정치경제적 요인으로 분석하는 재개념주의자마저도 인간의 직접적인 경험을 왜곡시킨다고 보았다.

파이나는 인간경험을 이해하는 가장 올바른 방법은 그 경험이 갖는 개별적 특수성을 강조하는 것이다. 파이나의 교육과정에 대한 관심은 개인이 교육 속에서 갖는 내적 경험의 탐구에 초점을 두는 데서 시작된다.

교육과정을 자서전적이고 전기적인 관점에서 이해하려고 하는 체계적인 노력은 “쿠레레 : 재개념화를 향하여”와 『빈약한 교육과정에 관하여』의 출판과 함께 이루어졌다. 이 책에서 파이나와 그루멧은 '코스를 달린다'를 뜻하는 교육과정의 라틴어 어원, '쿠레레'로 대표되는 자서전적 교육과정 이론을 소개하였다.

자서전적 접근은 실존적·현상학적·정신분석학적인 것에 토대를 두고 있다. 이들은 학습의 결과나 학업성취에 관심을 두기보다는 학습자 개인의 자아발달에 영향을 미치는 학교교육의 정신적 영향력에 관심을 둔다. 이들은 학습자 개인에게 초점을 맞추기 위해서 사서전적 방법을 사용한다. 개인은 자신의 심리적 삶의 역할을 이해하기 위해서 현재와 미래뿐 아니라 과거로 돌아갈 필요가 있다. 이들의 비판은 학교교육으로 인한 비인간화 현상이나 정신적 황폐화 현상에 관심을 두고 있다.

파이나는 학교교육을 통해서 '우리는 졸업장과 자격증을 받고, 학식은 쌓게 되지만 인간성은 조각나고 만다'고 하였다. 그의 비판은 학교교육으로 인하여 비인간화와 소외현상이 일어난다는 사실에 초점이 맞춰져 있다.

학교교육이 이러한 인간파괴적인 '광기'로부터 벗어날 수 있는 길은 무엇인가? 이러한 문제의 해결을 위해 먼저 우리의 의식 속으로 관심을 돌려 스스로를 충분히 살펴볼 수 있어야 한다. 그리하여 우리의 참된 존재를 구속하는 허구를 알고 그 굴레로부터 벗어남으로써 스스로를 자유롭게 해방시킬 수 있는 것이다. 자신의 정신세계에 대한 철저한 이해를 바탕으로 할 때, 우리의 사회적·정치적·교육적인 문제에 대해 보다 종합적인 이해가 가능해지기 때문이다.

파이나는 오늘날 교육과정 이론이 너무나 인간 실존의 문제를 잃어가고 있다고 보았다. 그것은 오늘날 교육과정 탐구에서 흔히 교육과정을 정의하여 '학교에서 가르치는 교과목'이나 '관찰가능한 행동으로서의 의도된 학습결과'라고 부르는 것만 보아도 알 수 있다. 이러한 정의에서 강조되는 것은 언제나 관찰가능하고, 측정 및 검증할 수 있는 외현적인 행동일 뿐, 아동의 내면세계나 그가 갖는 개인적 의미는 전혀 고려되지 않는다.

따라서 파이나는 교육과정의 의미로서 그 말의 영어 [curriculum]의 어원인 라틴어의 '쿠레레'가 갖는 본래의 의미, 즉 '교육에 대한 개인적 경험이 갖는 본질적 의미'를 제안하고 있다. 우리는 흔히 '쿠레레'의 의미를 마차 경주에서 말들이 따라 달려야 하는 일정하게 정해진 경주로로만 생각하는 경우가 많지만, 오히려 '쿠레레'는 경주에서 각각의 말들이 경주로를 따라 달리는 개인적인 경험을 지칭하는 것이기도 하다.

'쿠레레'는 외부로부터 미리 마련되어 교육 속에서 아동들에게 일방적으로 주어지는 교육활동 속에서 아동 개개인이 갖는 경험의 본질인 것이다. '커리큘럼'이 외부에서 나에게 주어지는 하나의 자료라면, 내가 그 자료를 접하고, 읽고, 생각하고, 느끼며, 배우는 나의 모든 생생한 경험들이 바로 '쿠레레'이다. 따라서 '쿠레레'로서의 교육과정 탐구는 목표를 설정하고, 과정을 설계하고, 결과를 평가하는 일과는 거리가 먼 활동들이다. 그것은 오히려 그 자체의 독특한 탐구방식을 동원하여 교육경험의 본질을 규명함으로써 스스로 교육과정의 지식을 만들어가는 활동이다. 자신의 경험 속에서 교육과정의 자료를 보는 사람은 응당 외부에서 주어지는 공식적인 가정들을 넘어서서 자기 나름의 의문을 찾게 되며, 그것은 곧 교육과정을 재개념화하고 재창조하는 계기가 된다.

'쿠레레'가 갖는 한 가지 중요한 측면은 정치적인 것이다. 우리가 갖는 교육경험의 많은 부분은 우리 스스로 선택한 것이기보다는 외부로부터 주어진 상황에서의 경험이 많기 때문이다. 또한 한 개인이 갖는 실존적 자유의 인식도 사회적·정치적 맥락 속에서 의미지워지는 경우가 많다. 따라서 우리의 삶이 갖는 정치적·경제적·사회적 맥락과 그 의미를 생각하는 일이 중요하다. 이러한 정치적·사회적 불평등을 인식하는 일은 궁극적으로 자신의 의식에 대한 탐구, 즉 '쿠레레'의 탐구과정을 통해서만 가능한 것이다.

우리가 갖는 교육경험의 본질을 분석하여 그 실존적 의미를 찾는 작업, 이것을 파이나는 '쿠레레의 방법론'이라 부른다. 쿠레레의 방법을 통하여 우리는 보다 깊은 의식에 도달할 수 있고, 교육현상을 보다 넓은 지혜로 가질 수 있다. 특히 오늘날과 같이 실증주의적이고 행동과학적인 방법론이 교육연구의 주류를 이루는 상황하에서 이 쿠레레의 방법은 교육연구에서 우리가 그동안 간과하던 부분, 즉 교육 속에 존재하는 개인적 경험과 그 의미의 중요성을 회복시키는 계기가 될 것이다.

이러한 쿠레레의 방법론은 유럽의 전통적인 현상학이나 실존주의 그리고 정신분석학 등의 이론에 토대를 두고 자신의 과거와 현재 그리고 미래를 연결함으로써 오늘의 교육현상이 갖는 사회적·문화적 맥락을 분석적이면서도 종합적인 방식으로 파악할 수 있다는 특징을 갖는다. 그것은 자신의 과거의 교육경험을 기술한다는 점에서 과거지향적이지만, 동시에 미래의 예상과 연결짓는다는 점에서 미래지향적이다. 또한 자신의 과거나 현재의 경험을 현상학적으로 또는 정신분석학적으로 따진다는 점에서 분석적이지만, 동시에 분석의 결과를 보다 넓은 정치적·사회적 맥락 속에서 재이해하려고 한다는 점에서 종합적이다. 이것이 파이나가 자서전적 방법론으로 발전시키는 교육과정의 질적 방법론이다.

(2) 정치적 관점

이 분야를 이끄는 대표적인 학자들은 애플(Michael Apple), 지루(Henry Giroux) 등을 들 수 있는데 이들의 공통점은 칼 마르크스 사상을 토대로 교육과정을 정치적·사회적·경제적 배경에서 분석하고 비판한다. 또한 이들의 공통된 주장은 첫째, 교육과정은 결코 중립적·탈가치적 실체일 수가 없으며, 둘째 교육과정은 정치적 또는 사회적 이데올로기로부터 분리되어 진공상태에서 만들어지고 개발될 수 없다는 것을 확실하게 드러내는 것이다. 우선 이러한 부류의 사람들 중 대표적인 애플의 이론을 살펴보면 다음과 같다.

사회·정치적 접근에서 이루어진 대표적인 비판은 애플의 『교육과 이데올로기』에서 찾아 볼 수 있다. 그의 기본 입장은 신마르크스주의에 기초하며 학교의 기능을 한마디로 문화적 재생산이라고 하였다. 이전 세대에 있었던 사회적 형태와 힘의 관계를 새로운 세대에게 재생산하는 것이라고 비판한다. 지금까지 자본주의 사회에서는 자본이나 부(富)와 같은 경제적 힘을 가진 중심적 지배집단이 우리 사회의 생산, 소비, 재화의 분배를 지배하고 있다. 그들은 그 속에서 헤게모니를 행사하고 민중을 다스리고 그들 앞에 권위로 군림한다. 그리고 그들은 지배를 위한 여러 가지 막강한 기제를 개발하고 활용하는바, 학교도 바로 그러한 기제의 하나로 전락하고 있다.

따라서 학교는 그동안 부당하고, 불평등하고 비인간적인 힘의 부당한 분배를 재생산하고 유지하는 데 이용되었다. 결국 학교는 힘있는 사람들에게 힘을 유지하도록 도움을 주었으며, 힘없는 사람들에게는 그러한 상태의 삶을 그대로 받아들이도록 이끌었다. 이는 교육과정이라는 틀 안에서 지식 중에서도 특정한 지식만을 선택하여 가르침으로써 가능하였다. 이러한 재생산은 형식적·비형식적 교육과정을 통해 폭넓게 이루어져왔다. 그들은 모두 관료주의적 규칙에 얽매여 있으며 밖으로부터 주어지는 것에 아무런 이의제기나 저항 없이 순순히 군말 없이 따르도록 강요받고 있다.

그래서 교수자와 학습자 모두가 관습으로 받아들이고, 익숙해져버린다. 도전하는 교수자와 학습자들은 다양한 방법으로 처벌받고 징계를 받는다. 한마디로 그동안의 학교는 사회 지배세력의 문화적 자본을 보존하는 중추적 역할만을 수행하였다는 것이다. 즉, 사회의 현상유지 목적을 위해서 자행되고 있는 불평등한 교육체제를 더 이상 영속시켜서는 안 되며, 따라서 교육과정의 기존 구조가 철폐되어야 한다.

이러한 애플의 주장에 동조하는 사람들은 교육과정에서 사회적 규범, 가치, 기대의 상호작용의 중요성을 강조한다. 교육과정은 보다 나은 사회를 건설하는 것이 되어야 한다. 그리하여 이러한 재개념화론자들은 사회적 재건주의자(social reconstructionist)라고 부르며 신마르크스주의자(neo-Marxist)라고도 하였다. 교육과정의 내용으로는 사회적 쟁점들이 중요한 내용으로 포함되어야 하고 교수자와 학습자들이 민주적 과정을 통해 교육과정 개발에 참여할 수 있어야 한다. 교육과정은 결코 교사 배제 접근이 되어서는 안 되며, 교육과정의 의사결정 과정에서 교수자를 중요한 결정자로 생각해야 한다. 교수자는 그저 남들이 계획해 준 그대로 아무 말 없이 교육과정을 시행하는 단순 기술자가 아님을 강조한다. 반전통주의자들은 교육과정 개발에서의 교수자의 역할을 강조하였다.

(3) 해방적 관점

브라질 교육자 프레이리(P. Freire)는 지난 날의 전통주의적 학교교육을 은행 거래 체제에 비유하여 비판하였다. 즉, 교육은 하나의 지식거래의 틀에 구속되어 있다. 학습자들은 지식의 수용자가 되고, 교수자들은 지식의 제공자가 된다. 교수자가 지식을 일방적으로 제공하면 학생들은 의문 없이 받아들여 적고, 외우는 행동으로 그것을 수용한다. 교육과정 계획이란 것은 어떻게 하면 '세상'을 학습자 속으로 잘 주입하는가를 관리하고 규정하는 것이다. 교육과정 개발자들의 과업은 그들이 참 지식이라고 생각하는 정보를 학습자의 머릿속에 채워넣는 과정을 조직화하는 일이다. 따라서 이러한 은행 거래제의 교실에서 속히 벗어나 해방되어야 한다는 것이 프레이리가 내세우는 해방적 접근이다.

그의 해방적 접근의 또 다른 관심은 가난하고 못 배운 사람, 그래서 무시당하고 억압받은 사람들의 해방이다. 억압받은 사람들로 하여금 그저 그것을 현실로, 관습으로 받아들이도록 하는 지배계층의 교묘한 생각과 의도로부터 해방되도록 해야 한다는 것이다. 교육의 기본 과업은 이러한 굴종과 억압의 태도를 극복하고, 그 억압받는 자들이 진정한 자유와 인간으로서의 책임성을 키우도록 하는 것이어야 한다.

이러한 해방적 접근은 곧 교육과정의 기본 목적은 학습자들에게 비판적 의식을 고무시키고 유지시켜 주는 것이어야만 한다. 그리고 이러한 비판적 의식은 곧 교육과정 개발에서 다음과 같은 단계로 나타나야 한다.

첫째, 우선 교육자들은 그 지역사람들과 함께 그들의 삶의 현실을 나타내는 생성적 주제를 개발하여야 한다. 문화, 저개발, 빈곤, 알코올중독과 같은 주제들이 생성적 주제들이다.

둘째, 다음으로 교육전문가, 지역주민 대표 등이 서로 대화를 나누어서 학교 교육과정에 사용될 주제와 내용을 협동적으로 규명한다. 그리고 그것에 따른 교수자료들을 개발한다.

셋째, 다음에는 그러한 구체적 자료들(독서물, 녹음된 인터뷰, 사진, 역할놀이 등)

을 토론의 초점으로 사용한다. 이 토론에서 바로 비판적 의식이 형성되고 고양된다.

넷째, 마지막에는 그렇게 하여 만들어진 교육과정이 실제 교육현장에서 시행되는 것이다. 이러한 프레이리의 해방적 접근의 특징은, 교육과정은 학습결과를 추구하는 데 있는 것이 아니라 비판적 숙고를 키우는 데 있다. 따라서 탈가치의 교육과정이 될 수 없다. 교육과정 계획은 기술적으로 처리될 문제가 아니라 정치적·이념적 문제다. 궁극적인 교육의 목적은 억압받은 자의 해방, 곧 자유화이기 때문이다.

(4) 현상학적 관점

현상학적 접근은 학습자 개인의 교육적 경험의 질과 본질에 초점을 맞추며, 즉각적이고 감각적으로 나타나는 경험을 중요시 한다. 휴브너(D. Huebner), 그린(M. Greene), 맥도널드(J. Macdonald) 등이 대표적이다. 이들은 인간의 지각과 경험, 인간경험의 심미적인 질에 초점을 맞춘다. 현상학은 경험을 보다 깊이 있고 진실되게 이해하려고 하는 체계적이고 엄격한 노력이다. 현상학은 인간이 경험한 세계를 설명하는 데 실패한 합리주의와 경험주의를 거부한다. 현상학자들은 현상이 개인의 살아있는 경험 안에서 그들 자신을 나타내는가에 관심을 둔다.

자아이해를 내세우는 인본주의 심리학이나 실존주의적 철학에 바탕을 둔 재개념론자들이 주장하는 이상적인 교육과정은 언어와 의사소통기능, 개인의 자서전, 예술, 시, 무용, 드라마, 문학, 심리학, 윤리학, 종교 등 그 외 여러 가지 심미적·인본적·정신적 교과목들을 강조하는 내용과 경험으로 짜여진 교육과정이다. 그린(M. Greene)은 이러한 교육과정을 '개인적 표현', '지적 의식화', '반성적 자아의식'의 교육과정이라고 불렀다.

그린은 진정한 학습이란 개인의 의미를 발달시키는 것이어야 한다고 주장한다. 이는 현상학적 성격을 띠는 것으로서 개인의 삶의 세계와 지식을 분리시켜서는 안 된다. 학습이란 개인의 구체적인 생활세계 속에서 일어나는 것이지 생활세계와 유리된 채 일어나는 것은 아니다. 기존의 기술공학적 모형에서는 목표의 달성을 추구하여 수단과 결과의 합리성에만 관심을 두고 무엇이 가치 있는 교육활동인가에 대한 탐구는 소홀히 한다. 현상학적 접근방식은 전통적인 교육과정 연구를 질적으로 평가하는 계기를 마련해 준다는 점에서 의미가 있다.

이상에서 논의한 재개념론자들의 연구와 주장이 기존 전통주의자들의 교육과정 이론에 대한 새로운 접근, 새로운 도전을 가져왔으며 그들은 특히 새로운 개념과 새로운 언어들을 많이 생산하였다. 또 교육의 문제는 계량적으로, 기술적으로만 생각할 것이 아니라, 질적으로 생각할 것을 다시금 인식시켜 주었다. 그러나 이러한 재개념론자들의 주장에 대하여 비판적인 사람들도 있다. 그들은 실천적 통찰이 부족하여 그들의 주장은 대개가 수필, 산문 같은 수준이고, 내용은 실체가 없는 지극히 사변적인 것들이라는 비난을 받는다. 또한 어떤 방향으로 교육과정을 개발하여야 한다는 주장은 하였으나 실제로 그 구체적인 방법을 제시하지 못하고 있다.

(5) 미학적 관점

미학적 관점에서 재개념화하려는 학자들은 '의미의 추구가' 인간의 가장 중요한 관심사이며, 그 의미는 이미 주어진 것을 발견하는 것이 아니라 인간 스스로 구성하는 것임을 강조한다. 의미는 다양한 형식으로 표상되고, 그 의미를 표상하는 각각의 형식은 매우 독특하며, 학교의 교육과정은 이들 형식 안에서 '어떤 깨우침'이 일어날 수 있도록 계획되어야 한다고 주장한다. 교육과정을 미학적인 관점에서 재개념화하려는 학자들은 질적인 사유의 중요성과 세상을 파악하는 방식의 다양성을 강조하면서 학교에서 예술교과를 중요시해야 한다고 주장한다.

교육과정의 미학적 차원을 이해하려고 노력하는 학자들의 생각을 네 그룹으로 나누어 이들의 생각을 살펴보고자 한다. 예술교과를 중요시하는 입장과 지식을 탐구하는 과정에서 미학적 인식론의 중요성을 강조하는 학자들, 20세기 미술사조적 입장에서 교육과정을 조명하는 학자들, 교육과정의 미학적 재개념화 운동의 대표자인 엘리엇 아이즈너(Elliot Eisner)의 생각을 알아보고자 한다.

아이즈너는 화가로서 그의 경험은 그의 교육과정학 이론의 질적 평가와 질적 연구에 지대한 영향을 미쳤다. 그는 1966년 행동목표를 비판하는 논문을 발표하여 주목을 끌었고, '영교육과정'이란 개념과 '교육감식안', '교육비평'이라는 독특한 질적 연구 방법론을 교육과정학에 도입하였다.

1) 행동 목표비판

아이즈너는 1966년 '미국교육협회'(AERA)에의 학회에서 「교육목표 : 조력자인가 아니면 방해꾼인가」라는 논문을 발표하였다. 논문에서 교육과정을 편성할 때에 교육목표를 설정하는 것이 중요한 작업으로 부상하는 배경과 그것이 '행동목표'로 발전하는 과정을 역사적으로 고찰하였다. 그리고 유용하게 널리 인정받던 행동적 교육목표의 기능을 네 가지로 비판하면서 질적 평가의 중요성을 강조하였다.

첫째, 수업을 시작하기 전에 행동목표의 형태를 구체화하여 진술하는 것은 불가능하다. 왜냐하면 수업은 아주 복잡하고 역동적인 과정을 거치면서 진행되는 것이므로 수업이 끝난 후 학생에게 나타날 수 있는 것이 행동목표이기 때문이다.

둘째, '행동목표' 진술은 과목의 특성을 전혀 고려하지 않고 있다. 수학이나 언어영역에서는 수업 후에 나타내 보여야 할 행동이나 조작을 아주 상세하게 구체화할 수 있을지 모르지만, 예술영역에서는 이러한 구체화가 바람직하지도 가능하지도 않다. 창의성을 중요시하는 예술교과에서는 학생들이 독창적인 반응을 나타내도록 격려한다.

셋째, '행동목표'를 주장하는 사람들은 행동목표가 학생들의 성취도를 측정할 때 필요한 측정의 기준으로 사용될 수 있다고 생각하는 것은 잘못이다. 학교에서 호기심, 독창성, 창조성 등이 학생들에게 계발되었는지 측정할 수 있는 것은 '기준'이 아니라 '질적인 눈으로' 판단할 수밖에 없다.

넷째, '행동목표'를 중요시하는 학자들은 교육목표를 세분화할 것과 이 교육목표가 교육내용을 선정하기 전에 확정되어야만 할 것을 강조하지만 이에 동의하지 않는다. 교사들은 교육적으로 유익하리라고 생각되는 활동을 선정하여 학생들에게 적용해보고, 그 결과를 토대로 그 활동의 목표나 결과를 확인할 수도 있다.

아이즈너는 '행동목표'에 대한 자신의 비판을 다듬어서, 『학교 프로그램의 설계와 평가에 관한 교육적 상상력』에서 전통적인 '행동목표' 외에 두 가지 교육목표, 즉 '문제해결 목표'와 '표현적 결과'로서의 목표가 더 존재한다고 주장하였다. 문제해결목표란 어떤 문제와 그 문제를 해결할 때 지켜야 할 조건이 주어지면, 그 조건을 충족시키면서 문제를 해결해야 하는 것을 말한다. '표현적 결과'로서의 목표는 미리 정하지 않고 어떤 활동을 하는 도중이나 끝낸 후에 교육적으로 바람직한 그 무엇을 배울 수 있다는 것이다. '표현적 결과'란 우리가 어떤 활동을 하는 도중 또는 종료한 후에 얻게 되는 것을 말한다.

2) 참 평가

아이즈너는 '타일러의 논리'에 기초한 평가방식은 학생들이 실생활에서 필요로 하는 능력, 즉 문제해결력을 학습하는 데 별로 도움이 되지 않는다고 지적하면서, 학교에서 행하는 평가가 '참 평가(authentic assessment)'가 되려면 다음과 같은 여덟 가지 기준을 따라야 한다고 주장하고 있다.

① 학생들이 알고 있는 것, 할 수 있는 것을 평가하기 위한 과제는 학교 내에만 국한된 것이 아닌 학교 밖의 세계에서 부딪힐 수 있는 것이어야 한다.
② 학생들을 평가하기 위해 사용된 과제는 결과뿐만 아니라 문제를 해결하는 과정도 보여줄 수 있는 것이어야 한다.

③ 평가에 사용된 과제는 그 과제를 만든 지적 공동체의 가치를 반영하여야 한다.
④ 평가의 과제는 한 사람의 활동에만 국한될 필요는 없다. 우리가 부딪히는 많은 과제는 집단의 노력을 필요로 한다.
⑤ 평가의 과제는 그 문제 또는 질문에 대한 해결책 또는 답이 한 가지 이상이 되도록 구성되어야만 한다.
⑥ 평가과제는 수업에 배운 것을 그대로 측정하는 것이어서는 안 되고 학생으로 하여금 배운 것을 새로운 상황에 적용하도록 요구하는 것이어야 한다.
⑦ 평가의 과제는 학생들이 단편적인 사실과 함께 보다 전체적인 맥락에 신경을 쓰도록 하는 것이어야 한다.
⑧ 평가의 과제는 학생들이 배운 것을 표현하기 위해 사용하는 제시형태를 다양하게 선택할 수 있도록 허용하는 것이어야 한다.

3) 교육적 감식안과 교육비평

여덟 가지의 특성을 가지는 '참 평가' 과제에 대한 학생들의 성취형태를 평가하는 일은 양적이기보다는 질적인 작업이다. 교사들은 새로운 형태의 학생평가 기술이 필요한데, 이를 위하여 아이즈너는 '교육적 감식안(educational connoisseurship)'과 '교육비평(educational criticism)'이라는 방법을 제안하고 있다.

'교육적 감식안'을 구체적으로 설명하면, 미술교사가 학생들의 작품을 감상할 때 미묘한 질의 차이를 구별할 수 있는 감식안을 가지고 있듯이 다른 교과를 가르치는 교사들도 자신들이 가르치는 교과에 대한 학생들의 수행 사이의 미묘한 차이를 구별할 수 있는 감식안을 가질 수 있다는 것이다.

미묘한 질의 차이를 감식가가 언어로 표현하여 학생과 학부모가 볼 수 있도록 하면 '교육비평'이 된다. 미묘한 차이를 비전문가가 이해할 수 있도록 언어로 표현하는 일은 결코 쉬운 일이 아니어서 비평가들은 흔히 직유, 은유, 유추,

시적 표현 등을 자주 사용하게 된다.

감식안이란 '감상하는 기술'이고 '개인적인' 성격이 강한 반면에, 비평이란 '남에게 전달하는 기술'이고 '공적인' 성격이 강하다. 교사는 이러한 '교육적 감식안'과 '교육 비평'이라는 질적인 평가 기술(arts)을 터득하기 위하여 학생들의 성취도를 유심히 관찰하고 이를 언어로 형상화하려는 노력을 꾸준히 기울여야 한다고 아이즈너는 주장한다.

4) 질적 탐구

아이즈너는 교육분야의 '양적 연구'가 불필요한 것은 아니지만, 그동안 교육현장을 실제로 개선하는 데는 별 도움이 되지 않았다고 비판하였다. 학교현장을 실질적으로 개선하려면 '학교현장에 직접 들어가서 그곳에서 실제 무슨 일이 일어나고 있는지를 자세히 관찰하는 연구', 즉 '질적 탐구'가 필요하다고 하였다. '질적 탐구'란 본래 문화인류학 등의 분야에서 널리 사용하고 있는 연구방법론으로서 '자연스러운 탐구(naturalistic inquiry)'로도 불리고 있는데, 특징은 연구자가 연구대상을 인위적으로 조작하지 않고 있는 그대로 존재하는 현장에 직접 들어가서 일어나는 일을 질적인 시각으로 관찰하고 판단한다는 데에 있다. 아이즈너는 우리가 학교를 진정으로 개선하기를 원한다면, '질적 탐구'를 통하여 실제 현장을 파악하는 일이 중요하다고 강조하였다.

CHAPTER 05

교육과정의 유형

1. 교과중심 교육과정
2. 경험중심 교육과정
3. 학문중심 교육과정
4. 인간중심 교육과정

05 CHAPTER 교육과정의 유형

1. 교과중심 교육과정

교과중심 교육과정은 최초의 전문적인 교육과정 연구가 시작되던 20세기 초 이전의 모든 교육과정을 말한다. 1920년경 탄생한 경험중심 교육과정이 그 이전의 교육과정을 구분하기 위해서 붙인 이름이며 무엇을 가르칠 것인가라는 질문에 대하여 지식이라고 대답하는 대표적인 지식중심의 교육과정 이론이다.

이 교육과정 유형은 아들러(M. Adler)에 의하여 항존주의 교육철학에 입각하여 구안된 파이데이아(paideia) 교육과정과 비슷한 뜻으로 사용된다. 파이데이아란 그리스어로 일반적이고 인문적인 학습을 의미하며 그 학습은 모든 인류가 공통적으로 답습해야 한다는 것이다. 교과중심 교육과정은 7자유학과를 가르칠 것을 제안하고 있으며, 이것을 가르치는 목적은 정신의 도야에 있으며 형식도야 이론에 근거한다.

형식도야 이론은 19세기의 능력심리학(Faculty psychology)에 근거하는 것으로서 이 이론에 따르면 우리의 정신은 지각, 기억, 추리, 상상, 감정, 의지 등과 같이 뚜렷이 구분되는 여섯 가지 능력으로 이루어져 있다. 이 능력은 우리 몸의 근육에 비유할 수 있는 것으로서 마음의 근육, 즉 심근이다. 형식도야 이론에서의 형식이란 바로 심근을 뜻하는 것이며, 여섯 가지 심근의 연마를 뜻한다.

형식도야 이론은 우리 몸의 근육이 반복적 사용으로 단련되는 것과 마찬가지로 여섯 가지 심근이 지속적인 훈련과 연습으로 도야될 수 있다고 한다. 우리의 심근을 도야하기 위해서는 반복적인 사용, 즉 연습과 훈련이 중요하다고 강조한다. 예를 들면, 기억력을 도야하기 위해서는 반복적인 암기연습을 해야 한다.

형식도야를 목적으로 하는 교과중심교육과정은 형식을 도야하는데 있어서 도야의 가치가 큰 7자유학과를 가르칠 것을 제안하였다. 7자유학과는 중세의 대표적인 교과이며, 기원은 고대 그리스까지 거슬러 올라간다. 지금까지 가장 대표적인 교과로 여겨져 이들은 교과의 전형이다. 7자유학과는 문법, 수사학, 논리, 산술, 기하, 천문학, 음악인데 이 과목은 우리의 심근을 도야한다.

교과중심 교육과정은 가장 전통적이고 광범위하게 활용되고 있으며 문화유산의 전달, 교과의 윤리적 체계, 형식도야 등을 교육의 중요한 기능으로 믿고 있다. 교과중심 교육과정의 특징을 살펴보면 다음과 같다.

첫째, 수업은 사전에 학습자의 입장에서 객관적으로 계획한 대로 진행된다.

둘째, 교사가 교육의 주체이고 모든 수업은 교사로부터 통제된다.

셋째, 일률적인 교재에 의하여 교과가 규정하는 영역 안에서 그 내용을 다루고 학습활동이 제한되어 전개된다.

교과중심 교육과정을 하위유형으로 나누면 분과형, 상관형, 융합형, 광역형 등 네 종류로 분류할 수 있다.

분과 교육과정은 각각의 교과나 과목의 종적 체계는 있어도 교과나 과목 간의 횡적 관련이 전혀 없이 조직된 교육과정이다.

상관 교육과정이란 두 개 또는 그 이상의 과목들이 각각의 교과의 선을 유지하면서 서로 관련지어져 있는 교육과정을 말한다.

융합 교육과정은 상관교육과정에서 광역 교육과정으로 이행하는 과정에서 생긴 하나의 과도기적인 교과중심 교육과정 유형이다. 각 교과목의 특성을 유지하면서 내용면이나 성질의 공통 변인을 추출하여 교과를 재조직하게 된다. 예를 들면, 식물학, 동물학, 생리학의 교과목들 간에 관련된 요소를 추출하여 생물학을 조직하는 것이다.

광역 교육과정은 전통적인 교과목의 엄격한 한계를 해소하고 학습이 보다 넓은 영역에서 사실이나 원리들을 조직하려는 교과중심 교육과정의 한 유형이다. 예로는 일반과학이란 물리, 화학, 생물, 지리학, 천문학 등의 여러 과목에서 중요한 주제나 원리들을 선정하여 조직한 것이다.

2. 경험중심 교육과정

경험중심 교육과정은 1950년대 말 학문중심 교육과정이 등장할 때까지 미국을 비롯하여 우리나라와 세계 여러 나라의 교육과정에 많은 영향을 끼쳤다.

경험중심 교육과정의 철학적 배경은 존 듀이(J. Dewey)를 중심으로 하는 진보주의 교육철학이다. 듀이는 시카고 대학에 부임해 온 2년 후인 1896년에 그의 부인과 같이 하나의 실험학교를 설립하였다. 이 실험학교는 시카고 대학 부속학교로서 듀이의 진보주의적 교육이론을 실천에 옮겨 그 결과를 실험하기 위한 것이었다.

듀이는 새로운 교과의 선정, 교수-학습방법의 개선을 도모하는 새로운 교육과정을 통해 개인의 능력개발과 욕구를 만족시키는 하나의 협동적인 지역사회로서의 학교를 운영하고자 하였다. 이 실험학교의 교육과정 개발에서 강조되어 착안된 사항은 지식을 체계적으로 정리한 성격으로서의 교과보다는 배우는 학생에 중점을 두었다는 점이다. 지식에서 활동으로, 학문에서 생활로 그 중심을 옮겨 놓았다.

듀이의 핵심적인 가설은 생활 자체, 특히 사회적 필요에 부응하는 직업생활이 교육과정의 중심이 되어야 한다는 것이었다. 두 번째 가설은 표현의 자유는 성장을 위해 필요한 조건이며 이는 교사에 의해 안내되어야 한다. 자유와 비형식은 그 자체로서의 목적을 가지는 것이 아니라 지적 개발을 위한 수단이다.

경험중심 교육과정은 무엇을 가르칠 것인가에 대하여 생활적응을 목적으로 학습자의 경험을 가르칠 것을 제안하였다. 이것은 문화유산으로서의 지식을 중심으로 교육과정을 결정하였던 과거의 전통적인 교육과정에서 탈피하여 학습자의 경험과 생활에 기초하여 교육과정을 결정하고자 한 것이다. 이 교육과정은 '행함으로써 학습한다'는 원리에 입각하여 학습자가 생활의 문제를 능동적으로 해결해 감으로써 바람직한 학습자의 성장을 기할 수 있다고 본다.

경험중심 교육과정을 이해하기 위해서 다음과 같이 홉킨스(Hopkins)가 정리한 바를 참고할 수 있다.

첫째, 교육과정의 중심을 교과에 두지 않고 학생에 둔다.

둘째, 교재와 결부된 교수방법보다는 학생의 흥미에 중점을 둔다.

셋째, 교재를 가르치는 데 중점을 두지 않고 학생의 원만한 성장에 초점을 둔다.

넷째, 교재를 미리 선택하여 조직하지 않고 학습의 장에서 결정한다.

다섯째, 단편적인 지식을 가르치는 것보다 유용한 의미의 체험에 중점을 둔다.

경험중심 교육과정을 하위유형으로 나누면 활동중심 교육과정과 생활중심 교육과정으로 나눌 수 있다.

활동중심 교육과정은 학생의 흥미나 요구가 무엇이냐에 따라서 다르게 학습시키는 활동이다. 학교교육의 기초는 아동의 경험이고 활동이며 교육과정이란 학습자가 배워야 할 교과내용이 아니라 학교활동에 포함되는 학습자의 모든 활동경험이라고 주장한다.

생활중심 교육과정은 교육과정 구성의 기초를 생활에 두고, 사회의 기능이나 개인의 활동이 집중되어 가는 것을 포착하여 그것을 기본 영역으로 하고 개인으로 하여금 모든 생활에서 효과적으로 참여할 수 있는 경험의 폭을 정하여 교육과정을 만드는 것이다.

3. 학문중심 교육과정

학문중심 교육과정은 1960년을 전후로 발생한 교육과정 이론으로서 생활적응을 목적으로 하는 경험중심 교육과정이 체계적인 지식 교육을 소홀히 한 결과로 생겨난 교육과정이다. 경험중심 교육과정이 팽배해 있던 당시에 스푸트니크 쇼크라는 충격적인 사건이 일어났다. 당시의 학교교육을 지배하던 교육과정은 생활적응을 목적으로 학습자의 흥미나 필요, 사회적응, 생활의 유용성 등을 강조하는 교육과정이었다. 학습자의 흥미와 필요, 사회적 기능과 같은 생활적응에 초점을 둔 교육과정은 체계적인 지식교육에는 소홀히 하게 되었다. 생활적응 교육은 당연히 이 분야에서의 지식교육을 소홀히 하였고, 그 결과 우수한 과학자를 양성하는데 실패하였다는 것이다.

이러한 위기감을 극복하기 위한 방안으로서 보다 철저하고 체계적인 지식교육이 필요하다는 사실을 인식하게 되었다. 그 결과 수학과 과학을 중심으로 하는 대대적인 교육과정 개혁운동이 일어났고, 이 결과로 생겨난 교육과정이 학문중심 교육과정이다. 이들은 교육과정의 결정에서 무엇보다도 학문의 성격에 충실할 것을 강조한다. 따라서 학문중심 교육과정에서는 학문, 즉 지식의 본질에 대한 탐구와 그것의 교육적 가치를 찾는 일을 교육과정 연구에서 가장 중요한 과제로 삼았으며 교육과정의 결정은 이에 기초한다. 학문중심 교육과정의 대표적인 학자는 브루너(J. S. Bruner)이다.

학문중심 교육과정에서는 학문의 구조와 탐구과정이 교육의 과정에서 가장 중요한 결정요인이 된다. 학문의 내용과 탐구과정이 학생에게 학습되기 위해서는 그것이 학생들에게 이해될 수 있는 형태로 번역되어야 한다. 가장 중요한 관심사는 지식의 구조를 밝히는 일과 그것을 학생들에게 이해가능한 형태로 번역하는 일이다.

학문중심 교육과정의 특징은 교육의 내용과 방법의 근본적인 개혁을 의미하며, 모든 학생들의 창의적 사고를 발견하여 그것을 개발하려는 데 목적이 있다. 학문중심 교육과정의 특징을 살펴보면 다음과 같다.

첫째, 지식의 구조와 핵심적인 아이디어, 기본적인 원리와 개념을 중요시한다.

둘째, 어떤 교과라도 지적 성격을 그대로 두고 표현만 달리하면 발달의 어떤 단계에 있는 아동에게도 효과적으로 가르칠 수 있다.

셋째, 분석적 사고만큼 직관적 사고를 중요하게 생각한다.

넷째, 학습자의 외적 동기보다 내적 보상에 의한 학습동기 유발이 필요하다.

다섯째, 학습에서 창조성을 중요시하고 강조한다.

4. 인간중심 교육과정

학습자의 흥미나 필요를 강조하면서 생활적응 교육을 목적으로 하였던 경험중심 교육과정은 체계적인 지식교육을 소홀히 하였고, 그 결과 지식중심의 학문중심 교육과정을 등장시켰다. 그러나 학문중심 교육과정은 학습자의 지적인 측면에만 관심을 두어 전인으로서의 인간교육에는 소홀하였다. 1970년대 들어 전인적 측면에 관심을 두는 새로운 교육과정이 학습자를 중심으로 하는 인간중심 교육과정이다.

이들은 과거의 경험중심 교육과정이 학습자의 흥미와 필요를 중심으로 하였던 것과는 달리 그동안 소홀히 하였던 학습자의 정의적 측면을 강조하면서 지적 측면과 함께 정의적 측면을 고루 발달시키는 전인교육을 목적으로 한다. 따라서 이 교육과정은 감정과 느낌, 그리고 자아개념 등과 같은 정의적 측면의 교육에 많은 관심을 두고 있다.

인간중심 교육과정은 인본주의 심리학에 근거하면서 그 외에도 다양한 관점에서의 접근이 이루어지고 있다. 인간중심 교육과정 운동은 여러 갈래로 전개되고 있는데, 맥도날드(J. B. Macdonald)는 인간중심 교육과정의 흐름을 본질적 입장, 심리학적 입장, 사회학적 입장의 세 갈래로 나누어 고찰하였다.

본질적 입장은 인간이 지닌 잠재적 가능성을 최대한으로 실현하는 것이 교육이라고 보는 관점에서 학교의 교과목의 균형을 강조한다. 이들은 학교에서 인문과목이 소홀하게 여겨지는 것을 지적하고 이러한 현상은 학생의 전인적 발달을 방해한다고 경고한다.

또 인문과목이 가르쳐진다고 해도 인간의 가능성을 심층적으로 다루는 인문교과의 본질에 이르지 않고 단지 기능적이고 분석적인 형태로 가르쳐질 뿐이라고 비판한다. 예를 들면, 언어를 가르치는 경우에 인간의 삶에 대한 문학적 해석이나 의미에 관한 것은 소홀히 취급되고 문법과 구문이 중시되는 것이 현재의 인문교육의 실정이다. 이러한 경향은 사회과, 음악, 미술, 심리학 등의 과목에서도 마찬가지이다.

그러나 인간은 그 생존을 위해서 인간 실존의 가능성에 대해 민감하고 생동적이어야 하며, 인간 실존의 가능성은 철학, 역사, 예술, 문학, 사회과학 등 인문과목의 훈련, 그리고 창의성과 상상력에 대한 신장을 통하여 개발될 수 있다. 이러한 견해는 '일반교육'의 관점에서 지지되고 있는데, 현재의 공학사회에서의 시민을 위한 일반교육을 주장하는 브라우디(Broudy)가 대표자이다.

심리학적 관점의 인간중심 교육과정은 인본주의 심리학의 영향을 받고 있다. 따라서 이 교육과정은 인본주의 심리학에서의 인간 이해에 기초한다고 할 수 있다. 매슬로우(Abraham Maslow)와 로저스(C. R. Rogers)는 대표적인 인본주의 심리학자다.

인간중심 교육과정은 교육에서 각 개인에게 만족스럽고 의미있는 경험을 제공해 주어야 한다는 것을 강조한다. 또한 이들은 교육이 지나치게 인지적 측면과 정의적 측면을 강조한 결과, 지적 교육으로 편중되는 것에서 탈피하여 정의적 측면에서의 교육과 건전한 자아개념의 형성, 올바른 태도와 가치관의 발달, 정서교육 등을 실시할 것을 제안한다.

학교교육은 무엇보다도 학습자가 전인으로 성장하는 데 필요한 경험을 제공해야 한다. 인간주의 심리학의 주요 관심은 정의적 교육에 있으며, 건전한 자아개념, 진지한 감성, 올바른 태도와 가치의 발달을 통해서 최대한의 자아실현을 돕는 데 주안점을 두고 있다.

사회학적인 관점에서 인간중심 교육과정을 제안하는 사람들은 사회재건 중심의 교육과정론자들 가운데서 비판적 교육학자들과 관련된다. 홀트(Holt), 일리치(Ilich), 코졸(Kohzol) 등이 대표적이다. 이들은 학교교육이 강압적이고 권위적인 것으로 흘러서 수동적이고 소외된 인간을 길러내고 있다고 한다. 학교는 단순히 개인적, 심리적인 발달에만 국한할 것이 아니라, 교육 프로그램에 타인과 더불어 사는 방법이나 사회적 환경의 개선에 적극적으로 참여하는 활동을 포함시킬 것을 제안한다.

특히 사회적 인간중심 교육과정론자들은 학교가 인간소외와 비인간화 등의 역기능을 하게 되는 것은 사회구조 때문이라고 지적하면서 이러한 구조적 영향이 학교문화를 형성하고 잠재적 교육과정으로 나타나 학교교육에 어떻게 작용하는지에 관심을 갖는다. 일반적으로 사회학적 입장에서 인간중심 교육을 지지하는 사람들은 사회구조에 대한 분석과 함께 인간과 사회제도 사이의 관계를 바탕으로 교육과정을 연구하는 입장을 취하고 있다.

인간중심 교육의 궁극적인 목적은 인간의 잠재적인 능력을 최대한으로 개발하여 보다 인간다운 인간을 간직하면서 개인적으로 자아를 실현하며 사회발전에 기여할 수 있는 삶을 살도록 돕는 데 있다. 인간중심 교육과정의 기본적인 입장을 살펴보면 다음과 같다.

첫째, 개개인의 학습자로 하여금 그들 자신의 관점에서 지적, 정서적, 사회적으로 자신들을 발달시킬 수 있는 환경을 제공한다.

둘째, 학습자로 하여금 서로를 감동시키고 너그러운 공동체 의식을 지니고 생활하도록 돕는 환경을 제공한다.

셋째, 교육과정의 구성에서는 개인지향적인 설계, 구조의 신축성, 교사능력의 신장, 창조성의 조장 등을 고려한다.

한편 오늘날 학자에 따라서는 인간중심 교육과정 운동을 기존의 교육과정체제 전반에 대한 하나의 대응적 흐름으로 간주하기도 한다. 즉, 기존의 교육과정 개념의 체계를 본질적으로 경험과학에 바탕을 둔 이성주의 교육과정관이라고 규정짓고 인간중심 교육과정을 이에 대한 하나의 대안으로 보려는 것이다.

라이드(Ried), 아오키(Aoki) 등의 학자가 이에 속한다. 이와 함께 1970년대에 들어 제도교육, 즉 학교교육에 대한 책무성의 요구가 증가함에 따라 교육의 결과와 그 효율성 및 효과성에 대한 평가가 보편화되었다. 그런데 이에는 교육재정을 기부하는 주체가 사회적·정치적으로 어떤 성격을 띠는가에 따라 자금을 얻을 수 있는 주제의 변화, 압력집단에 대한 정치적·법적 대응, 교육과정의 계속적인 새로운 양식의 추구 등과 같은 문제들이 등장하였고, 이것은 교육과정을 하나의 정치적 현상으로 보이도록 하여 주의를 끌었다.

1970년대에 들어와 교육과정 분야에서는 문화적 다양성의 실현과 장애아들에 대한 공평한 대우 등에 관심을 기울였다. 이것은 1980년대에 들어서도 증가된 빈곤문제에 대항하여 도시빈민의 교육을 강조하는 교육적 배경을 형성하였다. 아울러 다양한 사회적·경제적 배경, 인종 및 성별 배경을 지닌 집단에 대하여 교육의 기회를 균등하게 배분하려는 노력이 계속되었다.

20세기의 시작과 더불어 전 분야에 지배적이었던 기술의 진보가 80년대에 들어와 컴퓨터의 혁명과 함께 더욱 강조되어, 다양한 하이 테크놀로지의 교육적 적용이 확대되었던 것도 20세기 후반기의 주요 특징이다.

20세기 후반기의 교육과정 이론과 사고의 또 다른 주요 특징으로 거론할 수 있는 것은 포스트모더니즘, 포스트구조주의, 포스트마르크시즘 등과 같은 일군의 포스트주의 사상들이 교육과정 이론 형성에 철학적·사회학적·심리학적 기반으로 자리하게 되었다. 이들 교육과정 연구에서의 포스트 사상들은 대체로 1970~80년대의 비판주의적 입장의 이론인 재개념주의 교육과정 연구가 교육학 및 교육과정학의 철학적 기저를 이루었다.

CHAPTER 06

우리나라 교육과정의 변천

1. 실학파와 개화기의 교육과정
2. 일제 식민지시대의 교육과정
3. 해방 직후의 초·중등 교육과정
4. 교육과정의 제정과 개정

06 CHAPTER

우리나라 교육과정의 변천

1. 실학파와 개화기의 교육과정

1) 실학파의 교육과정

조선 중기의 실학파들은 임진왜란 이후에 파경에 처해진 국민생활을 개선하기 위하여 교육과정을 개정해야 한다고 보았다. 당시 실학파들은 사서삼경(四書三經)으로 구성되어 있던 유학중심의 교육과정에서 벗어나 실용성 있는 내용으로 변경해야 하며, 이와 함께 과거제도를 개혁할 것을 주장하였다.

다시 말하면, 당시의 실학파들은 임진왜란 이후 곤경에 빠진 국가를 부흥시키기 위하여 교육제도의 혁신을 주장하게 되었다. 부강한 국가로 발전하기 위하여 유능한 인재를 양성해야 하지만, 국가가 필요로 하는 인재를 선발하는 유일한 도구였던 과거제도가 부패하여 무능한 관리를 양성하는 결과를 얻게 되었다. 그러므로 실학파들은 과거제도가 실용적 인재를 선발하는 평가도구로 개혁되어야 한다고 보았다.

실학파들이 생각하는 능력있는 인재란, 현실정치를 수행할 수 있고 산업에 필요한 지식과 기술을 지니며 고증을 통하여 과학적인 학문연구를 할 수 있는 인재였다. 특히 이익(李瀷)은 현실정치를 수행할 수 있는 유능한 인재를 양성하는 것을 국가의 중요한 과제로 보았다. 당시의 과거시험은 사장학(詞章學)에 치우치고 있어 유능한 인재를 선발하고자 하는 과거시험의 근본 목적을 달성하지 못한다고 보았다. 실학파들은 과거의 목적을 달성하기 위하여 과거제도의 내용을 다음과 같이 바꾸어야 한다고 주장하였다.

첫째, 과거의 내용이 추상적 개념이 아니라 실제업무를 처리할 수 있는 실무능력을 평가하는 것이어야 한다. 이익은 "유생들이 과거시험을 위한 준비로 과문(科文)에만 힘써서 사장문은 잘 창작하지만 국가경영에 필요한 실용적인 대책에 대하여는 아는 바가 없다"고 하였다.

둘째, 배운 지식을 실제에 활용할 수 있는 응용력을 평가해야 한다고 하였다. 어떤 사실을 암기하는 능력을 평가하거나 시(詩)나 부(賦)를 쓰는 능력을 평가하는 것이 아니라 실제적인 응용력을 평가해야 한다고 하였다.

셋째, 사장의 지식을 평가하는 문과중심의 과거시험이 아니라 무과와 잡과도 포함되어야 하며, 아울러 신분상의 제약을 철폐해야 한다고 하였다. 과거가 문벌이나 신분에 의한 독점물이 되면 국가가 필요로 하는 실용적인 인재를 선발하는 데 제한을 받기 때문이었다.

실학파들은 실용적인 능력을 갖춘 인재를 선발하여 국가발전의 요구에 부응하고자 과거제도의 개혁을 주장하게 되었다. 이와 함께 최한기(催漢綺)는 과거의 시행방법에 대하여 개혁적인 방법을 제시하였다. 최한기에 따르면, 사람에게는 문예의 능력, 재능의 능력, 덕행의 능력이 있으나, 과거시험에서 문예의 능력만을 중시하여 재능이나 덕행을 소홀히 한다고 하였다.

문예의 능력은 시험을 통해서 평가할 수 있고 재능도 실무를 통하여 평가가 가능하지만 덕행은 오랜 관찰을 통하여만 평가할 수 있으므로 관찰과 면접이 포함되어야 한다고 하였다. 따라서 과거시험과 추천방식을 택하게 되었다.

그러나 인재를 선발하는 데 있어서 실용적인 능력을 중심으로 평가의 목적이 개발되었으나 평가의 내용과 방법을 새롭게 개발하는 것이 불가능하였다. 당시는 학문적인 배경이 유학을 중심으로 전개되었으므로 실제 시험문제는 유교경전에 대한 이해와 문학적 소양을 평가하는 것이었다.

당시의 조선사회는 실학적인 문제에 대한 인식이 부족하였고 실학파들 또한 과거제도의 내용과 방법이 바뀌어야 하는 구체적인 내용을 제시하지 못하였으므로 결국은 한계에 도달하게 되었다. 새로운 평가체제는 교육현장에 투입되지 못하고 개념을 논의하는 것에 그칠 뿐 참다운 개혁이 시행되지는 못하였다.

2) 개화기의 교육과정

개화기에는 1880년대를 기점으로 하여 근대적 교육사상이 도입되기 시작하였고, 갑오개혁을 전후로 하여 교육제도의 개편이 이루어졌으며, 1900년대에 와서 교육과정 개발에 대한 필요성이 제기되었다.

(1) 갑오개혁 이전의 교육과정

개화기의 교육과정은 1880년대에 교육사상에 대한 논의를 거쳐서 1890년대에는 교육제도의 개편으로 진행되었다. 개화기의 선각자인 서재필, 유길준 등은 국가적인 위기를 극복하기 위하여 교육개혁이 필요하며 서구의 과학문명을 받아들이기 위하여 교육과정을 개정하는 것이 필요하다고 보았다.

우리나라의 근대적인 학교교육은 1894년 갑오개혁을 중심으로 정립되었다. 갑오개혁 이전에는 근대학교의 선구적 형태로서 소수의 관립학교와 기독교계의 사립학교가 등장하였으나, 갑오개혁 이후에는 국가적 차원에서 근대학교를 위한 법령이 정비되고 관립학교가 설립되었다.

우리나라의 근대적인 학교로는 원산학사와 동문학, 그리고 육영공원 등을 들 수 있다. 원산학사는 원산지역에서 정부관리와 지방의 유지들이 근대교육의 필요성을 인식하고 군민에게 신학문을 가르치기 위하여 설립된 학교이다.

원산학사는 문예반과 무예반으로 나뉘었으며, 문예반의 주된 교과는 경의(經義)였고 무예반의 주된 교과는 병서(兵書)였다. 여기에 산술, 격치물리, 농업, 양잠, 채광(採鑛) 등의 공통과목이 포함되었으며 이후에 점차 외국어, 법률, 지리, 만국공법 등으로 과목 수가 늘어났다.

동문학은 통변학교라고도 불렸는데 1883년 통상아문(通商衙門)에서 개설한 영어학교였다. 이 학교는 정원을 제한하지는 않았으나 1년의 교육연한을 두었고, 교육내용은 영어가 중심이 되었으며 서구식의 쓰기와 계산하기가 포함되었다.

육영공원은 1886년 고종 23년에 정부가 다른 나라와의 교섭을 시행하는데 필요한 통역원을 양성하고자 설립한 학교이다. 육영공원은 좌원과 우원으로 나뉘어 좌원에서는 한문과 경사(經史), 서양어를 교과목으로 하였으며 우원의 교과목은 독서, 습자, 자법(字法), 산학, 지리, 문법 등이었다.

육영공원의 상급과정에서는 대산법(大算法), 각 국 언어, 의학, 농리지리(農理地理), 천문, 기기(機器), 각 국 역사, 정치, 금수(禽獸), 초목 등이 교과목에 포함되었다.

갑오개혁 이전에 기독교 선교사들이 세운 기독교계 사립학교로는 광혜원과 배재학당, 이화학당, 언더우드학당, 정동여학교, 광성학교 등이 있었다. 기독교계 사립학교는 처음 시작은 미미했으나 차츰 학교의 모습을 갖추게 되어 1894년 갑오개혁이 일어나기 전까지 당시의 신문화를 소개하는 기관으로서의 역할을 담당하였다.

이 가운데 배재학당에서 1890년대에 가르친 교과목으로 한문, 경서와 사기, 영어, 천문, 지리, 생리, 수학, 수공 및 성경 등이 포함되었다. 이들 기독교계 사립학교는 처음으로 우리나라에 서양의 교육제도를 시도하였으며, 서양식 교육과 서양인 교사들을 통하여 서양의 문물과 사상을 가르치고 아울러 노동정신과 자주자립사상을 가르쳤다. 이러한 서양식 교육은 당시에 전인교육의 의의를 전하고 교육이 지니고 있는 사회봉사의 의의를 소개하는 결과를 가져왔다.

(2) 갑오개혁 이후의 교육과정

갑오개혁 이후 우리나라는 국가적 수준에서 근대적인 학교제도를 정비하여 유학을 중심으로 하던 비현실적이던 교육제도를 타파하고 새로운 교육제도를 확립하게 되었다. 1895년 2월 2일 고종은 '교육입국에 관한 조칙'을 선포하여 교육을 개혁하기 위한 방침으로서 덕양(德養)과 체양(體養), 그리고 지양(知養)

을 위한 교육강령을 공포하였다. 그 후에 갑오개혁의 대원칙을 밝힌 홍범 14조와 위의 교육칙서를 바탕으로 하는 학교관제를 규정하는 법규가 제정되어 1895년 4월 16일에 한성사범학교 관제가 제정되었으며, 그해 7월 19일에는 소학교령과 1899년 4월 4일에는 중학교 관제가 제정되었다.

이 가운데 소학교령은 아동의 신체발달에 맞추어 국민교육의 기초와 그 생활상에 필요한 보통지식 및 기능을 발달시키는 것을 목적으로 하고 있다. 수업연한은 심상과(尋常科)는 3년, 고등과는 2년, 혹은 3년이었다.

심상과의 교과목은 「수신(修身)」, 「독서」, 「작문」, 「습자」, 「산술」, 「체조」 등이며 개인의 의사에 따라 학무대신, 즉 오늘날의 교육부장관의 허가를 받아 체조를 제외하거나 한국지리와 역사, 그림 그리기, 외국어 중에 한 개 혹은 여러 개를 추가할 수 있었으며, 여학생에게는 재봉을 추가할 수 있었다.

또한 고등과의 교과목은 「수신」, 「독서」, 「작문」, 「습자」, 「산술」, 「한국지리」, 「한국역사」, 「외국지리」, 「이과(理科)」, 「도화」 및 「체조」 등이며, 여학생에게는 「재봉」이 추가되었다. 역시 개인의 의사에 따라서 학무대신의 허가를 받아 외국어 한 과목을 추가하거나 한국지리, 외국역사, 도화 중에서 한 과목 혹은 여러 과목을 제외할 수 있었다.

당시의 취학연령은 8세에서 15세까지의 8년이었으며 각 지역에 관내의 학령아동을 취학시킬 공립학교를 세우도록 하였다.

2. 일제 식민지시대의 교육과정

1904년 한국의 주권을 제약하는 한일의정서가 조인되자 일제는 한국에 대한 일본의 식민지 교육체제를 구축하였다. 이와 함께 1905년 을사조약이 체결되고 통감부가 설치되어 한국의 내정권이 박탈되면서 학교교육에 대한 종래의 사범학교관제와 중학교관제, 외국어학교관제, 소학교령이 모두 폐지되고 1906

년 8월 27일에 칙령 제41, 42, 43, 44호로 사범학교령, 고등학교령, 외국어학교령, 보통학교령이 반포되었다.

이때를 '학교령 시행기'라고 하는데 1906년 9월부터 1909년 8월까지를 '제1차 학교령 시기'로, 1909년 9월부터 1911년 10월까지를 '제2차 학교령 시기'로 나눈다.

1) 학교령 시기의 교육과정

(1) 제1차 학교령 시기(1906. 9. 1~1909. 8. 31)

1906년의 통감정치에 따라 일본은 한국에 대한 식민교육을 준비하고 교육제도를 개편하였으며, 일본어의 교육을 보급하였다. 이어 일본은 1907년에 「한일신협약」을 체결하여 한국에 대한 내정감독권을 장악한 차관정치를 시작하고 표손일(俵孫一)을 학무차관으로 임명하였다. 이 과정에서 1906년에 사범학교령, 고등학교령, 외국어학교령, 보통학교령을 반포하여 교육과정이 개편되고 한국에 대한 일본의 식민교육이 본격화되었다.

제1차 학교령 시기에 시행된 교육과정의 변화를 초·중등학교별로 살펴보면 다음과 같다.

① 초등교육과정

초등학교교육을 위한 학제인 소학교는 그 명칭을 보통학교로 변경하였으며 심상과와 고등 2과로 나뉘었던 소학교의 과정을 단일화하였다. 수업연한에 있어서도 심상과 3년, 고등과 2~3년이었던 것을 4년으로 단축시켰는데 이는 식민지의 우민화 교육정책을 시도한 것이었다.

초등교육과정의 변화로는 보통학교의 교과목에 「일본어」가 정규과목으로 자리하게 되었으며 「창가」, 「수공」, 「농업」, 「상업」 등의 교과 가운데서 한 과목이나 여러 과목을 추가하게 된 것이었다. 또한 「수신」이나 「국어」, 「일본어」 등의 교과에서는 일상생활을 중심으로 하는 실용교육이 강조되었고 「역사」나

「지리」교육은 향토 애국심을 고취하기 위한 본래의 목적에서 벗어나 「국어」와 「일본어」시간에 사적(事跡)의 내용을 중심으로 다루도록 하였다.

이는 한국인에 대한 식민교육을 강화하기 위하여 일본어를 보급하고 수준이 낮은 실업교육을 강화하고자 하는 의도에서였다. 이와 함께 교과용 도서는 학부에서 편찬한 것만 사용하도록 제한하여 교육내용에 대한 국가통제의 틀을 확고히 하였다.

보통학교 교육과정 편제의 특성은 다음과 같다.

첫째, 소학교령에서는 「독서」, 「작문」, 「습자」 등으로 분리되어 제시되었으나 보통학교령에서는 「국어」로 통합되었다.

둘째, 「일본어」를 필수과목으로 새로 설정하여 「국어」과와 동등하게 한 주에 6시간씩 교육하였다.

셋째, 「외국어」를 삭제하였다. 이전의 소학교령에서는 「외국어」를 선택과목으로 하여 「일본어」를 가르쳤으나 보통학교령에서는 「일본어」가 필수교과로 바뀌었기 때문이다.

넷째, 「한문」 과목은 독립되었다.

다섯째, 「지리」와 「역사」 과목은 교과과정상에는 그 명칭이 있으나 교수시간이 배당되지 않았다. 이는 「한국역사」를 의도적으로 가르치지 않으려는 일본의 식민교육 정책 때문이었다.

여섯째, 「창가」, 「수공」, 「농업」, 「상업」 등의 교과를 새로이 부과하여 실용교과 시간을 증가시켰다.

아래의 〈표 6-1〉은 보통학교 각 학년의 교과과정 및 주당 교수시수표이다.

〈표 6-1〉 보통학교 각 교과과정 및 매주 교수시수표(1906)

학 년 / 교 과	제1학년		제2학년		제3학년		제4학년	
	시 수	정 도	시 수	정 도	시 수	정 도	시 수	정 도
수신	1	인도실천의 방법	1	같음	1	같음	1	같음
국어	6	일상문자 보통문 독서 쓰기작문	6	같음	6	같음	6	같음
한문	4	쉬운 한자 한문	4	같음	4	같음	4	같음
일본어	6	회화, 국어 읽기, 쓰기, 작문	6	같음	6	같음	6	같음
산술	6	계산 쓰기 가감승제	6	통상 가감승제	6	통상 가감승제 소수의 읽기 쓰기, 가감승제 분류, 도량형 화폐 시간계산	6	같음
지리 역사		본국역사 지리의 대요		같음		본국역사, 본국 및 외국 지리의 대요		같음
이과					2	동물, 식물, 광물 및 자연현상	2	간단한 물리, 화학현상과 신체위생의 대요
도화	2	간단한 형체	2	같음	2	같음	2	같음
체조	3	유희, 보통체조	3	같음	3	같음	3	같음
수예		운침법, 편직자		보통의류의 재봉		같음		같음
창가		단음창가		같음		같음		같음
수공		간단한 세공		같음		같음		같음
농업						농업의 대요		같음
상업						상업의 대요		같음
계	28		28		30		30	

② 중등교육과정

1906년에 일본은 고등학교령을 반포하여 고등학교의 수업연한을 4년으로 정하고 그 이전에 심상과 4년, 고등과 3년으로 모두 7년이었던 수업연한을 대폭 축소하였다. 한국인에 대한 최종 교육기관을 고등학교에 한정시켜서 식민주의 교육이 한국인에 대한 우민화 교육정책임을 드러내고 있다. 즉, 한국의 지도층 지위는 일본인이 담당하고 한국인은 하급관리나 생산기술자 혹은 노동자로만 양성하려는 계획에서 시행되었다.

고등학교의 학과목은 본과에서 「수신」, 「국어」, 「한문」, 「일본어」, 「역사」, 「지리」, 「수학」, 「박물」, 「물리」, 「화학」, 「법제경제」, 「도화」, 「음악」, 「체조」 등이었으며, 예과나 보습과를 설치할 수 있었다.

고등학교의 학과목을 예전의 중학교 관제와 비교해 보면, 「윤리」를 「수신」으로, 「산술」을 「수학」으로 변경하고, 중학교의 외국어 선택과목을 폐지하여 「일본어」를 필수과목으로 변경시켰다.

또한 중학교에서 「독서」와 「작법」을 통합하여 「국어」로, 「역사」와 「지리」를 통합하여 「역사지리」로 편제하였다. 연간 수업일수는 200일 이상이며 시험기간이나 수학여행 일수는 수업일수에 포함되지 않았다.

제1차 학교령 시기의 고등학교 교육과정 관제에서 두드러지는 특징은 다음과 같다.

첫째, 「국어」와 「한문」을 합하여 1, 2, 3학년에게는 주당 7시간씩, 4학년에게는 주당 5시간씩 배당하였다.

둘째, 「일본어」는 매 학년 주당 6시간씩 배당하였다.

셋째, 「역사」와 「지리」를 합하여 1, 2, 3학년에게는 주당 3시간씩, 4학년에게는 주당 2시간씩 배당하였다.

이상에서 특기할 내용은 국어보다 일본어의 배당시간이 더 많다는 점과 역사교육에서 애국애족의 내용이 배제된 것이다. 아래의 〈표 6-2〉는 제1차 학교령 시기의 고등학교 교과과정과 주당 교수시수표이다.

〈표 6-2〉 고등학교 학과과정 및 교수시수표(1906)

교과 \ 학년	제1학년		제2학년		제3학년		제4학년	
	시 수	정도	시 수	정 도	시 수	정 도	시 수	정 도
수신	1	도덕의 요령	1	같음	1	같음	1	같음
국어 한문	7	강독, 문법, 작문, 습자	7	같음	7	같음	5	같음
일본어	6	독법, 습자 독해, 회화, 받아쓰기	6	같음	6	같음	6	같음
역사 지리	3	본국역사 본국지리	3	동양역사 외국지리	3	서양역사 외국지리	2	본국역사 서양역사 외국지리, 지문
수학	4	산술	4	산술, 대수	4	대수, 기하 부기	4	같음
박물	2	동물	2	동물, 식물	2	동물 생리위생	2	광물, 지질
물리 화학	2	물리	2	물리, 화학	2	같음	2	같음
법제 경제							3	법제, 경제
도화	1	자재화	1	같음	1	자재화, 용기화	1	같음
음악	1	단음창가	1	같음	1	단음, 복음		
체조	3	보통체조, 병식체조	3	같음	3	같음	3	같음
계	30		30		30		30	

(2) 제2차 학교령 시기(1909. 9. 1~1911. 10. 31)

제2차 학교령은 '사립학교령'이라고도 불린다. 일본은 1908년에 사립학교령을 반포하고 사립학교에 대한 관리·감독을 강화하기 시작하였다. 당시의 사립학교는 일제가 한국의 국권을 박탈한 데에 대항하여 우리 국권을 회복하고 자주독립을 이루기 위한 항일독립운동의 성격을 지니고 있었으며 따라서 애국애족 교육을 추구하였다.

이에 대하여 일본은 항일·애국운동의 본산이 되고 있는 사립학교를 통제하기 위하여 시설·설비 및 운영에 관한 행정감독 및 조치를 이유로 하여 다수의 민족계열 사립학교를 폐교시키기도 하였다. 또 일본은 교과도서용 검정규정을 공표하여 학교를 관리하고 교육내용 면에서도 일본의 방침에 순응하도록 조치하였다.

1909년 9월부터 시행되었던 제2차 학교령은 초·중등학교의 교육과정에 있어서 다음과 같은 변화를 보이고 있다.

① 초등교육과정

일본은 1909년에 보통학교령을 일부 개정하여 보통학교에서 수업료를 징수하였으며 「국어」와 「한문」을 「국어 및 한문」으로 통합하고, 보통학교의 교과용 도서는 학부에서 편찬한 것이나 학부에서 검정·인가한 것만 사용하도록 하였다. 이 밖에 보통학교에 대한 법규와 체제는 제1차 학교령 시기와 같다.

특히 「국어」과와 「한문」과를 「국어 및 한문」과로 통합하고 한문, 습자 등을 강조한 것은 점진적으로 「국어」과 시간을 눈에 보이지 않게 감축하려는 의도가 내포되어 있다. 또한 「지리, 역사」에 수업시수를 배정하지 않고 「국어」나 「일본어」 시간에 교수하도록 하여 실제로는 한국의 역사나 지리를 가르치지 않으려는 의도도 보인다.

아래의 〈표 6-3〉은 제2차 학교령 시기의 보통학교 교육과정 및 수업시수표이다.

〈표 6-3〉 보통학교 교과과정 및 매주 교수시수표(1909)

학년 \ 교과	제1학년		제2학년		제3학년		제4학년	
	시수	정도	시수	정도	시수	정도	시수	정도
수신	1	실천도덕	1	같음	1	같음	1	같음
국어 한문	남 10 여 9	일상경지의 언문 및 한자의 독법, 쓰기 간단한 한문의 독법	남 10 여 9	같음	남 10 여 9	같음	남 10 여 9	같음

일본어	6	회화 및 구어상의 독법, 쓰기	6	같음	6	같음	6	같음
산술	6	간이한 수의 계산법, 서법 가감승제	6	통상의 가감승제	6	같음, 소수	6	제등수, 분수, 보합산
지리 역사		본국의 지리 역사		같음		같음 외국지리		같음
이과					2	동물, 식물, 광물 및 자연현상	2	간단한 물리 화학상의 현상, 신체생리, 위생의 대요
도화	2	간단한 제반의 형체	2	같음	남 2 여 1	같음	남 2 여 1	같음
체조	3	유희, 학교체조	3	같음	3	같음	3	같음
수예	2	움침법, 편물, 봉제	2	통상 의복류의 봉재	3	같음	3	같음
창가		단음창가		같음		같음		같음
수공		간단한 세공		같음		같음		같음
농업						농업의 대요		같음
상업						상업의 대요		같음
계	남 29 여 28		남 29 여 28		남 29 여 28		남 29 여 28	

② 중등교육과정

제2차 학교령의 시행으로 고등학교는 그 이전에 예과와 보습과를 두는 조항이 폐지되고 수업연한이 종래의 4년에서 지역의 사정에 따라 3년으로 축소하는 것이 가능하게 되었다. 교과용 도서도 초등교육과정과 같이 학부에 편찬하거나 검·인정받은 것만 사용하도록 하였다.

고등학교의 교육과정도 보통학교와 같이 「국어」와 「한문」을 「국어 및 한문」으로 통합하고 「물리」와 「화학」을 「물리 및 화학」으로 통합하였다. 그 이전에 없던 「실과」과목을 신설하여 「농업」, 「상업」, 「공업」 중에 1~2과목을 추가하도록 하였다. 이는 한국의 중등교육수준을 일본의 식민통치에 유리하도록 실업계열의 교육수준으로 유지하려는 의도에서였다. 제2차 학교령 시기의 고등학교 교육과정 편제 및 수업시수표는 다음과 같다.

〈표 6-4〉 고등학교 교과과정 및 매주 교수시수표(1909)

학년 / 교과	제1학년		제2학년		제3학년		제4학년	
	시 수	정 도	시 수	정 도	시 수	정 도	시 수	정 도
수신	1	실천도덕	1	같음	1	같음	1	같음
국어 한문	6	강독, 작문, 문법, 습자	6	같음	6	강독, 작문 문법	6	같음
일본어	6	해법, 해석회화 받아쓰기	6	같음 작문과 문법	6	강독, 작문 문법	6	같음, 번역
역사 지리	3	본국역사 본국지리	3	본국역사 본국지리	3	같음	1	지문
수학	6	산술, 대수	5	대수, 기하	4	대수, 기하, 부기	4	기하, 부기
박물	4	광물, 식물	2	동물, 생리	2	생리, 위생		
물리 화학					3	화학	4	같음, 물리
실업	1	실업개설	3	농업에 관한 사항 및 실습, 상업에 관한 사항, 공업에 관한 사항 및 실습	3	같음	5	같음, 실업
도화	1	자재화	1	같음	1	같음, 용기화	1	용기화
체조	3	학생체조	3	같음	2	같음	2	같음
법제 및 경제							(2)	현행제도 및 경제의 대요
창가	(1)	단음창가	(1)	같음				
외국어	(2)	독법, 독해, 받아쓰기	(3)	독법, 독해 회화 받아쓰기	(3)	같음, 문법	(3)	같음, 작문
계	31 (3)		30 (4)		31 (3)		30 (5)	

* ( ) 안의 수는 수의과목(隨意科目)으로서의 교수시수임

이상에서 본 바와 같이 학교령 시기의 교육과정의 특징은 다음과 같이 요약된다.

첫째, 보통학교에서 「일본어」가 「국어」와 같은 수준으로 매주 6시간씩 부과되었다.

둘째, 관·공립 보통학교에는 일본인 교사가 배치되어 실질적인 학교운영을 책임지고 있었다.

셋째, 학부에서 국정 교과서를 편찬하고 교과용 도서의 검·인정제도를 설치하였다. 이 제도는 표면상으로 교과서의 질적인 향상을 목표로 하지만 실제로는 교육사상을 통제하기 위한 수단이었다. 학부가 편찬한 국정 교과서에 대하여 부정적이었던 사립학교에서는 교과서의 검·인정을 신청하게 되었다. 1908년부터 1910년 5월까지 검·인정을 출원한 교과서는 565부이었으며 그 중에 467부가 인가를 받았다.

대체로 「자연」, 「실업」, 종교계통의 도서는 인가받았지만 「역사」, 「지리」, 「일본어」, 「한문」 등의 인문·사회 분야에서는 인가되지 않은 비율이 높았다. 이 과정에서 일본의 친일교육에 항거하여 민족의식과 독립정신을 고취하고 반일 애국교육을 시행하던 다수의 기독교계열 및 민족계열 사립학교들은 학부의 사립학교 통제정책으로 상당수가 폐교되거나 명맥만 유지할 정도로 그 힘을 상실하게 되었다.

2) 조선교육령 시기의 교육과정

1910년 한일합병으로 대한제국은 사라지고 조선총독부에 의한 식민지배가 본격화되었다. 일본의 식민지 경향이 심화되던 1911년 이후부터 1945년 해방될 때까지 조선교육령에 의하여 식민지교육이 시행되었다.

1911년부터 1922년 3월까지를 제1차 조선교육령 시행기, 1922년 4월부터 1938년 3월까지를 제2차 조선교육령 시행기, 1938년 4월부터 1943년 3월까지를 제3차 조선교육령 시행기, 1943년 4월부터 1945년 해방까지를 제4차 조선교육령 시행기로 나눈다.

(1) 제1차 조선교육령 시기(1911. 11. 1~1922. 3. 31)

한일합병 이후 일본은 식민지 조선인의 교육을 "유용한 지식과 온건한 덕성을 함양하여 제국신민으로서의 자질과 품성을 갖추는 것"에 초점을 두었다. 이러한 식민교육의 기본 노선은 조선교육령이 공포됨으로써 구체화되었다.

일본은 조선교육령에 의하여 조선인에 대한 교육을 다음과 같이 시행하였다.

첫째, 충량한 국민의 양성, 즉 한국인을 천황과 일본제국에 충성·복종하는 양순한 인간으로 양성하는 것이다.

둘째, 시세(時勢)와 민도(民度)에 알맞은 교육, 즉 한국의 문화가 낙후되어 있다고 보고 학교교육을 저급한 교육내용으로 제한시켜서 일본이 사역하기 쉬운 하급노무자와 하급관리를 양성하는 우민화교육, 민족적 차별교육을 시행하였다.

셋째, 그 당시에 국어인 일본어를 보급하였다. 한국인에게 일본어를 사용하도록 하여 한국의 전통과 문화 및 생활양식을 말살시키고, 일본의 문화와 전통을 한국민족에게 강요하여 한국인을 일본인과 동일한 사고방식을 가지도록 동화시키려는 정책이었다.

제1차 조선교육령의 시행으로 인하여 변화된 것은 그 이전의 고등학교를 고등보통학교로, 고등여학교는 여자고등 보통학교로 개칭하였으며, 사범학교를 폐지하고 고등보통학교와 여자고등 보통학교에 사범과를 설치한 것이다.

또한 교과과정에서 「일본어」를 「국어」로 개칭하였으며 일본어 교수시간을 조선어 교수시간보다 더 많이 배당하였다.

제1차 조선교육령 시기의 교육과정을 초·중등학교별로 살펴본다.

① 초등교육과정

보통학교의 교육과정에서 변화된 것은 「국어 및 한문」과의 명칭을 「조선어 및 한문」으로 개칭한 것이다. 이때부터 우리의 국어는 조선어로 격하되고 일본어가 국어의 자리를 차지하였다. 또 그 이전에 명칭만으로 존재하던 「지리」, 「역사」 교과가 삭제되었다.

교육내용에 있어서도 이용후생(利用厚生)이라는 이유로 초보적인 노작기능을 기르는 데 역점을 두었다. 결국 보통학교는 상급학교의 진학을 위한 예비교육기관의 역할보다는 일본의 식민지배를 위한 초급실무 기능인 양성을 위한 역할을 하였다.

다음의 〈표 6-5〉는 제1차 조선교육령 시기의 보통학교 교육과정 및 수업시수표이다.

〈표 6-5〉 보통학교 교과과정 및 매주 교수시수표(1911)

학년 교과	제1학년		제2학년		제3학년		제4학년	
	시수	과정	시수	과정	시수	과정	시수	과정
수신	1	수신의 요지	1	같음	1	같음	1	같음
국어 (일본어)	10	읽기, 해석, 회화, 암송, 받아쓰기, 작문, 습자	10	같음	10	같음	10	같음
조선어 및 한문	6	읽기, 해석, 암송, 받아쓰기, 작문	6	같음	5	같음	5	같음
산술	6	정수	6	같음	6	같음, 소수, 제등수, 주산	6	분수, 비례, 보합산, 주산
이과					2	자연산의 사물 현상 및 이용	2	같음, 신체생리 및 위생의 대요
창가		단음창가		같음		같음		같음
체조	3	유희, 보통체조	3	같음	3	같음	3	같음
도화		자재화		같음		같음		같음

수공		간단한 세공		같음		같음		같음
재봉 및 수예		운침법, 보통의류의 봉재법, 간단한 수예		보통의류의 봉재법, 간단한 수예		같음, 의류의 봉재법		같음
농업 초보						농업의 초보 및 실습		같음
상업 초보						상업의 초보		같음
계	26		26		27		27	

② 중등교육과정

고등보통학교는 일본의 황국신민으로서 적합한 성품과 자질을 양성하고 일본어를 이해하고 사용할 줄 알며 일본국가와 산업사회에서 초·중급의 실무자로서 활동할 수 있는 인력을 양성하는 데 목적을 두었다.

고등보통학교의 교과목상의 변화는 이전의 「일본어」는 「국어」로 바뀌고 「박물」과 「물리 및 화학」이 통합되어 「이과」로 되었다. 또 「법제경제」와 「실업」이 「실업 및 법제경제」로 통합되었으며, 「습자」와 「수공」이 신설되고 외국어는 「영어」 한 과목이었다.

이 시기 교육과정의 특징은 우리나라 「국어」와 「수학」이나 「외국어」 등의 일반교양과목의 교수시간이 현저하게 감축된 것이다. 이는 중등교육 수준에서도 일본어교육에만 치중하고 인문중등학교 본래의 기능은 소홀히 하려는 일본의 우민화 교육정책에 연유된 것이다.

아래의 〈표 6-6〉은 제1차 조선교육령 시기의 고등보통학교 교육과정 및 주당 수업시수표이다.

〈표 6-6〉 고등보통학교 교과과정 및 매주 교수시수표(1911)

학년 교과	제1학년		제2학년		제3학년		제4학년	
	시수	과정	시수	과정	시수	과정	시수	과정
수신	1	수신의 요지	1	같음	1	같음	1	같음
국어 (일본어)	8	읽기, 해석, 회화, 암송, 받아쓰기, 작문	8	같음	7	같음	7	같음
조선어 및 한문	4	읽기, 해석, 회화, 암송, 받아쓰기, 작문	4	같음	3	같음	3	같음
역사			2	일본역사	2	외국역사	2	같음
지리	2	일본지리				외국지리		같음
수학	4	산술	4	같음	4	대수, 기하	4	같음, 주산
이과	3	식물	4	동물, 신체생리 및 위생	3	물리 및 회학(광물)	3	같음
실업 및 법제 경제					6	농업 또는 상업	6	같음, 법제경제
습자	2	계서, 행서	1	같음				
도화	3	자재화	3	같음	1	자재화, 용기화	1	같음
수공		목재 및 금속의 세공		같음				
창가	3	단음창가	3	같음	3	같음	3	같음
체조		보통체조		같음		같음 기계체조		같음
영어					(2)	발음, 해석, 받아쓰기	(2)	같음
계	30		30		30 (32)		30 (32)	

(2) 제2차 조선교육령 시기(1922. 4. 1~1938. 3. 31)

제2차 조선교육령은 3·1운동 이후에 일본이 시행한 문화정치의 노선이 교육정책에 반영되어 공포된 것이었다. 제2차 조선교육령에서 일본의 교육정책은 겉으로는 일본과 한국의 교육을 같은 형식과 체제로 운영하여 한일 간의 차별을 없애고자 한 것이었다. 즉, 초·중등학교의 학제를 일본과 동일하게 운영하도록 한 것과 대학에 대한 새로운 규정을 두어 한국학생에게도 고등교육의 기회를 준 점 등 특기할 만한 내용이 포함되었다. 제2차 조선교육령 시기 교육과정의 변화에 대하여 초·중등학교 급별로 살펴본다.

① 초등교육과정

초등학교의 교육과정의 변화는 4년을 원칙으로 하던 보통학교의 수업연한을 6년으로 연장한 것이었다. 그러나 이는 일본과는 달리 조선의 경우 지역사정에 따라 5년이나 4년으로 수업연한을 단축할 수 있다는 규정이 있어서 실제로는 1940년대까지 지방에서는 상당수의 보통학교가 4년제로 운영되었다.

개정된 보통학교 교과목에서 변경된 내용은 다음과 같다.

첫째, 「조선어 및 한문」을 「조선어」와 「한문」으로 분리하여 「조선어」를 정규 과목으로, 「한문」을 선택과목으로 하였다.

둘째, 「재봉 및 수예」를 「재봉」으로 개칭하여 여학생에게만 가르치게 하였다.

셋째, 남학생에게만 가르치던 「수공」을 남녀공통과목으로 변경시켰다.

아래의 〈표 6-7〉은 제2차 조선교육령 시기의 초등학교 교육과정 및 수업시수표이다.

〈표 6-7〉 6년제 보통학교 교수과정 및 매주 교수시수표(1922)

교과 \ 학년	제1학년 시수	제1학년 정도	제2학년 시수	제2학년 정도	제3학년 시수	제3학년 정도	제4학년 시수	제4학년 정도	제5학년 시수	제5학년 정도	제6학년 시수	제6학년 정도
수신	1	도덕의 요지	1	같음	1	같음	1	같음	1	같음	1	같음
일본어 (국어)	10	발음, 가명, 일상경지의 문자 및 간단한 통상문의 읽기, 쓰기, 글짓기, 말하기	12	가명, 일상경지의 문장 및 간단한 통상문의 읽기, 쓰기, 글짓기, 말하기	12	일상경지의 문장 및 간단한 보통문의 읽기, 쓰기, 글짓기, 말하기	12	같음	9	같음	9	같음

<table>
<tr><td>조선어</td><td>4</td><td>발음, 언문, 일상경지의 문자 및 간단한 보통문의 읽기, 쓰기, 글짓기, 말하기</td><td>4</td><td>언문, 일상경지의 문자 및 간단한 보통문의 읽기, 쓰기, 글짓기, 말하기</td><td>3</td><td>일상경지의 문자 및 간단한 보통문의 읽기, 쓰기, 글짓기, 말하기</td><td>3</td><td>같음</td><td>3</td><td>같음</td><td>3</td><td>같음</td></tr>
<tr><td>산술</td><td>5</td><td>100이하의 수 세기, 쓰기, 20이하의 수의 범위내에 있어서의 가감승제</td><td>5</td><td>1000이하의 수 세기, 쓰기, 100이하의 수의 범위내에 있어서의 가감승제</td><td>6</td><td>통상의 가감승제</td><td>6</td><td>통상의 가감승제 및 소수의 읽기, 쓰기, 간단한 가감승제 (주산가감)</td><td>4</td><td>정수, 소수, 제산수 (주산가감)</td><td>4</td><td>분수, 보합산 (주산가감 승제)</td></tr>
<tr><td>일본사 (국사)</td><td></td><td></td><td></td><td></td><td></td><td></td><td></td><td></td><td>2</td><td>일본사의 대요</td><td>2</td><td>전학년의 계속</td></tr>
<tr><td>지리</td><td></td><td></td><td></td><td></td><td></td><td></td><td></td><td></td><td>2</td><td>일본지리의 대요</td><td>2</td><td>전학년의 계속 만주 기타 외국지리의 대요</td></tr>
<tr><td>이과</td><td></td><td></td><td></td><td></td><td></td><td></td><td>2</td><td>식물, 동물, 광물 및 자연의 현상, 통상의 물리 화학상의 현상</td><td>2</td><td>같음</td><td>2</td><td>식물, 동물, 광물 및 자연의 현상, 통상의 물리 화학상의 현상 인간생리의 초보</td></tr>
<tr><td>도화</td><td></td><td>단형, 간단한 형체</td><td></td><td>같음</td><td>1</td><td>단형, 간단한 형체</td><td>1</td><td>간단한 형체</td><td>남 2
여 1</td><td>같음</td><td>남 2
여 1</td><td>같음</td></tr>
<tr><td>창가</td><td rowspan="2">3</td><td>간단한 단음창가</td><td rowspan="2">3</td><td>같음</td><td>1</td><td>같음</td><td>1</td><td>같음</td><td>1</td><td>같음</td><td>1</td><td>같음</td></tr>
<tr><td>체조</td><td>체조, 교련, 유희</td><td>같음</td><td>3</td><td>같음</td><td>남 3
여 2</td><td>같음</td><td>남 3
여 2</td><td>같음</td><td>남 3
여 1</td><td>같음</td></tr>
<tr><td>재봉</td><td></td><td></td><td></td><td></td><td></td><td></td><td>1</td><td>운침법, 통상의류의 봉재법</td><td>3</td><td>통상의류의 봉재법</td><td>3</td><td>통상의류의 봉재법</td></tr>
<tr><td>수공</td><td></td><td>간단한 세공</td><td></td><td>같음</td><td></td><td>같음</td><td></td><td>같음</td><td></td><td>같음</td><td></td><td>같음</td></tr>
<tr><td>계</td><td>23</td><td></td><td>25</td><td></td><td>27</td><td></td><td>남 30
여 29</td><td></td><td>남 32
여 30</td><td></td><td>남 32
여 29</td><td></td></tr>
</table>

② 중등교육과정

제2차 조선교육령 시기에 중등교육과정 체제에서 변화된 내용은 고등보통학교의 수업연한이 5년으로 조정되어 일본인이 다니던 중학교와 동일하게 된 것과 고등보통학교에 보습과를 두게 된 점이다.

또한 고등보통학교의 교과목에서 「영어」 이외에 「독일어」와 「프랑스어」가 도입되었으며, 「법제 및 경제」, 「실업」, 「창가」는 당분간 제외되었으나 「실업」은 수의과목으로 하고 「일본어」를 「일본어 및 한문」으로 바꾸었다.

다음의 〈표 6-8〉은 제2차 조선교육령 시기의 보통고등학교 교육과정 및 주당 수업시수표이다.

〈표 6-8〉 보통고등학교 각 교과목 매주 교수시수표(1922)

교과 \ 학년	제1학년	제2학년	제3학년	제4학년	제5학년
수신	1	1	1	1	1
일본어 및 한문	8	8	6	5	5
조선어 및 한문	3	3	2	2	2
외국어	6	7	7	5	5
역사, 지리	3	3	3	3	3
수학	4	4	5	4	4
박물	2	2	2	2	1
물리 및 화학			2	4	4
법제 및 경제			1		2
실업				2	2
도화	1	1	1	1	1
창가	1				
체조	3	3	3	3	3
계	32	32	33	32	33

(3) 제3차 조선교육령 시기(1938. 4. 1~1943. 3. 31)

제3차 조선교육령은 중일전쟁 및 태평양전쟁의 수행과정에서 조선을 전쟁기지로 삼으려는 일본의 식민지배 전략을 교육적으로 뒷받침하기 위하여 공포된 것이다. 즉, 제3차 조선교육령은 소위 '신동아건설'이라는 미명하에 전시체제에 부합하며 동시에 일본인으로서의 동화를 추구하는 교육을 시행하기 위하여 1938년에 공포되었다.

제3차 조선교육령의 특징은 그 이전에 일본인을 위한 학교와 한국인을 위한 학교의 명칭이 서로 다르던 것이 동일하게 된 점이다. 이는 일본이 전쟁을 수행하는 과정에서 한국 청년을 군인이나 노무자로 사역하기 위하여 한국인에 대한 차별대우를 어느 정도 완화하여 과거보다 수준 높은 교육을 받은 군인과 노무자를 양성할 필요에서 취해진 조치였다.

① 초등교육과정

제3차 조선교육령의 공포로 초등교육기관의 명칭이 과거의 보통학교에서 일본의 초등교육기관과 동일하게 소학교로 바뀌었다. 소학교는 6년제의 심상소학교와 2년제 고등소학교로 나뉘었다. 그러나 심상소학교는 지방의 여건에 따라서 4년제로도 운영할 수 있어서 우리나라의 지방에는 거의 4년제 심상소학교이었다.

이 시기에 초등교육 교과목의 변화는 수업시수가 줄어들었지만 계속해서 필수과목으로 유지되어오던 「조선어」 과목이 학교장의 재량에 따라 폐지할 수도 있도록 한 것이었다. 이 시기의 초등학교 교장은 거의 일본인이었으며 황국신민화정책과 동화정책이 극에 달하던 시기이므로 자연히 「조선어」는 학과목에서 제외되어갔다. 이는 일본의 조선어교육 말살정책을 위한 술책이었다.

다음의 〈표 6-9〉는 이 시기의 초등학교 교육과정 및 수업시수표이다.

〈표 6-9〉 6년제 심상소학교 교수정도 및 교수시수표(1938)

학년 / 교과	제1학년		제2학년		제3학년		제4학년		제5학년		제6학년	
	시수	정 도	시수	정도	시수	정 도	시수	정도	시수	정 도	시수	정 도
수신	2	국민도덕의 요지	2	같음	2	같음	2	같음	2	같음	2	같음
일본어(국어)	10	발음, 가명, 일상경지의 문자 및 간단한 보통문에 관한 읽기, 쓰기, 글짓기, 말하기	12	가명, 일상경지의 문자 및 간단한 보통문에 관한 읽기, 쓰기, 글짓기, 말하기	12	일상경지의 문자 및 간단한 보통문에 관한 읽기, 쓰기, 글짓기, 말하기	12	같음	9	같음	9	같음
조선어	4	발음, 언문, 일상경지의 문자 및 간단한 보통문에 관한 읽기, 쓰기, 글짓기, 말하기	3	언문, 일상경지의 문자 및 간단한 보통문에 관한 읽기, 쓰기, 글짓기, 말하기	3	일상경지의 문자 및 간단한 보통문에 관한 읽기, 쓰기, 글짓기, 말하기	2	같음	2	같음	2	같음
산술	5	100이히의 수 세기, 쓰기, 간단한 계산	5	1000이하의 수 세기, 쓰기, 간단한 계산	6	정수의 계산	6	정수의 계산, 소구의 읽기, 쓰기 및 간단한 계산	4	같음	4	비례, 보합산
일본사(국사)									2	일본역사의 대요	2	전학년의 계속
지리									2	일본지리의 대요	2	전학년의 계속, 만주 및 지나 기타 외국지리의 대요

이과							2	식물, 동물, 광물 및 자연의 현상, 통상의 물리 화학상의 현상	2	같음	2	같음, 신체생리 위생의 초보
직업							남 2 여 1	농업, 공업, 상업 또는 수산 등에 관한 사항의 대요	남 3 여 1	같음	남 3 여 1	같음
도화		단형, 간단한 형체		같음	1	단형, 간단한 형체	1	같음	남 2 여 1	같음	남 2 여 1	같음
수공	1	간단한 세공	1	같음	1	같음	1	같음	1	같음, 간단한 중음가창	1	같음
창가	4	간단한 단음창가	4	같음	1	같음	1	같음	2		2	같음
체조		체조, 교련, 유희 및 경기		같음	3	같음	3	같음	남 3 여 2	같음	남 2 여 3	같음
가사 및 재봉							3	의식주, 간호, 운침법, 통상의류에 관한 재봉 및 수선	4	의식주, 간호, 일가경제의 대요, 통상의류에 관한 재봉 및 수선	4	같음
계	26		27		29		남 35 여 34		남 38 여 34		남 37 여 34	

② 중등교육과정

제3차 조선교육령 시기에는 중등교육기관인 고등보통학교 체제가 일본과 같이 5년이 되었다. 중학교의 수업연한은 그 이전의 고등학교와 동일하게 5년으로 하였으며 수업연한 1년 내외의 보습과나 수업연한 2년의 예과를 둘 수 있었다.

중학교에서는 특히 「수신」과 「공민」 등의 과목을 중시하여 식민지정책에 대하여 순응적이고 효율적인 인적자원을 배출하고자 하였다. 「체조」 과목은 검도나 유도 등의 국방체육을 강조하여 대륙침략을 위한 군인을 양성하는 데 힘썼다.

특히 중학교에서는 소학교와 마찬가지로 「조선어」를 필수과목에서 수의과목으로 변경하였다. 아래의 〈표 6-10〉은 중학교 교과목과 주당 수업시간표이다.

〈표 6-10〉 중학교 각 교과목 매주 교수시수표(1938)

학 년 / 교 과	제1학년	제2학년	제3학년	제4학년	제5학년
수신	2	2	2	1	1
공민과				2	2
일본어 및 한문	7	7	6	5	5
조선어	2	2	1	1	1
외국어	5	5	6	5	5
역사/ 지리	3	3	3	3	3
수학	3	3	5	5	4
이과	3	3	3	4	4
실업	2	2	2	2	3
도화	1	1	1	1	1
음악	1	1	1	1	1
체조	5	5	5	5	5
계	34	34	35	35	35

(4) 제4차 조선교육령 시기(1943. 4. 1~1945. 8. 15)

제4차 조선교육령 시기의 교육과정은 한국의 자원과 한국의 청소년들을 일본의 군사적 목적에 이용하고자 군사교육체제를 수립할 목적으로 공포되었다. 일본이 태평양전쟁을 수행하면서 한국을 전쟁 수행의 전진기지로 삼으려는 정치적인 의도에 따라서 일본에 공포되었던 학교령을 그대로 한국에 적용하였다.

특히 「전시학도 체육훈련 실시요강(1943. 4. 26)」, 「학도 전시동원제 확립요강(1943. 7. 22)」, 「교육에 관한 전시 비상조치령(1943. 10. 13)」 등의 조치령에 따른 「전문학교의 교명 개칭과 학병제(1943. 10. 20)」의 시행 등과 같은 전시교육체제를 확립하는 것은 제4차 조선교육령에 따른 핵심적인 교육정책이었다.

제4차 조선교육령 시기에는 중등교육체제에서 변화가 두드러졌다. 이 시기의 중등교육체제는 한층 강화된 일본 국민으로서의 정체성의 확립, 교육내용의 간소화 및 교육과정의 축소와 통합, 수업연한의 단축 등의 변화가 이루어졌다.

① 초등교육과정

앞서 제3차 조선교육령에 의하여 소학교로 명칭이 변경되었던 초등학교는 제4차 조선교육령을 통하여 초등학교로 개칭되었다. 일본은 이 초등학교라는 명칭을 통하여 초등보통교육의 통합적인 지표로서 '국민의 양성'을 추구하였다.

초등학교의 교육목적은 '황국(일본)의 도에 따른 국민의 기초적 육성'으로 지정하고 본격적인 군국주의적 전제교육을 시행하였다.

초등학교는 초등과와 고등과를 두고 지역사정에 따라 하나만을 선택하게 하였으며, 수업연한은 초등과 6년, 고등과 2년이었다. 교과과정은 하나의 통합과목 내에 몇 개의 과목이 포함되는 통합과정을 시행하였으며 「조선어」 교과는 교과과정에서 완전히 폐지되었다.

아래의 <표 6-11>은 초등학교 초등과의 교과과정표이다.

〈표 6-11〉 초등학교(초등과) 교과과정표(1941)

<table>
<tr><th>교 과</th><th>과 목</th><th>제1학년</th><th>제2학년</th><th>제3학년</th><th>제4학년</th><th>제5학년</th><th>제6학년</th></tr>
<tr><td rowspan="4">국민과</td><td>수신</td><td rowspan="2">11</td><td rowspan="2">12</td><td>2</td><td>2</td><td>2</td><td>2</td></tr>
<tr><td>국어(일본어)</td><td>9</td><td>8</td><td>7</td><td>7</td></tr>
<tr><td>국사(일본사)</td><td></td><td></td><td></td><td></td><td>2</td><td>2</td></tr>
<tr><td>지리</td><td></td><td></td><td></td><td>1</td><td>2</td><td>2</td></tr>
<tr><td rowspan="2">이수과</td><td>산수</td><td rowspan="2">5</td><td rowspan="2">5</td><td>5</td><td>5</td><td>5</td><td>5</td></tr>
<tr><td>이과</td><td>1</td><td>2</td><td>2</td><td>2</td></tr>
<tr><td rowspan="2">체련과</td><td>체조</td><td>5</td><td>6</td><td>5</td><td>5</td><td rowspan="2">5</td><td rowspan="2">5</td></tr>
<tr><td>무도</td><td></td><td></td><td></td><td></td></tr>
<tr><td rowspan="6">예능과</td><td>음악</td><td></td><td></td><td></td><td>2</td><td>2</td><td>2</td></tr>
<tr><td>습자</td><td></td><td></td><td>1</td><td>1</td><td>1</td><td>1</td></tr>
<tr><td>도화</td><td rowspan="2">2</td><td rowspan="2">2</td><td rowspan="2">2</td><td>남 4</td><td>남 4</td><td>남 4</td></tr>
<tr><td>공작</td><td>여 2</td><td>여 2</td><td>여 2</td></tr>
<tr><td>가사(여)</td><td></td><td></td><td></td><td rowspan="2">3</td><td rowspan="2">3</td><td rowspan="2">3</td></tr>
<tr><td>재봉(여)</td><td></td><td></td><td></td></tr>
<tr><td>직업과</td><td>농업, 공업,
상업, 수산</td><td></td><td></td><td></td><td>남 2, 여 1</td><td>남 2, 여 1</td><td>남 2, 여 1</td></tr>
<tr><td>계</td><td></td><td>23</td><td>25</td><td>25</td><td>남 35, 여 32</td><td>남 37, 여 34</td><td>남 37, 여 34</td></tr>
</table>

② 중등교육과정

제4차 조선교육령 시기의 중등학교 교육과정은 그 기본 방침이 초등교육령에서의 국민학교 교육과정과 같은 맥락에서 정립되었다. 이 시기의 중등교육은 일본에 의한 군국주의 체제를 강화하고 전쟁을 수행하기 위한 기초 인적자원의 확보에 교육목적을 두었다.

이에 따라서 중등학교의 교육과정에서는 중학교교육을 '황국거민의 육성'에 집중하여 통합적 교육과정을 운영하였으며, 일본의 국민정신을 함양하여 일본 식민주의 정책에 참여하는 국민을 양성하고자 하였다.

이 시기의 중등교육은 일본의 침략전쟁을 성공적으로 수행하기 위하여 한국인을 전시체제에 적응하도록 이용하였다. 그러므로 이 시기의 교육과정은 정상적인 교육과정에서 이탈하여 모든 교육목표가 '황국거민의 육성'이라는 군사적 목표에 집중하는 기형적인 교육과정이었다. 아래의 〈표 6-12〉는 제4차 조선교육령 시기의 중학교 교육과정의 주당 교수시수표이다.

〈표 6-12〉 중학교 매주 교수시수표(1943)

<table>
<tr><th colspan="2">학 년 / 교 과</th><th>제1학년</th><th>제2학년</th><th>제3학년</th><th>제4학년</th></tr>
<tr><td rowspan="4">국민과</td><td>수신</td><td>1</td><td>1</td><td>2</td><td>2</td></tr>
<tr><td>일본어</td><td>5</td><td>5</td><td>5</td><td>5</td></tr>
<tr><td>역사</td><td rowspan="2">3</td><td rowspan="2">3</td><td rowspan="2">3</td><td rowspan="2">3</td></tr>
<tr><td>지리</td></tr>
<tr><td rowspan="3">이수과</td><td>수학</td><td>4</td><td>4</td><td>4</td><td>5</td></tr>
<tr><td>물상</td><td rowspan="2">4</td><td rowspan="2">4</td><td rowspan="2">6</td><td rowspan="2">5</td></tr>
<tr><td>생물</td></tr>
<tr><td rowspan="3">체련과</td><td>교련</td><td>3</td><td>3</td><td>3</td><td>3</td></tr>
<tr><td>체조</td><td rowspan="2">4</td><td rowspan="2">4</td><td rowspan="2">3</td><td rowspan="2">3</td></tr>
<tr><td>무도</td></tr>
<tr><td rowspan="4">예능과</td><td>음악</td><td>1</td><td>1</td><td rowspan="4">3</td><td rowspan="4">3</td></tr>
<tr><td>서도</td><td>1</td><td>1</td></tr>
<tr><td>도화</td><td rowspan="2">2</td><td rowspan="2">2</td></tr>
<tr><td>공작</td></tr>
<tr><td colspan="2">실업과</td><td>2</td><td>2</td><td>2(2)</td><td>2(2)</td></tr>
<tr><td colspan="2">외국어과</td><td>4</td><td>4</td><td>(4)</td><td>(4)</td></tr>
<tr><td colspan="2">수련</td><td>3</td><td>3</td><td>3(2)</td><td>3(2)</td></tr>
<tr><td colspan="2">총계</td><td>37</td><td>37</td><td>38</td><td>38</td></tr>
</table>

* 3, 4학년에서 외국어를 선택하지 않은 자에게는 실업과에 2시간, 수련에 2시간 가한다.

앞서 본 바와 같이 갑오개혁을 전후한 개화기와 일제에 의한 한일합병의 시기에 우리나라는 근대적인 학교제도가 수립되고 서양의 근대학문을 교육내용의 중심으로 정립하고자 모색하였다. 그러나 일본의 제국주의에서 비롯된 국권찬탈로 인하여 근대국가를 지향하던 교육과정은 일본의 식민화를 위한 도구로 전락하는 불행을 겪었다.

일제 식민지교육이 교육과정 분야에 있어서 우리에게 남긴 폐해로는 교육과정의 획일화, 교육과정의 관료화, 순종적이고 도구적인 인간형성 등이다. 이를 자세히 설명하면 다음과 같다.

첫째, 교육과정의 획일화는 국정교과서 정책으로 실현되었다. 일제는 조선교과용 도서 주식회사를 설립하여 획일적인 교과서를 생산·공급하였다. 이는 한국의 문화를 말살하고 민족혼을 없애기 위하여 한국인의 자발적인 의지가 담긴 교육내용을 허용하지 않으려는 의도에서였다.

둘째, 교육과정의 관료화는 교육내용의 결정권한을 일본총독부가 장악하여 중앙에서 학교로 하달되는 중앙통제적 방식이다. 이는 교육과정을 실천하는 감독청과 학교·교사 사이에 권위주의적이고 일방적인 관계를 형성하는 비민주적인 형태를 남겼다.

셋째, 교육의 목적을 건전한 인간형성에 두지 않고 일본제국주의의 도구에 필요한 인간성을 양성하는데 두었다. 일본에 맹목적으로 순응하는 인간이 '충성스런 신민'으로 해석되었다. 이에 따라 순종적이며 도구적인 인간형성의 가치를 높이는 결과를 남기게 되었다.

3. 해방 직후의 초 · 중등 교육과정

1) 긴급조치기

우리나라는 1945년 8월 15일 해방을 맞을 때부터 1948년 8년 15일까지 미군정기를 겪었다. 군인이 민정이양을 하기 이전까지 군정법령에 의한 임시정부의 과도기적 성격을 지녔다. 정부는 각 부서별로 긴급조치적 성격을 띠면서 교육부문에 남아있는 일본의 잔재를 없애고 한국국민에 의한 민주정부를 수립하기 위하여 직접 통치하는 시기였다.

당시 라카드(Earl M. Lockard) 대위가 교육담당 학무국 총책으로 부임되어 '한국교육위원회'를 조직하여 10인의 위원으로 10개의 분과를 두고 각 위원이 각 분과의 위원장이 되었다. 이들은 1945년 9월 17일 <교육에 관한 조치－일반명령 제4호>를 발표하였는데 한국인 책임자는 오천석이었으며, '신조선인의 조선인을 위한 교육방침'이었다.

공립소학교는 9월 24일부터 수업을 시작하고, 사립소학교는 당국의 허가를 받아서 개교하였으며 중등 이상의 학교는 10월 1일부터 수업을 하였다. 이와 함께 '평화와 질서'라는 교육목표를 정하고 '신조선인의 조선인을 위한 교육방침'으로 교육과정을 변경하였다.

변경된 내용은 교수용어를 한국어로 할 것과 조선인에게 도움이 되지 않는 교과목은 수업할 수 없으며, 이어서 초·중등학교의 교과목 및 주당 교수 시수표를 발표하였다. 그때의 교육과정은 일본 교과서를 제외하였으며 「수신」과를 「공민」과로 대체하고 일본어 중심의 「국어」가 한글 중심의 「국어」로 바뀌었다. 또 일본 역사교육이 폐지되고 우리 국사교육이 시행되는 등 그 내용을 아래의 〈표 6-13〉에서 볼 수 있다.

〈표 6-13〉 국민학교 교과목 및 매주 교수시수표(1945)

학년 교과	1학년	2학년	3학년	4학년	5학년	6학년
공민	2	2	2	2	2	2
국어	8	8	8	7	6	6
역사					2	2
지리				1	2	2
산술	6	6	7	5	5	5
이과				3	3	3
체조	4	4	5	3	3	3
음악				2	2	2
습자			1	1	1	1
도화·공작	2	2	2	남 3, 여 2	남 4, 여 3	남 4, 여 3
요리·재봉				여 3	여 3	여 3
실과				남 3, 여 1	남 3, 여 1	남 3, 여 1
계	22	22	25	30	33	33

당시의 중등교육과정은 중학교와 고등학교가 통합된 학제이며 사범학교의 심상과와 실업학교도 교과목의 편제와 시간배당에 포함되었다. 사범학교와 실업학교는 중등학교 교육과정에 실업과목을 넣어 교수하도록 하였다. 따라서 인문계 중등학교와 사범학교, 실업학교는 교과편제상 실업과목을 제외하면 별 차이가 없었다.

아래의 <표 6-14>에서 볼 수 있는 바와 같이 일제시대 말기의 중등학교 교과목 및 배당을 기초로 개정한 것이지만 「수신」과를 폐지하고 「공민」과로 대체하여 새로운 민주시민의 양성을 기하였으며 우리글 중심의 「국어」과로 바뀐 점과 우리 역사를 교육과정에 편성한 점이나 실용적인 교과를 중심으로 하루에 평균 5~6시간 수업한 점 등의 변화가 있었다. 당시의 중등학교 편제는 4년제이었으나 1947년 4월에 6년제로 개편되었다.

<표 6-14> 국민학교 교과목 및 매주 교수시수표(1945)

학년 \ 교과		공민	국어	지리 역사	수학	물리 화학 생물	가사	재봉	영어	체육	음악	습자	도화	수예	실업	계
1	중학	2	7	3	4	4			5	3	1	1	1		1	32
	고녀	2	7	3	3	3	2	2	4	2	2	1	1	1		33
2	중학	2	7	3	4	4			5	3	1	1	1		1	32
	고녀	2	7	3	3	3	2	3	4	2	2			1		32
3	중학	2	6	4	4	5			5	3	2		1		2	34
	고녀	2	6	3	2	4	4	3	4	2	2		1	1	1	35
4	중학	2	5	4	4	5			5	3	2				3	33
	고녀	2	5	3	3	5	4	4	4	2	2			1	1	36

(중학 : 남자 중학, 고녀(고등 여학교) : 여자 중학교)

2) 교수요목기(1945~1954)

근대적 교육과정은 그 사회의 발전과 밀접한 관계에 있다. 우리나라는 개화기를 거치면서 일제강점기와 해방을 맞았다. 이때가 교수요목기의 시작으로서

1946년부터 문교부령 제35호로 공포된 '교육과정 시간배당 기준령'이 나온 시기까지이다.

이 시기에는 교수요목과 교육과정을 엄밀하게 구분하지 못하였다. 교수요목은 교과내용 자체를 학생들이 학습해나갈 과정으로 보아 교사가 학생에게 가르칠 교수내용의 '주제'나 '제목'을 열거한 데 불과하였다.

임시로 교육에 관한 응급조치를 했던 미 군정청 편수당국의 편수관들은 1946년 2월 21일 '교수요목 제정위원회'를 조직하고 교수요목을 제정하는 한편, 교과서를 편찬하는 일에 착수하게 되었다. 1946년 9월 1일에 초등학교 교수요목을 시달하고 1947년에는 중학교의 학제변경에 따른 교과목별 주당 수업시간표를 정하여 총론 없이 교과목별 교수요목만 시달하였다.

우리나라의 교육과정 변천사에서 교수요목기의 특징을 다음과 같이 정리할 수 있다.

첫째, 교과의 지도내용을 상세히 표시하였다.

둘째, 기초 능력을 배양하는 데 주력하였다.

셋째, 교과는 분과를 채택하였다.

넷째, 체계적인 지도와 지력의 배양에 중점을 두었다.

다섯째, '홍익인간'의 정신에 입각하여 애국애족의 교육을 강조하였다.

여섯째, 일제의 잔재를 시급히 제거하고자 노력하였다.

이 시기에는 「공민」, 「역사」, 「지리」, 「작업」, 「자연관찰」을 「사회생활」과로 종합하여 초등학교 1학년에서 3학년까지 편성하였다.

교과서로는 교육부장관이 저작권을 가진 1종 도서와 교육부장관의 검정을 받는 2종 도서, 그리고 교육부장관이나 교육감의 인정을 받는 인정도서로 교과의 지도내용을 상세하게 표시하고, 분과주의 교육과정으로 홍익인간의 정신에 입각한 애국애족 교육을 강조하였으며 중심내용은 민주시민의 교육이었다.

각 교과는 교육과정을 구성하는 기술이 부족하여 교육과정의 진술체제가 교과별로 통일되지 않았으며 대부분의 교과가 단원 또는 제재명과 내용요약만을 제시하여 현실을 제대로 수용하지 못한 교육과정이었다.

4. 교육과정의 제정과 개정

1) 제1차 교육과정기(1954~1963)

우리나라는 1950년 6월 2일에 '교수요목제정 심의회 규정'을 공포하고 이어서 교육부는 1951년 3월 30일 '교육과정 연구중심의회규정'(교육청령 제16호)을 공포하여 교과목의 편제에 착수하였다.

제1차 교육과정은 1954년 4월 20일에 문교부령 제35호로 제정·공포된 '초등학교·중학교·고등학교·사범학교 교육과정 시간배정 기준령'으로부터 1963년 2월 15일 문교부령 제119호, 제122호로 개정된 '초등학교·중학교·인문계 고등학교·실업계 고등학교 교육과정'이 공포되기까지의 교육과정이다. 즉, '교육과정 시간배당 기준령'과 '교과과정'은 우리나라 최초의 체계적인 교육과정이며 최초 법령형태의 교육과정이다.

이 시기의 교육과정을 '각 학교의 교과목 및 기타 교육활동의 편제'라고 정의하였으므로 교과중심 교육과정이라 할 수 있으나, 그 내용은 미국의 진보주의 교육의 영향을 받아 실생활에서의 실용성과 신교육을 강조하는 생활중심을 지향하고 있었다.

따라서 교과서는 생활중심의 단원학습으로 배열하고 소단원제에서 대단원제로 학습의 생활화를 기하였다. 주입식 학습에서 벗어나 생활과 경험을 토대로 이해와 기능 및 태도를 기르는 방향으로 전환하면서 반공과 도의, 실업교육이 강조되었고 특별활동시간을 배당하여 전인교육을 지향하였다. 1차 교육과정기에 「셈본」으로 바뀌었던 초등학교 교과의 명칭이 다시 「산수」로 환원되었다.

2) 제2차 교육과정기(1963~1973)

제2차 교육과정 시기는 세계적인 교육경쟁으로 인하여 교육의 질을 향상하기 위한 노력이 대두되었고, 국내적으로는 5·16 군사정변으로 민족주체성이 강조되었다. 또 종래의 교육을 재평가하고 새로운 교육과정으로의 전면적인 개정을 시행하고자 1963년 2월 15일 문교부령 제119호, 제122호를 공포하면서 시작되었다.

교육과정을 '학교의 지도하에 학생들이 가지는 경험의 총체'로 봄으로써 생활중심 교육과정의 형태를 지니게 되었으며, 자주성과 생산성 및 유용성을 지닌 인간상을 추구하였다.

즉, 교육을 통하여 민족 고유의 역사와 전통을 지니고 역사적 현실 속에서 명확한 사명의식을 갖도록 하는 자주성과 실생활을 개선할 수 있는 태도와 기능을 양성하여 생산성을 갖도록 하였다. 또 교육내용과 방법에서 일상생활과 직결시키고 실제로 활용이 가능한 지식과 기술을 습득하여 국가가 필요로 하는 유용성을 지닌 인간양성에 초점을 두었다.

교육과정의 조직에 있어서 합리성을 강조하여 학생의 성장·발달에 적용될 수 있는 통합성과 계열성, 그리고 계속성이 있는 교육과정을 조직하고자 하였다. 생활중심 교육과정으로서 지역사회의 실정에 알맞은 교육과정을 재구성할 수 있게 하여 지역사회의 자원을 학습경험에 활용하는 융통성과 신축성을 부여하였다.

고등학교에 단위제가 채택된 제2차 교육과정의 목표는 확고한 민주적 신념과 반공정신의 함양, 문제해결 중심의 학습경험, 경제적 효율성을 증진시킬 수 있는 학습활동, 건전한 정신과 강건한 신체, 심미적 정서의 함양 등 학습자의 개성을 계발하는 실천적 교육과정이었다.

3) 제3차 교육과정기(1973~1981)

우리나라 교육과정상 처음으로 교육과정 심의회에서 1971년 1월 시안을 확정한 뒤 2년간의 실험평가를 거쳐 1973년 2월 14일 문교부령 제310호로 제3차 교육과정이 개정·공포되었다. 제3차 교육과정은 '각 학문 간에 내재해 있는 지식탐구과정의 체계적인 조직'이므로 학문중심 교육과정에 해당된다.

경험중심 교육과정에 대한 회의와 비판에서 시작된 학문중심 교육과정은 1957년 소련의 스푸트니크(Sputnik)의 영향이라고 하지만 이미 지식의 폭발적인 증가로 인하여 경험중심 교육과정에 문제가 제기되었다.

학문중심 교육과정은 '무엇을 가르칠 것인가?'에 대한 것으로 각 학문에 내재해 있는 지식 탐구과정의 조직으로 보는 것이다. '지식의 핵심개념', '지식의 기본 개념, 지식의 기본 원리', '전이도가 높은 지식', '학문의 양면에 숨어 있는 기본적 아이디어' 등에 초점을 두고 먼저 이론적인 탐색을 한 후에 소규모의 실험과 준비기간을 거쳐 제3차 교육과정기가 시작되었다.

교육과정의 기본 방침 중 '지식 기술교육의 쇄신'이란 용어는 학문중심 교육과정임을 말해 주는 것이다. 1968년 국민교육헌장이 선포되고 1969년에 국적 있는 교육이 제창되면서 민족의 주체성을 확립하기 위한 교육이 강조되었다.

국내외 정세의 변화와 급격한 사회변화에 대처하기 위하여 1969년에 제2차 교육과정을 부분 개정하고, 1971년부터 각급학교의 교육과정 개정작업에 착수하여 1973년 2월에 초등학교 교육과정, 같은 해 8월에 중학교 교육과정, 1974년 12월에 인문계 고등학교 교육과정, 1976년 2월에 실업계 고등학교 교육과정을 각각 개정·공포하였다.

특히 「산수」과에서 수학적 구조의 강조, 집합개념을 토대로 한 수학내용의 전개와 수학의 논리성을 강조한 것, 현대 수학의 발전에 따른 교재의 재구성, 응용이 가능한 교재의 조기 도입 등으로 변화를 보였다.

제3차 교육과정에서는 국민교육헌장의 이념과 학문중심 교육과정 이론에 바탕을 두고 지식과 기술의 쇄신이 기본방침이며, 자아실현과 국가발전 및 민주적 가치함양 등 국민의 자질을 함양하는 인간교육을 강조하였다.

4) 제4차 교육과정기(1981~1987)

제4차 교육과정은 1981년 12월 31일에 문교부 고시 제422호로 발표되었다. 제4차 교육과정은 1980년 제5공화국이 출범하면서 복지사회와 정의사회의 실현을 추구하던 당시의 정치사회의 특수한 상황과 교육적 미래에 대한 전망을 고려하여 새로운 교육과정의 개발이 절실히 요구됨에 따라서 개정된 교육과정이다.

당시에 과열되어있던 과외를 금지하는 7·30 교육조치에 이어서 1980년 9월에 문교부는 각급학교의 교육과정 개정안 개발에 관한 연구과제를 한국교육개발원에 위촉하였다.

그러나 교육개발원은 교육과정 개발의 원리(1978), 교육과정 국제비교(1979), 교육과정의 방향 탐색(1979), 초등학교 교육과정 개선연구, 교과서 구조개선에 관한 연구(1979), 교과서 및 교육과정 개발을 위한 기초 연구(1980), 초·중등학교 교육과정 개선을 위한 기초 연구(1980) 등 교육과정 개정과 관련된 기초연구를 끝낸 상태였기 때문에 수정 및 보완작업을 마치고 심의를 거쳐서 완성된 개정안에 대한 공청회와 2차 심의회를 거쳐서 확정·고시하였다.

따라서 제4차 교육과정은 교육개발원에서 기초 연구와 총론, 각론을 개발한 연구개발형 교육과정이다. 제3차 교육과정이 지닌 학습내용의 과다와 학습수준의 부적합, 분과교육과정, 기초교육 및 일반교육이 소홀한 점, 전인교육과 인간교육이 미흡한 점, 국민정신 교육의 강화 등을 보완하고 과열과외가 지닌 잠재요인을 제거하는 등 교육의 정상화를 위한 교육개혁안이었다.

우리나라 제4차 교육과정은 교과중심, 생활중심, 학문중심 교육과정의 성격으로 변화되어왔다. 미래에 대한 인식을 강조한 미래지향형 교육과정이며 인간중심 교육과정의 성격도 반영되어 있는 개인적, 사회적, 학문적 적합성을 고루 갖춘 교육과정이라 할 수 있다.

교육의 목적은 정부가 국정지표로 밝힌 민주주의의 토착화, 정의사회의 구현, 복지사회의 건설에 따른다. 즉, 미래사회를 민주사회, 고도 산업사회, 건전한 사회, 문화사회, 통일조국으로 전망하여 이 사회에 기대되는 인간상인 "건강한 사람, 심미적인 사람, 능력있는 사람, 도덕적인 사람, 자주적인 사람"을 육성하고자 하였다.

제3차 교육과정의 문제점을 보완하고 교육개혁을 추진하며 국민정신교육을 강화하는 제4차 교육과정은 초등학교 교육과정에 평가지침에 관한 내용이 처음으로 등장하였다. 또 중학교 교육과정은 보통 교육의 성격을 강조하고 자유선택 과목을 신실하였으며, 고등학교 교육과정은 인문계, 실업계 등 고등학교의 교육과정을 통합하여 단일화하였다.

5) 제5차 교육과정기(1987~1992)

1987년에 개정된 제5차 교육과정은 우리 사회가 국제화, 정보화, 다양화되어 감에 따라 '주체성', '창조성', '도덕성'이 강조되어 바람직한 인간상으로 "건강한 사람, 자주적인 사람, 창조적인 사람, 도덕적인 사람"을 육성하는 데 목적을 두었다. 따라서 학문의 발전과 사회변화에 따라 ① 기초교육의 강화, ② 통합교육과정의 구성, ③ 미래사회에 대비한 교육의 강조, ④ 교육과정 운영의 효율성 재고에 중점을 두어 교육과정 및 교과용 도서 중에서 개선이 필요한 부분만 개정하였다.

제5차 교육과정은 개정명분이 뚜렷하지 못한 채 교과서 사용기간이 5~7년을 넘을 수 없다는 법률적인 구속에 의한 행정적인 이유에서 개정된 교육과정이다. 제5차 교육과정은 "국가수준의 문서화된 개괄적인 기준"으로 교육과정을 정의하면서 개인적, 학문적, 사회적 적합성을 갖춘 종합적인 교육과정으로서 국가수준의 기준이 다음과 같이 고시되었다.

첫째, 문교부가 국가수준에서 학교교육내용을 문서화하여 법적 구속력을 가지도록 제시하였다.

둘째, 각급 학교의 교육목표, 지도내용, 수업시간, 학습지도 및 평가 등의 지침이 계획적으로 조직·편성되어 있다.

셋째, 교과활동뿐만 아니라 학교의 지도하에 학생이 경험하는 모든 학습활동을 교육과정으로 본다.

제4차 교육과정이 학교현장에 적용되면서 문교부는 제4차 교육과정에 대한 현장 적용실태를 분석하여 이 조사를 토대로 하여 문교부 교과담당 편수관실과 교육과정 담당관실의 관계자가 3년간 현행 교육과정을 분석하고 비교·연구하며 학교교원과 학부모의 의견 및 요구사항을 조사하고 국가·사회적 요구와 전망 등에 관하여 연구하였다.

이를 토대로 교육개발원에 교육과정 개정업무 추진 기본 계획을 통보하고 1986년 2월에 학교 교육과정 개정시안을 의뢰하였다. 제5차 교육과정은 제4차 교육과정 및 교과용 도서 중에서 개선이 필요한 부분만 개정하는 것을 원칙으로 하여 다음과 같이 변화되었다.

첫째, 교육과정의 적정화이다. 이수과목을 축소하여 학습량과 학습수준을 적절하게 조정하며, 교과목을 개선하고 개발과정을 효율화하였다.

둘째, 교육과정의 내실화이다. 교육의 목표를 상세하게 하고 교육내용을 정선하며 지도서를 실용화하고 평가방법을 다양하게 하였다.

셋째, 교육과정의 지역화이다. 이를 추진하기 위하여 교과용 도서를 두 개의 종류로 하며, 교과단원을 지역화하고 교재의 활용을 다양하게 하여 교육과정을 탄력적으로 운영한다.

고도의 산업화, 국제관계의 다원화, 평화통일 대비 등의 시대적 흐름 가운데서 제5차 교육과정은 개정의 전략으로 지속성, 점진성, 효율성을 제시하였으며, 중앙집권적 교육과정 체제를 지방화하기 위한 지역화와 효율성을 강조한 것 등의 특징을 지니고 있다.

초등학교 교육과정은 「산수」와 「국어」를 분과하였고, 중학교 교육과정은 「수학」과 「과학」의 시수가 늘어났으며 고등학교 교육과정은 과목의 기준단위에 맞추어 교과서를 편찬하고 학생들의 학습부담을 줄이는 등의 개정이 시행되었다.

6) 제6차 교육과정기(1992~1997)

제6차 교육과정은 20세기를 마무리하고 새로운 시대를 준비하는 교육개혁으로서, '중앙집권적 교육과정'을 '지방분권적 교육과정'으로 전환하여 시·도 교육청과 학교의 자율·재량권을 확대하였다.

기본 교육에 충실하고자 교육의 내용면에서 근본적인 변화와 개혁을 시도하였다. 1990년 3월부터 교육부는 21세기를 대비한 초·중등학교 교육과정의 개정을 위한 기초준비단계에서 교육과정 실험·연구학교 및 협력학교를 지정하고 고등학교의 전문교과 교육과정 개정에 필요한 기초연구를 한국교육개발원에 위탁하였다.

이후에 교육과정 개정 기본계획을 수립하여 확정하고 한명희 교수를 위원장으로 하는 39명의 위원으로 구성된 교육과정 개정 연구위원회를 조직하여 개정을 위한 기초연구와 총론개정안 연구를 위탁하였다.

총론 개정시안은 다시 교육전문가, 교육행정가, 현장교원 등으로 구성된 교육과정 심의회에 회부되어 심의되고 학교별 소위원회 및 운영위원회의 심의를 거쳐 교육부 편수 담당자와 외부 전문가, 현장교원 등의 합동 집중작업을 거쳐 개발되었다.

각 교과별 교육과정(각론) 개정 연구가 총론 확정 이전에 한국교육대학교와 한국교육개발원에 위탁되어 교육과정에 있어서 처음으로 각론이 귀납형과 연역형을 혼합한 절충형으로 개발되었다. 1992년 6월 30일에 중학교 교육과정이 고시되고, 9월 30일에 초등학교 교육과정, 10월 30일에 고등학교 교육과정이 고시되어 제6차 교육과정의 개정이 완성되었다.

제6차 교육과정은 국가수준의 교육과정 기준과 시·도 단위의 교육과정 편성 운영지침을 바탕으로 단위학교의 학교 교육과정을 편성·운영해야 함을 명시하고 있다. 교육부장관이 교육법에 의거하여 결정·고시한 국가수준의 교육과정은 '초·중등학교의 교육내용에 관한 전국 공통적, 일반적 기준'임을 제시하여 교육과정의 성격을 명확히 규정하였다.

제6차 교육과정의 개정작업은 시대적, 학문적, 개인적 변화와 교육 수요의 요구에 따라 '교육개혁'의 일환으로 추진되었다. "21세기를 주도할 건강하고 자주적이며 창의적이고 도덕적인 한국인을 육성"하기 위하여 교육과정 편성·운영 체제를 개선하고 교육의 질적인 관리를 강화하는 데 목적을 두었다.

제6차 교육과정은 지방분권형 교육과정을 도입한 교육과정의 분권화, 교육과정 구조의 다양화, 교육과정 내용의 적정화, 교육과정 운영의 효율화 등의 특징을 가지고 있다. 즉, 교육목적을 "건강한 사람, 자주적인 사람, 창의적인 사람, 도덕적인 사람을 육성하는 것"에 두고 교육과정 구조의 다양화를 기하였다. 이를 위하여 예체능과 직업계열 등 다양한 이수과정을 개설하고 획일적인 내용에서 탈피하였으며 필수과목을 축소하고 선택과목을 확대하였다.

또 교육내용을 적정화하기 위하여 학습량과 학습수준을 조절하고 교육내용을 적합하게 하며 학습부담을 경감시키는 등의 변화를 시도하였다. 교육과정의 운영에 있어서도 효율화를 기하기 위하여 학생의 적성과 능력, 진로 등을 고려하고 학습과 생활의 기초능력을 신장시키며 평가방법을 개선하는 등의 변화를 추구하였다.

도덕적이고 공동체 의식이 투철한 민주시민의 육성을 교육목표로 하고, 사회의 변화에 대응할 수 있는 창의적인 인간을 계발하는 것을 교육내용으로 도입하였다. 초등학교 교육과정에 학교재량시간을 신설하였으며, 중학교 교육과정에 선택 교과제를 도입하고, 고등학교 교육과정에 공통 필수과목, 과정 필수과목, 과정 선택과목 등을 도입하였다.

CHAPTER 07

제7차 교육과정과 최근 개정 교육과정

07 CHAPTER

제7차 교육과정과 최근 개정 교육과정

1. 제7차 교육과정

1) 개정배경

제7차 교육과정의 개정요인도 지금까지의 교육과정 개정과 마찬가지로 사회가 변화하므로 학습자의 요구가 변화됨에 따라 필연적으로 발생하였다. 지식정보화 사회와 함께 세계화·정보화·다양화를 지향하는 교육체제의 변화와 급속한 사회변동, 과학기술과 학문의 발전, 산업구조의 변혁, 교육수요자의 요구와 필요의 변화, 교육여건 및 환경의 변화 등 제반사회의 변화로 인하여 교육과정을 개정해야만 하였다.

1995년 5월 31일 대통령 자문기구인 교육개혁위원회에서는 정보화·세계화 시대에 대비하여 신교육체제 수립을 위한 교육개혁 방안을 구상하여 발표하였다. 그 체계는 누구나, 언제, 어디서나 원하는 교육을 받을 수 있는 길이 활짝 열려진 '열린 교육사회, 평생 학습사회'의 건설을 지향하였다. 이를 실현하기 위하여 다음과 같은 변화가 이루어졌다.

첫째, 교육의 공급자중심에서 학습자중심 교육으로 변경되었다.

둘째, 획일화된 교육에서 다양하고 특성화된 교육으로 변경되었다.

셋째, 규제와 통제 중심의 교육운영에서 자율과 책무성에 바탕을 둔 교육운영으로 변경되었다.

넷째, 획일적이고 균일화된 교육에서 자유와 평등이 조화된 교육으로 변경되었다.

다섯째, 흑판과 분필 중심의 전통적 교육에서 교육의 정보화를 통한 21세기형 열린 교육으로 변경되었다.

여섯째, 질 낮은 교육에서 평가를 통한 질 높은 교육으로 전환할 것을 제시하였다.

또 학생의 적성과 능력에 따라 다양한 학습을 할 수 있도록 하기 위하여 다음과 같은 변화를 시도하였다.

첫째, 필수과목 축소 및 선택과목의 확대
둘째, 정보화·세계화 교육 강화
셋째, 수준별 교육과정의 편성·운영을 교육과정 개선의 원칙으로 설정한다.

교육개혁위원회에서는 이러한 신교육과정의 기본 골격을 바탕으로 1996년 2월 9일에 교육개혁 과제의 일환으로 '초·중등학교 교육과정 개혁'을 제시하였다. 그 세부적인 지침으로

첫째, '국민공통 기본 교육과정 체제 설정' 등 신교육과정 편제 도입
둘째, 수준별 교육과정 도입
셋째, 교육과정 각론 개발의 주요 지침 : '능력중심의 목표 진술과 구체적 내용제시의 최소화', '독서교육 강화', '교과교육에서의 컴퓨터를 활용한 교육 강화', '평가방법의 개선'
넷째, 지원체제 확립 : '선택과목 도입에 따른 대학수학능력 제도의 개선', '교과서 제도의 자율화 확대 및 교과서의 질 향상', '다양한 교사제도의 탄력적 운영 및 교사연수 강화', '학교환경 및 시설의 개선' 등을 제시하였다.

교육개혁 과제로 제시된 신교육과정에서는 학생의 건전한 인성발달을 도모하고 다양한 능력과 적성을 존중하며 독창적이고 유용한 지적 가치를 생산할 창의적인 능력을 기르는 것을 강조하였다.

21세기의 세계화, 정보화 시대를 주도할 자율적이고 창의적인 한국인을 육성하기 위하여 교육과정 개정의 기본 방향을 다음과 같이 제시하였다.

- 목표 : 건전한 인성과 창의성을 함양하는 기초·기본 교육의 충실
- 내용 : 세계화·정보화에 적응할 수 있는 자기주도적 능력의 신장
- 운영 : 학생의 적성, 능력, 진로에 적합한 학습자중심 교육의 실천
- 제도 : 지역 및 학교의 교육과정 편성·운영의 자율성 확대

2) 국민공통 기본 교육과정

초등학교 1학년에서 고교 1학년까지 10년간은 국민공통 기본 교육기간으로 정하고 우리나라 모든 국민에게 동일한 기간에 동일한 교육내용을 가르치기 위하여 '국민공통 기본 교육과정'을 도입하였다.

이 교육과정은 학교급별 차이에 따른 연속성이나 연계성의 부족문제를 극복하고 10년 동안 체계적인 교육을 실시할 목적으로 설정된 것이다. 이 기간 동안 국어, 도덕, 사회, 수학, 과학, 실과(기술·가정), 체육, 음악, 미술, 외국어(영어)의 10개 교과로 제한하여 이수하도록 규정하였다. 10개 교과로 수를 제한한 것은 국민공통 기본 교육기간에는 최소한의 공통 필수교과만을 제시함으로써 학생이 이수해야 할 교과목 수를 축소하기 위한 것이었다.

3) 수준별 교육과정

수준별 교육과정은 학생 개개인의 개인차에 부응하는 교육과정이다. 학생의 능력수준에 따라 교육의 내용과 방법을 달리하는 것이다. 교육과정의 차별화 및 다양화를 추구하는 수준별 교육과정이 도입된 배경은 다음과 같다.

첫째, 학생의 흥미, 관심, 적성과 학습능력, 학생의 요구에 상응하는 교육의 내용과 방법 및 기회를 제공할 수 있다.

둘째, 자기주도적 개별화 학습기회를 제공할 수 있다.
셋째, 교육의 수월성을 추구할 수 있다.
넷째, 학습부진과 결손을 줄일 수 있다.

수준별 교육과정은 국민공통 기본 교육기간(10년)과 고등학교 2·3학년의 선택중심 교육기간(2년)에 걸쳐 편성·운영하도록 되어 있다. 이 교육과정은 교과의 성격이나 학교급의 특징에 따라 ① 단계형, ② 심화보충형, ③ 과목선택형으로 구분하여 편성·운영된다.

① 단계형

단계형 교육과정은 난이도를 기준으로 학습내용을 여러 단계로 구분하여 조직된 교육과정이다. 학생은 기초적인 내용으로부터 어려운 내용까지를 자신의 능력에 맞는 속도로 단계적으로 학습하게 된다.

단계형은 비교적 학습내용의 위계가 분명한 수학과 중등 영어교과에 적용된다. 수학과는 국민공통 기본 교육기간(초등 1~고 1)까지 10단계, 영어교과는 7학년부터 10학년까지의 4단계를 두고 각 단계별로 학기를 단위로 하는 2개의 하위 단계를 설정하여 운영한다.

② 심화보충형

심화보충형 교육과정은 학년별로 교육과정을 구성하되 학생의 능력수준에 따라 학습의 양과 폭을 달리하는 교육과정이다.

즉, 중간수준의 학생을 기준으로 하여 기본 내용을 구성하며 상위수준의 학생에게는 기본 학습내용을 심화·확대하는 심화 학습내용을, 하위수준의 학생에게는 기본 학습내용의 가장 핵심적인 개념과 지식을 보충·학습하도록 교육내용을 구성하였다.

심화보충형 교육과정은 학습내용의 위계가 비교적 분명하지 않은 국어, 사회, 과학, 초등 영어교과에 적용한다. 국어교과는 1학년부터 10학년까지, 사회와 과학교과는 3학년부터 10학년까지, 초등 영어교과는 3학년부터 6학년까지 심화보충형 교육과정을 운영한다.

③ 과목선택형

과목선택형 교육과정은 고등학교 2~3학년 단계에 해당되는 교육과정으로서 학생의 능력수준과 관심의 차이를 반영하는 다양한 교과목을 개설하고 학생으로 하여금 자신의 진로와 능력수준에 맞는 교과목을 선택하도록 하는 교육과정이다.

개설과목은 학습내용의 난이도에 따라 낮은 수준에서 높은 수준에 이르기까지 다양한 과목을 개설할 수 있으며, 교과별 학습내용을 여러 영역으로 나누어 독립된 과목으로 개설할 수도 있다. 높은 수준의 과목은 학습내용을 탐구학습 내용중심으로 구성하며 단위 수도 다른 과목보다 크게 할 수 있다.

4) 재량학습

학생의 자기주도적 학습능력을 신장하고 학교 교육과정 편성·운영의 자율성 및 학생의 선택권을 부여하기 위하여 재량활동을 하나의 교육과정 영역으로 학교급에 따라서 신설 또는 확대하였다.

초등학교의 경우 제6차 교육과정에서 이미 3~6학년에 주당 1시간 정도로 신설되었던 학교 재량시간을 전 학년으로 확대하면서 주당 2시간으로 증가하였다. 중학교와 고등학교는 재량활동 영역을 처음 신설하여 중학교는 학년별로 주당 4시간을 배당하고, 고등학교는 1학년에만 12단위를 배당하였다.

재량활동은 교과 재량활동과 창의성 재량활동으로 구분하였다. 교과 재량활동은 중등학교의 선택과목 학습과 국민공통 기본 교과의 심화·보충학습을 위한 것이며, 창의성 재량활동은 학교의 독특한 교육적 필요와 학생의 요구에 따른 범교과 학습과 자기주도적 학습을 위한 것이다. 창의적 재량활동은 초등학교 재량활동의 중심이 되며, 중학교는 학생의 선택권에 의하여 재량활동의 내용이 결정된다. 고등학교는 교과 재량활동과 창의적 재량활동이 동시에 시행된다.

통합적 범교과 학습으로는 인성교육, 환경교육, 성교육, 세계 이해교육, 통일교육, 진로교육, 보건교육, 안전교육, 경제교육, 근로정신 함양교육, 민주 시민교육 등이 활동주체에 따라 다양한 형태로 운영되도록 하였으며, 학생의 자기주도적 학습에는 학생의 관심에 따라 자율성과 선택권을 부여하여 주제의 탐구, 소집단 공동 연구활동 등의 활동내용을 학년별로 주당 4시간씩 시행하도록 하였다.

5) 선택중심 교육과정

선택중심 교육과정은 고등학교 2~3학년에서 도입된다. 선택중심 교육과정은 일반 선택과목과 심화 선택과목으로 구분되며 다양한 선택과목이 개설되어 있다. 일반 선택과목은 교양증진과 실생활에 연관된 과목이며, 심화 선택과목은 학생의 진로나 적성과 소질을 계발하는 데 도움이 되는 과목이다.

선택중심 교육과정이 도입됨에 따라 일반계 고등학교에서 종래에 운영되던 '과정'은 폐지되었다. 다시 말하면, 제6차 교육과정에서는 고등학교 2학년부터 인문·사회과정, 자연과정, 직업과정 등을 두고 각 과정에 따른 교과목을 편성하여 운영하였다.

그러나 제7차 교육과정에서는 특정 과정에 구애되지 않고 학생 자신의 능력과 진로 및 적성에 따라 자유로이 교과목을 선택하여 이수할 수 있도록 하고 있다. '과정' 폐지에 따른 학생의 진로를 안내하기 위하여 교과목을 인문·사회과목군(국어, 도덕, 사회), 과학·기술과목군(수학, 과학, 기술·가정), 예·체능 과목군(체육, 음악, 미술), 외국어 과목군(외국어), 교양과목군(한문, 교련, 교양)의 5개 과목군으로 제시하였다.

6) 특별활동

특별활동은 교과와 상호보완적 관련 속에서 학생의 심신을 조화롭게 발달시키기 위하여 실시하는 비교과적 활동으로 국가교육과정 문서에 그 성격이 명시되어 있다. 우리나라에서 특별활동은 제1차 교육과정이 공포된 1954년부터 공식적으로 등장하여 그 이후의 교육과정은 교과활동과 특별활동이라는 기본적인 틀을 유지하여왔다.

특별활동은 근본적으로 집단활동으로서의 성격을 지니고 있으나 집단에 소속한 개인의 개성·자율성·창의성도 함께 계발하고자 하는 교과 이외의 교육적인 노력이다.

특별활동의 성격은 다음과 같다.

첫째, 특별활동은 교육과정의 한 분야로서 교과활동과는 상호보완적 관계에 있다.

둘째, 특별활동은 학생의 자발적이고 자율적인 활동에 바탕을 둔다.

셋째, 특별활동은 집단을 단위로 하는 활동이다.

넷째, 특별활동은 그 운영에 있어서 융통성을 가진다.

제6차 교육과정까지는 특별활동의 내용체계가 주로 활동집단을 중심으로 학급활동, 클럽활동, 학교활동으로 구분되어 있었으나, 제7차 교육과정의 특별활동은 특별활동의 본질적인 특성을 부각시키는 활동내용을 중심으로 조직되어 자치활동, 적응활동, 계발활동, 봉사활동, 행사활동의 5개 영역으로 구분된다.

제6차 교육과정의 특별활동 중 학급활동에 속하였던 일부 내용이 자치활동과 적응활동으로 구분되고 학교활동 중 학생회 활동은 자치활동으로 분류되었다. 또 행사활동과 그 활동에 예시였던 봉사활동은 각각 하나의 독립된 영역으로 분리되었으며 클럽활동은 계발활동으로 명칭이 변경되었다.

제7차 교육과정에서 특별활동의 영역별 하위영역을 정리하면 다음과 같다.

- **자치활동** : 협의활동, 역할분담 활동, 민주시민활동
- **적응활동** : 기본 생활습관 형성활동, 친교활동, 상담활동, 진로활동, 정체성 확립활동
- **계발활동** : 학술문예활동, 보건체육활동, 실습노작활동, 여가문화활동, 정보통신활동, 청소년 단체활동
- **봉사활동** : 일손돕기활동, 위문활동, 캠페인활동, 자선구호활동, 환경·시설 보호활동
- **행사활동** : 의식행사활동, 학예행사활동, 보건체육 행사활동, 수련활동, 안전구호활동, 교류활동

제7차 교육과정의 특별활동에서 영역별 활동내용은 예시적인 성격임을 밝히고 지역의 특성과 학교의 실정을 고려하여 목표달성에 적합한 활동내용을 학교에서 선정하여 선택적으로 운영하도록 권고하고 있다.

따라서 학교는 예시된 내용을 참조하여 학교 나름대로 활동내용을 새로이 창출하여 운영하거나 예시된 내용 중에서 적절한 것을 선택하여 운영하게 된다.

7) 제7차 교육과정의 특성

제7차 교육과정의 성격은 교육과정의 다양성을 추구하는 학생중심의 교육과정이며 교육의 과정과 학습에 있어서 질적 수준을 유지·관리하기 위한 교육과정이다.

제7차 교육과정이 지닌 특성은 다음과 같다.

첫째, 교육과정 편성·운영에 대한 지역 및 학교의 자율성을 증대할 것을 강화한 것

둘째, 교육내용의 획일성과 경직성 및 폐쇄성을 해소하기 위하여 중앙집권형 교육과정을 지방분권형 교육과정으로 전환한 것

셋째, 교육과정의 편성에 있어서 시·도교육청과 학교의 자율재량권을 확대한 것

또 학습내용이 중복하여 제시되는 것을 방지하기 위하여 학교급별에 따른 교과별 초·중·고등학교의 교과명칭을 통일하였다. 즉, 고등학교 교과목 「윤리」를 「도덕」으로, 「실업」, 「가정」을 「기술·가정」으로 교과명칭을 변경하였으며, 특히 「기술·가정」은 선택에서 필수로 변경하고 남녀학생이 공통으로 이수하도록 하였다.

2. 2007 개정 교육과정

1) 교육과정 수시 개정체제

우리나라 교육과정은 그 동안 중앙집권적, 주기적, 전면적, 일시적 개정으로 일관되어왔으나 교육인적자원부가 국가수준 교육과정 개발 및 개정방식의 문제점을 완화하고자 2003년 10월에 교육과정 수시 개정체제를 도입한다고 발표하였다.

이어서 2004년 12월에 '교육과정·교과서 발전협의회'를 구성하여 수시 개정요구를 제안할 수 있는 제도를 마련하였으며 2005년 2월에는 수시 개정체제의 활성화 방안을 제시하였다. 이 방안을 구체적으로 실천할 목적으로 2005년 9월에 교육과정 개정요구와 의견수렴을 위한 '교육과정·교과서 정보서비스 홈페이지(cutis.moe.go.kr)'를 구축하여 운영하게 되었다.

수시 개정추진 내용은 2004년 11월 26일 특수목적 고등학교 교육과정의 정상운영을 위하여 교육과정의 편성·운영 지침을 개정하였으며, 2005년 12월 28일에는 공고 2·1체제 교육과정과 국사교과의 교육과정을 개정하였다. 이어서 2006년 8월에는 수학·영어과 수준별 교육과정을 개정하였다.

2) 개정의 기본 방향

2007 개정 교육과정은 2009년 3월부터 초등학교 1, 2학년에서 적용하여, 2010년 3월에는 초등학교 3, 4학년과 중학교 1학년에 적용하며, 2011년 3월부터는 초등학교 5, 6학년과 중학교 2학년, 고등학교 1학년에 적용하며, 2012년 3월부터는 중학교 3학년, 고등학교 2학년, 2013년 3월부터는 고등학교 3학년에 적용된다.

2007 개정 교육과정의 기본 방향은 다음과 같다.

첫째, 교육과정의 안전성을 확보하는 차원에서 현행 교육과정의 기본 철학과 체제를 유지하되 문제점을 개선하도록 한다.

둘째, 단위학교별 교육과정의 편성·운영의 자율권을 확대한다.

셋째, 국가·사회적 요구사항을 반영한다.

넷째, 교과별 교육내용의 적정화를 추진한다.

3) 기본 편제

교육인적자원부에서 2007년 2월 23일에 발표한 초·중등학교 교육과정 개정고시에 의하면 개정·고시된 교육과정은 제7차 교육과정에서 강조하는 학습자중심의 단위학교에서 개발하는 교육과정의 철학을 그대로 준수하면서 국민공통 기본 교육과정 및 선택중심 교육과정 등 기본 체제를 유지하고 있다.

국민공통 기본 교육과정의 기본 편제는 다음 〈표 7-1〉과 같으며 고등학교 선택중심 교육과정 보통교과의 기본 편제는 〈표 7-2〉와 같다.

〈표 7-1〉 국민 공통 기본 교육과정의 편제

<table>
<tr><th colspan="2" rowspan="2">학 교
학 년
구 분</th><th colspan="6">초등학교</th><th colspan="3">중학교</th><th>고등학교</th></tr>
<tr><th>1</th><th>2</th><th>3</th><th>4</th><th>5</th><th>6</th><th>7</th><th>8</th><th>9</th><th>10</th></tr>
<tr><td rowspan="14">교
과</td><td>국 어</td><td colspan="2" rowspan="14">국 어
210 238
수 학
120 136
바른 생활
60 68
슬기로운 생활
90 102
즐거운 생활
180 204
우리들은 1학년
80 ·</td><td>238</td><td>204</td><td>204</td><td>204</td><td>170</td><td>136</td><td>136</td><td>136(8)</td></tr>
<tr><td>도 덕</td><td>34</td><td>34</td><td>34</td><td>34</td><td>68</td><td>68</td><td>34</td><td>34(2)</td></tr>
<tr><td rowspan="4">사 회</td><td rowspan="4">102</td><td rowspan="4">102</td><td rowspan="4">102</td><td rowspan="4">102</td><td colspan="4">사 회</td></tr>
<tr><td>102</td><td>·</td><td>68</td><td>102(6)</td></tr>
<tr><td colspan="4">역 사</td></tr>
<tr><td>·</td><td>102</td><td>68</td><td>102(6)</td></tr>
<tr><td>수 학</td><td>136</td><td>136</td><td>136</td><td>136</td><td>136</td><td>136</td><td>102</td><td>136(8)</td></tr>
<tr><td>과 학</td><td>102</td><td>102</td><td>102</td><td>102</td><td>102</td><td>136</td><td>136</td><td>136(8)</td></tr>
<tr><td rowspan="2">실 과</td><td rowspan="2">·</td><td rowspan="2">·</td><td rowspan="2">68</td><td rowspan="2">68</td><td colspan="4">기술·가정</td></tr>
<tr><td>68</td><td>102</td><td>102</td><td>102(6)</td></tr>
<tr><td>체 육</td><td>102</td><td>102</td><td>102</td><td>102</td><td>102</td><td>102</td><td>68</td><td>68(4)</td></tr>
<tr><td>음 악</td><td>68</td><td>68</td><td>68</td><td>68</td><td>68</td><td>34</td><td>34</td><td>34(2)</td></tr>
<tr><td>미 술</td><td>68</td><td>68</td><td>68</td><td>68</td><td>34</td><td>34</td><td>68</td><td>34(2)</td></tr>
<tr><td>외국어
(영어)</td><td>34</td><td>34</td><td>68</td><td>68</td><td>102</td><td>102</td><td>136</td><td>136(8)</td></tr>
<tr><td colspan="2">재량 활동</td><td>60</td><td>68</td><td>68</td><td>68</td><td>68</td><td>68</td><td>102</td><td>102</td><td>102</td><td>102(6)</td></tr>
<tr><td colspan="2">특별 활동</td><td>30</td><td>34</td><td>34</td><td>68</td><td>68</td><td>68</td><td>68</td><td>68</td><td>68</td><td>68(4)</td></tr>
<tr><td colspan="2">연간 총
수업시간 수</td><td>830</td><td>850</td><td>952</td><td>952</td><td>1,054</td><td>1,054</td><td>1,122</td><td>1,122</td><td>1,122</td><td>1,190(70)</td></tr>
</table>

① 이 표의 국민 공통 기본 교육기간에 제시된 시간 수는 34주를 기준으로 한 연간 최소 수업시간 수이다. 단, 3~6학년의 연간 총 수업시간 수는 주 5일 수업에 따라 감축된 시간 수이므로 학교에서는 교과 수업시간 수 중 연간 34시간의 범위 내에서 감축하여 운영한다.

② 1학년의 교과, 재량활동, 특별활동에 배당된 시간 수는 30주를 기준으로 한 것이며, '우리들은 1학년'에 배당된 시간 수는 3월 한 달 동안의 수업시간 수를 제시한 것이다.

③ 1시간의 수업은 초등학교 40분, 중학교 45분, 고등학교 50분을 원칙으로 한다. 다만, 기후, 계절, 학생의 발달 정도, 학습내용의 성격 등을 고려하여 실정에 알맞도록 조절할 수 있다.

④ 10학년의 ( ) 안에 제시된 숫자는 단위 수이다.

(1) 교과는 국어, 도덕, 사회, 수학, 과학, 실과(기술·가정), 체육, 음악, 미술, 외국어(영어)로 한다. 단, 초등학교 1, 2학년의 교과는 국어, 수학, 바른 생활, 슬기로운 생활, 즐거운 생활 및 우리들은 1학년으로 한다.

(2) 재량활동은 교과 재량활동과 창의적 재량활동으로 한다.

(3) 특별활동은 자치활동, 적응활동, 계발활동, 봉사활동, 행사활동으로 한다.

고등학교 선택중심 교육과정은 교과와 특별활동으로 편성한다.

〈표 7-2〉 고등학교 선택중심 교육과정의 편제

구 분		선택과목
교과	국 어	화법(6), 독서(6), 작문(6), 문법(6), 문학(6), 매체언어(6)
교과	도 덕	현대생활과 윤리(6), 윤리와 사상(6), 전통윤리(6)
교과	사 회	한국지리(6), 세계지리(6), 경제지리(6), 한국 문화사(6), 세계 역사의 이해(6), 동아시아사(6), 법과 사회(6), 정치(6), 경제(6), 사회·문화(6)
교과	수 학	수학의 활용(6), 수학 I(6), 미적분과 통계 기본(6), 수학 II(6), 적분과 통계(6), 기하와 벡터(6)
교과	과 학	물리 I(6), 화학 I(6), 생명과학 I(6), 지구과학 I(6), 물리 II(6), 화학 II(6), 생명과학 II(6), 지구과학 II(6)
교과	기술·가정	농업 생명 과학(6), 공학 기술(6), 가정 과학(6), 창업과 경영(6), 해양 과학(6), 정보(6)
교과	체 육	운동과 건강 생활(4), 스포츠 문화(4), 스포츠 과학(6)
교과	음 악	음악 실기(4), 음악과 사회(4), 음악의 이해(6)
교과	미 술	미술과 삶(4), 미술 감상(4), 미술 창작(6)
교과	외국어	영어 I(6), 영어 II(6), 실용 영어 회화(6), 심화 영어 회화(6), 영어 독해와 작문(6), 심화 영어 독해와 작문(6)
교과	외국어	독일어 I(6), 독일어 II(6), 프랑스어 I(6), 프랑스어 II(6), 스페인어 I(6), 스페인어 II(6), 중국어 I(6), 중국어 II(6), 일본어 I(6), 일본어 II(6), 러시아어 I(6), 러시아어 II(6), 아랍어 I(6), 아랍어 II(6)
교과	한 문	한문 I(6), 한문 II(6)
교과	교 양	생활과 철학(4), 생활과 논리(4), 생활과 심리(4), 생활과 교육(4), 생활과 종교(4), 생활 경제(4), 안전과 건강(4), 진로와 직업(4), 환경(4)
교과	이수단위	132
특별활동		8
총 이수단위		140

① ( ) 안의 숫자는 단위 수이며, 1단위는 매주 50분 수업을 기준으로 하여 1학기(17주) 동안 이수하는 수업량이다.
② 학교는 필요한 경우 시·도 교육감의 승인하에 전문 교과과목을 개설하거나 새로운 과목을 신설할 수 있다.

4) 주요 개정내용

2007 개정 교육과정은 수시 개정체제의 틀 속에서 교육과정 개정작업이 추진되었다. 2004년부터 개정방향 설정을 위한 기초 연구를 실시하여 2005년부터 2007년까지 교육과정 개정시안을 마련하는 연구가 추진되었다. 2007 개정 교육과정의 주요 개정내용은 다음과 같다.

(1) 단위학교의 교육과정 편성·운영의 자율권 확대

재량·특별활동 운영의 학교 자율권 부여 : 국가가 제시하던 재량활동의 영역 구분, 즉 교과 재량활동과 창의적 재량활동의 구분을 폐지하고, 단위학교에서 영역별 시간을 배당한다. 특별활동은 5개 영역 중 학년별 3개 영역을 중심으로 운영한다.

※ 현행 자치 적응행사, 계발 봉사활동 중 행사 봉사활동은 별도시수를 확보하여 운영하며, 재량수업일의 활용운영이 가능하다.

⇒ 교과집중 이수제 도입 : 주당 이수시간이 1시간인 교과목 도덕, 음악, 미술 등의 경우 학기 또는 학년 단위로 집중 이수가 가능하다. 단, 중학교의 경우 3년간 이수할 수업시수를 총량으로 하여 학년 단위로 집중이수가 가능하도록 편성운영 지침을 제시하였다.

[운영의 예시]

- 중 2 음악, 미술 : 1학기 음악, 2학기 미술 각각 주당 2시간씩 학기 집중 운영
- 중학교 미술 : 1학년 주당 2시간, 3학년 주당 2시간씩 학년 집중 운영
  - 주당 1시간 수업 운영의 비효율성 개선, 집중이수를 통한 학습 부담 경감 및 효율적인 수업 및 평가를 실시할 수 있다.

※ 고등학교 선택 교육과정 편성의 자율성 확대 : 고 2, 3학년 총 이수단위(136단위)의 10% 범위 내에서 증가 운영이 허용되며, 국가수준 교육과정 편제표 이외의 선택과목 일부 개설도 허용한다.

[운영의 예시]

통합 논술, 영어 논술 등 과목 개설 : 선택 교육과정 운영의 실질화 및 내실화를 유도하여 고 3학년에서 진로와 관련된 학습활동이 가능하도록 교육과정 편성의 자율성을 부여한다.

- 특성화 학교, 자율학교 등에 교과목별 수업시간의 증감 등 교육과정 편성·운영의 자율권을 부여한다.

- 학교의 설립목적 및 특성에 따른 교육이 가능하도록 자율권 부여(교육과정에 근거 마련)
- 국민공통 기본 교과에 배당된 총 이수시간 범위 내에서 교과별 수업시수를 증감하여 학교재량으로 편성·운영할 수 있도록 한다(단, 주당 2시간 미만으로 감축 불가).
- 국민공통 기본교과 외의 선택과목은 단위학교별 특성에 따라 자율적으로 편성·운영이 가능하다.
- 정부부처, 관계기관 등 각계각층의 요구를 교육과정에 반영한다.

(2) 국가·사회적 요구 대응

- 각론(교과 교육과정) 및 교과서에 반영한다.
- 총론의 교육과정 편성 운영지침과 재량활동의 범 교과 학습내용으로 반영한다.
  - 과학교육 강화 : 고등학교 1학년 과학과 수업시수를 주당 3시간에서 4시간으로 확대
  - 역사교육 강화 : 사회교과 내에서 중등 역사과목(국사+세계사)의 독립, 고등학교 1학년 역사과목 수업시수 주당 2시간에서 3시간으로 확대
- 일본의 역사교과서 왜곡, 중국의 동북공정 등 외국의 우리 역사왜곡 사태를 계기로 역사교육에 대한 관심의 증대, 역사교육 강화 요구
  - 진로교육의 강화 : 국민공통 기본 교육과정에서 생애단계별 체계적인 진로교육 실시
- 초등 실과 5, 6학년, 기술가정 8, 9, 10학년에 진로교육 단원 배정
  - 각 교과에 진로교육 요소 반영 : 각 교과 및 단원과 관련된 직업 에피소드, 일상생활과 연계된 일화, 성공직업인 사례, 진로활동 자료 등을 제시
  - 고등학교 '진로와 직업' 교육과정 개정

- 체험과 실천중심의 교수학습 자료개발, 실업계고 및 특수학교의 요구와 특성 반영
- 논술교육의 강화 : 국어, 사회, 과학, 도덕, 교과에 논술관련 내용 반영
  - 2008 대입전형에서 논술고사를 확대·반영하고, 향후 증가추세에 대비한 논술교육 필요성 증대
  - 논술교육은 학교 교육과정 및 방과 후 논술 프로그램을 통해 꾸준히 실시되어왔으나, 통합형 논술고사 실시 등으로 학교 교육과정에 구체적인 논술 관련 단원이 미비하다.
  - 국어교과를 중심으로 논술관련 내용 강화
- 초·중학교의 경우 국어교과에 논술관련 내용 강화
- 고교 국어과 선택과목인 작문에 논술관련 내용을 단원수준으로 반영
  - 논술지도가 가능한 교과에 논술관련 내용을 반영
- 사회, 과학, 도덕 등 논술지도가 가능한 교과에 논술 관련 학습목표 및 평가 내용을 추가 설정하여 논술지도 방안을 강구

(3) 고등학교 선택중심의 교육과정 개선

- 선택과목의 다양한 단위 수를 6단위로 일원화 : 일반 선택과목과 심화 선택과목 구분 폐지
- 5개 선택 과목군을 7개 선택 과목군으로 확대

현행 고교 선택중심 교육과정은 선택과목 간의 균형적인 이수와 진로와 관련한 선택과목의 집중이수를 강조한다.

- 선택과목의 균형적 이수를 위하여 일반 선택과목은 과목군을 설정하여 각 과목군별로 1~2과목 이상(총 6과목 이상) 이수하도록 하고 있으나, 과목군 및 과목에 따라 선택의 편중현상이 있으며, 일반 선택과목은 수능에 반영되지 않아 형식적으로 운영되고 있음
- 국어와 체육교과를 초·중등교육 전 과정에서 필수과목으로 이수
  선택 과목군을 세분화함으로써 폭넓은 교양교육 실시

- 현행 과목군 유지 시 대학입시에 유리한 과목중심의 편중선택 우려
- 과목군 조정 : 현행 5개 → 7개 과목 군

- 과목군 세분화 기준 : 이수비율이 100%(전체 학생이 2년간 1과목 이수) 미만인 교과, 인성교육 강화를 위해 중요함에도 수능 선택과목에서 배제되어 국가가 지정하지 않으면 이수 가능성이 낮은 교과
  - 즉, 7차 교육과정에서 과학기술 과목군(수학, 과학, 기술, 가정) → 수학과학 과목군과 기술, 가정 과목군으로 분리
  - 예체능 과목군(체육, 음악, 미술) → 체육 과목군과 예술 과목군(음악, 미술)으로 분리

(4) 교과 교육과정의 내용 적정화

- 학습내용의 양과 난이도를 적정화
- 학년 간, 학교급 간, 교과목 간, 교육내용의 연계 및 중복 해소 : 교과 내, 교과목 간 내용 중복으로 인한 단순 반복학습 문제 발생
  - 국가 교육과정 구성의 불균형 및 실행의 비효율성, 비효과성 초래, 학생의 학습부담 가중
- 학습내용 양과 난이도의 적정화
  - 교육내용 양과 수준의 적정성 조정
  - 주 5일 수업제 실시에 따른 감축 운영 고려, 교과의 학습내용 조정
- 교사의 교육과정 재구성권과 관련된 지침 제시
  - 교과별 학습요소의 정선을 통한 학습분량 축소
- 학년 간, 학교급 간, 교과목 간의 교육내용 연계 및 중복 해소
  - 중복 예상 교과를 그룹화하고 협의 조정을 통해 해소

  | [도덕/사회], [과학/실과/체육], [실과/체육], [과학/실과/수학], [사회/수학], [도덕/실과], [사회/실과] 등

5) 주 5일 수업제 시행에 따른 교육과정 편제 및 시간 배당 조정

- 초등학교 : 학교 자율로 교과에서 감축
- 중학교 및 고등학교 1학년 : 재량활동의 교과 심화·보충학습에서 감축
- 고등학교 2, 3학년 : 교과 중 이수단위에서 4단위(연간 2단위) 감축

3. 2009 개정 교육과정

1) 개정의 기본 방향

2009 개정 교육과정에서는 홍익인간의 이념 아래 모든 국민으로 하여금 인격을 도야하고, 자주적 생활능력과 민주시민으로서 필요한 자질을 갖추게 하여 인간다운 삶을 영위하게 하고, 민주국가의 발전과 인류공영의 이상을 실현하는 데 이바지하게 함을 목적으로 한다. 이러한 교육이념을 바탕으로, 이 교육과정이 추구하는 인간상은 다음과 같다.

첫째, 전인적 성장의 기반 위에 개성의 발달과 진로를 개척하는 사람
둘째, 기초 능력의 바탕 위에 새로운 발상과 도전으로 창의성을 발휘하는 사람
셋째, 문화적 소양과 다원적 가치에 대한 이해를 바탕으로 품격 있는 삶을 영위하는 사람
넷째, 세계와 소통하는 시민으로서 배려와 나눔의 정신으로 공동체 발전에 참여하는 사람

이러한 인간상을 구현하기 위한 2009 개정 교육과정 구성의 방침은 다음과 같다.

첫째, 배려와 나눔을 실천하는 창의적인 인재를 기를 수 있도록 교육과정을 구성한다.

둘째, 이 교육과정은 초등학교 1학년부터 중학교 3학년까지의 공통 교육과정과 고등학교 1학년부터 3학년까지의 선택 교육과정으로 편성한다.

셋째, 교육과정 편성·운영의 경직성을 탈피하고, 학년 간 상호연계와 협력을 통한 학교 교육과정 편성·운영의 유연성을 부여하기 위하여 학년군을 설정한다.

넷째, 공통 교육과정의 교과는 교육목적상의 근접성, 학문탐구 대상 또는 방법상의 인접성, 생활양식에서의 연관성 등을 고려하여 교과군으로 재분류한다.

다섯째, 선택 교육과정에서는 학생들의 기초영역 학습 강화와 진로 및 적성 등을 감안한 적정 학습이 가능하도록 4개의 교과영역으로 구분하고, 필수 이수단위를 제시한다.

여섯째, 학기당 이수 교과목 수 축소를 통한 학습부담의 적정화와 의미있는 학습활동이 전개될 수 있도록 집중이수를 확대한다.

일곱째, 기존의 재량활동과 특별활동을 통합하여 배려와 나눔의 실천을 위한 '창의적 체험활동'을 신설한다.

여덟째, 학교 교육과정 평가, 교과평가의 개선, 국가수준의 학업성취도 평가 실시 등을 통해 교육과정의 질적 관리체제를 강화한다.

2) 주요 개정내용

(1) 공통내용

2009 개정 교육과정의 개정내용은 국민공통 기본 교육과정이 공통 교육과정으로, 선택중심 교육과정이 선택 교육과정으로, 외국어(영어)는 영어로, 재량활동, 특별활동은 창의적 체험활동으로 변경되었다.

신설된 내용은 학년군, 교과군 개념, 교육과정 자율권 확대교과(군)별 기준 시수의 20% 증감 운영, 교과교실제 운영의 활성화 유도, 학습부진아와 다문화 가정 자녀 등에 대한 특별한 배려와 지원, 학교 교육과정 편성 운영지원을 위한 국가 및 시·도교육청 지원사항 신설 등이다.

(2) 학교급별 내용

① 초등학교

- '우리들은 1학년'을 폐지하고 창의적 체험활동내용으로 반영
- 정보통신 활용교육, 보건교육, 한자교육 등을 창의적 체험활동을 활용하여 지도
- 초등 '돌봄활동' 지원사항 신설(교육청 지원사항)

② 중학교

- 선택과목 : 한문, 정보, 환경, 생활외국어, 보건진료와 직업 등
- 학기당 이수과목 수를 8개 이하로 편성

③ 고등학교

- 고교 모든 교과 선택
- 총 이수단위 : 204단위
- 학기당 이수과목 수를 8개 이하로 편성
- 대학과목 선이수제의 과목을 개설할 수 있고 국제적으로 공인받은 교육과정 과목을 선택과목으로 인정
- 과학, 영어, 예술 등 영역별 중점학교를 운영할 수 있으며 학교자율과정의 50% 이상을 관련 교과목으로 편성
- 외국어 계열 고등학교 전문교과 이수단위의 50%를 전공 외국어로 하고 전공외국어 포함 2개의 외국어 교육

④ 공통

녹색교육, 한자교육, 한국문화사교육 추가

아래의 〈표 7-3〉은 2007 개정 교육과정과 2009 개정 교육과정의 내용을 알아보기 쉽게 비교한 것이다.

〈표 7-3〉 2007 개정 교육과정과 2009 개정 교육과정의 내용 비교

구 분		2007 개정 교육과정	2009 개정 교육과정
공통	용 어	• 국민공통기본교육과정 • 선택중심 교육과정 • 외국어(영어) • 재량활동, 특별활동	• 공통 교육과정 • 선택 교육과정 • 영어 • 창의적 체험활동
	신설사항		• 학년군, 교과군 개념 • 교육과정 자율권 확대[교과(군)별 기준시수의 20% 증감 운영 등] • 교과교실제 운영 활성화 유도 • 학습부진아, 다문화가정 자녀 등에 대한 특별한 배려와 지원 • 학교 교육과정 편성·운영 지원을 위한 국가 및 시·도교육청 지원사항 신설
학교급별	초등학교	• 초등 통합교과 '우리들은 1학년'분리 독립 • 정보통신활용교육, 보건교육 등을 재량활동을 활용하여 지도	
	중학교	• 선택과목 : 한문, 정보, 환경, 생활 외국어 보건 등	
	고등학교	• 고1 교과 필수 • 총 이수단위 : 210단위 • 외국어 계열 고등학교 : 전문교과 이수단위의 50%를 전공 외국어로 하고, 전공 외국어 포함 3개의 외국어 교육	• 고교 모든 교과 선택 • 총 이수단위 : 210단위 • 학기당 이수과목 수를 8개 이하로 편성 • 대학과목 선이수제의 과목을 개설할 수 있고, 국제적으로 공인받은 교육과정 과목을 선택과목으로 인정 • 과학, 영어, 예술 등 영역별 중점학교를 운영할 수 있으며, 학교자율과정의 50% 이상을 관련 교과목으로 편성 • 외국어 계열 고등학교 : 전문교과 이수단위의 80%를 전공 외국어로 하고, 전공 외국어 포함 2개의 외국어 교육
	공 통	• 민주시민교육, 경제교육 등 35개 요소	• 녹색교육, 한자교육, 한국문화사교육 추가

4. 2015 개정 교육과정

1) 개정의 기본방향

2015 개정 교육과정은 2009 개정 교육과정이 추구하는 인간상을 기초로 창조경제 사회가 요구하는 핵심역량을 갖춘 '창의융합형 인재상'을 제시하였다. 이를 구체적으로 구현하기 위해 추구하는 인간상과 창의융합형 인재가 갖추어야 할 핵심역량으로 자기관리 역량, 지식정보처리 역량, 창의적 사고 역량, 심미적 감성 역량, 의사소통 역량, 공동체 역량을 제시하였다.

* 자주적인 사람, 창의적인 사람, 교양 있는 사람, 더불어 사는 사람

2) 주요 개정내용

(1) 인문·사회·과학기술에 관한 기초 소양 교육을 강화한다

① 이를 위해 초·중등 교과 교육과정을 개편하여 인문학적 소양을 비롯한 기초 소양 함양 교육을 전반적으로 강화한다.

② 특히 고등학교에 기초 소양 함양을 위해 문·이과 구분 없이 모든 학생이 배우는 공통 과목을 도입하고, 통합적 사고력을 키우는 '통합사회' 및 '통합과학' 과목을 신설하였다.

* 국어, 수학, 영어, 한국사, 통합사회, 통합과학, 과학탐구실

(2) 학생들의 "꿈과 끼"를 키울 수 있는 교육과정을 마련한다

① 단위학교의 교육과정 편성·운영의 자율성을 확대하여 학생의 진로와 적성을 고려한 다양한 선택 과목 개설이 가능하도록 하고,

② 자유학기제 전면 실시('16년)에 대비하여, 중학교 한 학기를 '자유학기'로 운영할 수 있는 근거를 마련하였다.

(3) 미래 사회가 요구하는 핵심역량의 함양이 가능한 교육과정을 마련한다

교과별로 꼭 배워야 할 핵심개념과 원리 중심으로 학습 내용을 정선하여 감축하고, 교수·학습 및 평가방법을 개선하여 학생들의 학습 부담을 줄이고 진정한 배움의 즐거움을 느낄 수 있도록 한다.

3) 학교 급별 주요 개정 사항

① **초등학교**

- 1~2학년(군)에 한글교육을 강조
- 누리과정과 연계를 강화
- 1~2학년의 수업 시수를 주당 1시간으로 늘려 창의적 체험활동 시간으로 확보하고 증가된 시간은 '안전한 생활'로 편성·운영
- 안전한 생활은 생활안전, 교통안전, 신변안전, 재난안전 4개 영역으로 설정하여 지식보다는 체험 중심 학습으로 자연스럽게 안전한 생활습관과 의식을 습득하게 함
- 5~6학년 실과교과의 정보 관련 단원을 ICT 활용 중심에서 소프트웨어(SW)기초 소양 내용 중심으로 개편

② **중학교**

- 한 학기를 '자유학기'로 운영할 수 있는 근거를 마련함으로써, 학생들이 중간·기말고사에 대한 부담에서 벗어나 체험 중심의 교과 활동과 함께 장래 진로에 대해 마음껏 탐색할 수 있도록 함
- 학생들이 소프트웨어에 대한 기초 소양을 충실히 갖추어 나갈 수 있도록, 소프트웨어 교육 중심의 정보 교과를 필수과목으로 지정하여 재미있고 흥미로운 교육과정을 개발

③ **고등학교**

- 학생들이 '공통과목'을 통해 기초소양을 함양한 후 학생 각자의 적성

과 진로에 따라 맞춤형으로 교육받을 수 있도록 '선택과목'(일반 선택/진로 선택)을 개설

- 학생의 진로에 따른 선택권을 확대하기 위해 진로 선택과목을 3개 이상 이수하도록 하는 지침을 마련
- 기초교과 영역(국어, 수학, 영어, 한국사) 이수 단위를 교과 총 이수단위의 50%를 넘을 수 없도록 하여 균형학습을 유도
- 특성화고 교육과정은 전문교과를 공통과목, 기초과목, 실무과목으로 개편하여 국가직무능력표준(NCS)과 연계를 강화

4) 향후 계획

① 2015 개정 교육과정은 전국 초·중·고등학교에 2018년부터 연차적으로 적용되며, 내년부터 전면 도입되는 중학교 자유학기제 관련 지침은 2016년부터 모든 중학교에 일괄 적용하도록 별도 조항을 제시하였고, 급변하는 산업 수요에 맞게 개발한 'NCS 교육과정'은 여건이 조성된 학교에서는 2016년부터 실무과목을 우선 적용할 수 있도록 하였다.

② 초등학교 한자 교육은 관련 교과(군)와 창의적 체험활동 시간을 활용하여 체계적인 지도가 이루어질 수 있도록 하되, 적정 한자수 및 표기 방법 등 구체적인 방안은 정책연구를 통해 2016년 말까지 대안을 마련할 예정이다.

③ 교육과정 발표와 동시에 새 교육과정 취지에 맞는 수능 개편안 마련을 위한 연구를 시작하여, 개정 교육과정이 처음 적용되는 2021학년도 수능을 응시하는 학생들이 고등학교에 입학하기 이전인 2017년에 수능 개편안을 확정·발표하고, 고등학교 보통교과 성취평가제 반영 방안을 2017년에 종합적으로 발표할 계획이다.

〈표 7-4〉 2009 개정 교육과정과 2015 개정 교육과정의 내용 비교

내용			주요 내용	
			2009 개정	2015 개정
교육과정 개정 방향			• 학생의 지나친 학습 부담을 감축하고, 학습 흥미를 유발 • 전인적 성장을 위한 창의적 체험활동을 강화 • 국민공통기본교육과정 조정 및 고등학교 교육과정 혁신 • 학교 자율 교육과정 편성·운영권 확대 • 교육과정 개편을 통한 대학수학능력시험 제도의 근본적 개혁 유도 • 초중고별 학교 특성에 맞는 교육과정 운영	• 지식정보 사회가 요구하는 창의·융합 인재 양성을 위한 교육 기반 마련 • 모든 학생이 인문·사회 과학기술에 대한 기초 소양을 함양할 수 있는 문·이과 통합형 교육과정 개발 • 학습량 감축 및 재미있는 교과서 개발을 통한 역량함양 교육 구현 • 교육과정과 수능 및 대입 제도의 연계, 교원 연수 등 교육 전반을 개선하기 위한 교육과정 개정
총론	공통사항	① 인문학적 소양 함양	• 심화선택 '연극'	• 교과별 인문 소양 함양 교육 강화 • '연극' 교육 활성화 • 한자 교육 강화
		② 소프트웨어 교육 강화	• (초) 교과(실과)에 ICT 활용 교육 단원 포함 • (중) 선택교과 '정보' • (고) 심화선택 '정보'	• (초) 교과(실과) 내용을 SW 기초 소양교육 • (중) 과학/기술·가정/정보 교과 신설 • (고) 심화선택 '정보' 과목을 일반 선택 과목으로 전환하고 SW 중심으로 내용 개편
		③ 안전교육 강화	• 교과 및 창체에 안전 내용 포함	• 초중등학교 교육과정에 안전교과 또는 단원 신설 • (초 1~2) 「안전 생활」 교과 신설 (68시간) • (초 3~고 3) 관련 교과에 단원 신설
		④ 창의적 체험활동 개선	• 자율, 진로, 봉사, 동아리활동의 하위 영역	• 하위 영역의 현장 적합성 등 종합적 검토 • (중)학교스포츠클럽활동 운영 방안 개선 검토
		⑤ 범교과학습 주제 개선	• 39개의 범교과 학습 주제를 제시하고 교과와 창의적 체험활동에서 통합적으로 교육	• '범교과 학습 주제' 개선 방안 • 교과 수업을 통해 학습 가능한 주제는 해당 교과에 반영, 그 외 주제를 범주화하여 15개 내외로 감축
		⑥ NCS 직업교육과정 연계	신설	• 인간상 등에 반영

<table>
<tr><td rowspan="7">총론</td><td rowspan="4">고등학교</td><td>공통과목 신설 및 이수단위</td><td>신설</td><td>• 공통 및 선택과목으로 구성
• 선택과목은 일반선택과 진로선택으로 구분
고교 교과(군)별 필수이수 단위
- 국어, 수학, 영어, 사회 10단위, 한국사 6단위
- 과학은 12단위</td></tr>
<tr><td>국·수·영 비중 적정화</td><td>• 교과 총 이수 단위의 50%를 초과할 수 없음</td><td>• 기초 교과(국·수·영·한국사) 이수 단위 제한 규정(50%) 유지</td></tr>
<tr><td>특목고 과목</td><td>• 보통교과 심화 과목으로 편성</td><td>• 보통교과에서 분리하여 전문교과로 제시</td></tr>
<tr><td>특성화고 교육과정</td><td>• 특성화고 전문교과로 제시</td><td>• 총론(보통교과)과 NCS 교과의 연계</td></tr>
<tr><td>중학교</td><td>자유학기제 편제 방안</td><td>신설</td><td>• 중학교 ‘교육과정 편성·운영의 중점’에 자유학기제 교육과정 운영 지침 제시</td></tr>
<tr><td rowspan="2">초등학교</td><td>초 1, 2 수업시수 증배</td><td>신설</td><td>• 주당 1시간 증배, ‘안전 생활’ 교과 신설
• 강사 투입 등 조치 필요</td></tr>
<tr><td>누리과정 연계강화</td><td>신설</td><td>• 초등학교 교육과정과 누리과정의 연계 강화</td></tr>
<tr><td colspan="3" rowspan="2">교과교육과정 개정 방향</td><td>개선</td><td>• 총론과 교과교육과정의 유기적 연계 강화</td></tr>
<tr><td>개선</td><td>• 교과교육과정 개정의 기본 방향 제시
• 핵심원리 중심의 학습량 적정화
• 핵심역량을 반영</td></tr>
<tr><td colspan="2" rowspan="2">지원체제</td><td>교과서</td><td>개선</td><td>• 흥미롭고 재미있는 질 높은 교과서 개발</td></tr>
<tr><td>수능 및 대입 제도 교원</td><td>개선</td><td>• 교육과정에 부합하는 수능 및 대입 제도 도입 검토
- 수능 3년 예고제에 따라 2017년까지 2021학년도 수능 제도 확정
• 교원 양성 기관 질 제고, 교원 연수 확대</td></tr>
</table>

CHAPTER 08

유치원 교육과정의 변천

1. 1969년 이전의 유치원 교육과정
2. 유치원 교육과정의 제정과 개정

08
CHAPTER

유치원 교육과정의 변천

우리나라 유치원의 교육과정은 전인적 성장을 위한 기초교육으로서 유아의 일상생활에 필요한 기본능력과 태도를 기르는 데 중점을 두고 있다. 1969년 처음으로 유치원 교육과정이 제정되었으며 1979, 1981, 1987, 1992, 1998, 2009년의 7차에 거쳐 개정·고시되어 현재에 이르고 있다. 1969년 이전부터 제7차 유치원 교육과정에 이르기까지의 이념 및 기본 방향과 편제 및 운영에 관한 내용을 살펴보기로 한다.

1. 1969년 이전의 유치원 교육과정

1876년 강화조약이 체결된 후 일본인은 지리적인 이유로 일본인 거류민이 많았던 부산지역에 그들의 자녀를 위한 교육기관이 필요하였다. 부산에서 일본인 교육을 처음 시작한 것은 1877년 일본인 자치기관인 일본거류지 회의소의 방 한 칸에 학교를 개설한 것이었다. 한편 1897년에 우리나라에 개설된 최초의 유치원인 부산유치원은 일본인 유아를 교육하기 위한 최초의 일본어 유치원이며, 우리나라에 설립된 취학 전 아동을 위한 최초의 유치원이다.

이후 1908년 나남유치원, 1913년 경성유치원, 1914년 이화학당부설 이화유치원, 1916년 중앙유치원이 설립되었다. 당시의 유치원교육은 일본인과 미국 선교사의 영향을 받아 프뢰벨의 교육사상과 기독교적 사상을 띠고 있었다.

1919년 3·1운동 이후 일본은 과거의 무단정책에서 문화정책으로 전환하였다. 1920년에 주요 도시와 지방에 유치원이 갑자기 확산되었으며, 특히 기독교교회가 설립한 유치원이 많았는데, 당시에는 유치원 설립에 대한 관계규정이 없었으므로 쉽게 개설할 수 있었다.

유치원에 관한 우리나라 최초의 법령은 1922년 총독부령 제11호로 공포된 '유치원 규정'으로 13조와 부칙으로 되어 있었다. 이 규정은 일본인에 의해 만들어진 것이지만 우리나라 유치원의 최초 법령으로, 광복 후 교육법이 제정되기 전까지의 유치원 교육의 근거가 되었다.

프뢰벨의 교육이론에 기초한 규정에 따르면 당시의 유치원 교육내용은 유희, 창가, 담화 및 수기로 명시되었다. 그 후에 생활중심, 경험중심 교육을 강조하는 진보주의 교육이론과 함께 새로운 유치원 교육내용이 소개되기도 하였으나 일제강점기 말에 접어들면서 조선총독부의 탄압으로 많은 유치원과 보육원이 문을 닫아 유치원 교육은 더 이상 발전하지 못하였다.

1945년 광복 후 대한민국 정부가 수립되고 1949년 법률 제86호로 제정된 '교육법' 제146, 147, 148조에 정규 교육기관으로서 유치원의 교육목적, 교육목표 및 교육대상이 규정되었다. 이들 조항의 내용은 1952년 '교육법 시행령'이 제정·공포되면서 보다 구체화되어 유치원에 대한 설립인가와 폐지원칙 등이 명문화되었다.

그러나 이 시기의 유치원교육은 정부수준의 행정적·재정적 지원이나 지도·감독이 이루어지지 않았으며, 교육활동을 장악하는 체제도 갖추지 못하였기 때문에 체계적으로 운영되지는 않았다. 1969년 최초의 '유치원 교육과정'이 제정되기 전까지 우리나라의 유치원 교육과정은 정부의 방관하에 운영되어왔다.

2. 유치원 교육과정의 제정과 개정

1) 제1차 유치원 교육과정(1969~1979)

제1차 유치원 교육과정은 1969년 2월 19일 문교부령 제207호로 공포되었다. 광복 후 대한민국 정부가 수립되어 1949년 교육법이 제정된 후 20년이 지난 1969년에 유치원 교육과정이 문교부령으로 제정·공포되었다.

제1차 유치원 교육과정은 유아의 바람직한 인간형성을 위하여 유아의 욕구와 흥미에 알맞은 환경을 제공해 주고자 하는 취지에서 유치원 교육의 목적을 "건강한 신체와 건전한 정신으로 생활할 수 있는 한국인을 양성하는 것"에 두었다. 이 목적을 구현하기 위하여 교과중심이 아닌 전인적인 교육을 실현하도록 교육과정을 조직하였다.

유치원 교육과정은 '유아가 유치원교육을 통하여 경험하는 모든 학습활동의 총화'를 의미하는 것으로 건강, 사회, 자연, 언어, 예능의 5가지 생활영역으로 조직하였다. 이에 따라 유치원 교육의 구체적인 목표는 "튼튼한 몸과 마음, 기초적인 생활습관, 올바른 사회적 태도와 도덕성, 과학적이고 민주적인 사고력, 심미적 태도, 창조적인 표현능력을 기르고 자연과 사회의 여러 현상에 관심을 가지는 것"이었다.

교육일수는 연간 200일 이상, 하루의 교육시간은 3시간(180분)을 기준으로 하여 유치원별로 기후, 계절, 유아의 발달정도, 학습경험, 학습내용의 성질 등의 실한 관련 아래 창의적으로 재구성하도록 융통성과 신축성을 부여하였다.

교육방법으로는 유아의 흥미중심, 놀이중심 교육과 개인차에 따른 교육이 이루어지도록 강조하였다. 유아의 학습 특성을 고려하여 5개 생활영역과 하루 일과의 통합적 운영, 다양하고 균형있는 활동, 가정과의 긴밀한 협력 등을 강조하였다.

그러나 제1차 유치원 교육과정은 세부적인 운영지침 및 교수-학습자료가 충분히 마련되지 못하여 교육과정이 제정된 취지가 구현되기 어려웠으며, 일선 교육현장에서는 이 교육과정령이 형식적으로 받아들여지는 등의 한계가 있었다.

2) 제2차 유치원 교육과정기(1979~1981)

제2차 유치원 교육과정은 1979년 3월 1일 문교부 고시 제424호로 제정·공포되었다. 이 교육과정은 당시 각급학교 교육과정에서 강조하던 국민교육헌장 이념과 1972년의 유신이념 등을 기초로 하여 국민적 자질을 함양하고 인간교육을 강조하며 지식·기술교육을 쇄신하는 것을 기본 방향으로 하였으며 학교교육의 일반목표는 자아실현, 국가발전, 민주적 가치를 강조하는 데 두었다.

유치원 교육의 목표는 "다른 사람과 잘 어울리고 더불어 생활하는 것을 즐기며 표현하는 능력과 습관태도를 기르고 탐구능력, 언어구사력, 기초적인 운동능력, 건강 및 안전생활 습관을 기르는 것"이었다.

교육과정의 영역은 제1차 교육과정이 교과목 형식의 5개 생활영역이었던 것에 비하여 전인적인 발달을 강조하는 사회·정서 발달, 인지발달, 언어발달, 신체발달 및 건강영역으로 구분하였다.

연간 교육일수는 200일 이상이며, 하루 학습시간은 3~4시간으로 18~24시간 교육하고 유아와 지역사회, 학교실정에 적합한 계획과 운영, 통합적 학습, 유아의 흥미와 놀이중심, 개인차에 의한 학습, 가정과의 연계 등을 운영방침으로 제시하였다.

제2차 유치원 교육과정의 특징은 1970년대의 세계적인 추세에 맞추어 인지발달을 강조한 것이었다. 이 교육과정이 고시된 후부터 유아교육현장에서 교육과정을 실천하는 데 필요한 것을 지원하기 위하여 그 내용에 맞춘 유치원 교사용 지도서를 개발하여 보급하였다.

3) 제3차 유치원 교육과정기(1981~1987)

1981년 12월 31일에 고시된 제3차 유치원 교육과정은 제5공화국이 들어서면서 유신 말기의 정책의지가 강하게 반영되어 있던 기존의 교육과정을 새롭게 개정하려는 의도에서 제2차 교육과정이 개정된 지 2년만에 개정되었다.

이 교육과정은 처음으로 초·중등 교육과정의 개정과 함께 상호연계성 속에서 시행되었다. 이전과는 다르게 문교부가 전문연구기관인 한국교육개발원에 교육과정의 연구·개발을 위탁하여 유아교육 전문가와 심리학자, 현장교사 등이 교육과정 개발과정에 참여하였으며 제2차 교육과정을 수정·보완하는 의도에서 여러 차례의 심의를 거쳐 개발되었다.

이 교육과정의 궁극적인 목적은 민주·복지·정의사회 건설에 적극적으로 이바지하는 자주적이고 창의적인 국민을 양성하는 것에 있으며, 유치원 교육의 목적은 유아에게 알맞은 교육환경을 마련하여 전인적인 성장을 도우는 것이었다.

제3차 교육과정은 신체발달, 정서발달, 언어발달, 인지발달, 사회성 발달의 5개 영역으로 구성되었다. 제2차 교육과정의 사회·정서영역을 둘로 나누어 정서영역을 더 강조하고 신체발달 및 건강영역에서 건강영역을 신체발달 영역에 포함시켜 각 발달영역별로 구체적인 내용을 제시하였다.

또 성장단계에 있는 유아의 발달수준에 맞추어 연간 교육일수를 기존의 200일에서 180일 이상으로 축소 조정하였고 하루 3~4시간을 교육하도록 하였다.

운영지침에서는 융통성있는 교육과정 운영계획, 교육자료의 확보·활용, 다양한 학습활동 등을 강조하였으며 발달영역의 통합적인 지도, 개인차와 흥미에 따른 놀이중심지도, 가정과의 연계를 지도방법으로 제시하였다. 또한 새로 개정된 교육과정에 대한 해설서인 『유치원 새 교육과정 개요』가 발간되었다.

4) 제4차 유치원 교육과정기(1987~1992)

1987년 6월 30일 고시된 제4차 유치원 교육과정은 문교부의 위촉을 받은 한국교육개발원이 개정하였다. 이 교육과정은 개정의 구체적인 방향을 교육목표의 재구성과 조정, 교육내용 설정 및 구성의 융통성 확대, 교육자료의 풍부화와 다양화, 평가활동의 정상화 등에 두었다.

교육목적은 "인격을 완성하고 자주적 생활능력과 민주시민으로서 자질을 갖추어 민주국가 발전에 봉사하며 인류공영의 이상실현에 기여하도록 하는 것"이었다. 이 목적을 위하여 '건강한 사람, 자주적인 사람, 도덕적인 사람'을 양성하는 데 역점을 두었다.

구체적인 유치원 교육과정의 목표는 "건강과 안전에 대한 올바른 생활습관과 신체의 조화로운 발달을 도모하고 다른 사람의 말을 이해하고 주변현상에 대한 느낌을 표현할 수 있으며 자부심 및 가족과 이웃을 사랑할 줄 아는 마음씨를 지니게 하는 것"이었다.

교육과정의 영역은 제3차 교육과정과 마찬가지로 신체발달, 정서발달, 언어발달, 인지발달, 사회성 발달의 5개 영역으로 구성되었다. 전인적인 발달을 강조하기 위하여 각 발달영역의 내용은 제시하지 않고 교육목표의 수준만을 제시하여 교사가 교육내용을 자율적으로 선정하도록 하였다. 이는 각 발달영역을 교과로 잘못 인식하는 것을 방지하고자 함이었다.

연간 180일 이상, 하루 교육시간은 3시간을 기준으로 하며, 교육과정의 계획, 지도, 평가 등의 운영지침 내용은 제3차 교육과정과 비슷하며 지도상의 유의점을 통하여 각 영역의 통합적 운영, 유아의 흥미·놀이 중심 교육의 중요성을 거듭 강조하고 있다.

5) 제5차 유치원 교육과정기(1992~1998)

1992년 9월 30일에 고시된 제5차 유치원 교육과정은 교육부가 처음으로 한국유아 교육학회에 연구·개발을 위촉하여 전문연구원의 연구와 각 시·도별 유치원 교육관계자 협의회를 통하여 개정되어 고시된 교육과정이다.

이 교육과정의 특징은 1991년에 교육법이 재정되어 유치원 입학연령이 기존의 만 4~5세에서 만 3~5세로 조정됨으로써, 1992년 3월부터 만 3세 유아의 유치원 입학이 합법화됨에 따라 교육과정의 내용이 Ⅰ수준과 Ⅱ수준으로 구분되어 제시된 것이다.

제5차 유치원 교육과정이 적용되기 시작한 1995년도부터 지방자치제에 의한 교육자치가 실시되었기 때문에 그러한 사회적 추세가 교육과정의 개정에도 반영되었다. 이에 따라 유치원 교육과정도 지역화를 강조하여 시·도교육청과 유치원은 국가수준 교육과정을 기초로 하여, 각각 교육과정 편성·운영지침과 유치원 교육과정을 마련하여 각 지역에 맞는 교육을 권장하였다.

그 밖에 취업모의 증가에 따라 유치원 종일반 운영을 강조하여 사회적 요구를 교육과정에 반영하고 유아의 발달 특징에 알맞은 읽기·쓰기 교육에 관한 지침을 구체적으로 제시하여 학부모의 요구를 교육과정에 반영하도록 노력하였다.

또 교육현장의 요구를 수용하기 위하여 교육과정의 모든 영역에서 다른 사람과 더불어 사는 지식, 기술, 태도를 익힐 수 있는 사회적 관계와 기본 생활 습관을 강조하였다. 이와 같이 제5차 유치원 교육과정은 이전의 교육과정보다는 한국사회가 유아교육기관에게 바라는 요구를 반영하고자 노력하였다.

제5차 유치원 교육과정은 교육법에 명시된 유치원 교육의 목적과 목표를 기본으로 하고 '건강한 사람, 자주적인 사람, 창의적인 사람, 도덕적인 사람'을 이상적인 인간상으로 추구하였다. 또 기본생활의 강조, 유아의 흥미·요구·개별성의 존중, 놀이중심교육, 유아의 전인적인 성장·발달 등을 교육과정의 구성내용으로 하였다.

교육과정의 영역은 제2, 3, 4차 교육과정이 발달영역별로 구성된 것과는 달리 건강생활, 사회생활, 표현생활, 언어생활, 탐구생활의 5개 생활영역으로 구성되었다. 이는 그동안 교사들이 교육과정을 현장에 적용하면서 발달영역의 목표를 직접 교육활동으로 연결시키는 데 겪었던 어려움을 제거하고자 하는 의도에서였다. 즉, 교육목표는 전인적 발달의 방향에서 구분하되 교육내용은 생활영역에서 선정하여 제공하였다.

연간일수는 기존의 180일 이상, 하루 교육시간도 180분으로 하되 조정·운영할 수 있도록 하였다. 또 유치원 교수-학습방법에 대한 지침으로 교육활동의 통합적 운영, 민주적이고 수용적인 활동 분위기의 조성, 균형있는 일과활동, 실물을 통한 직접경험, 부모와의 연계 등을 강조하였고 구체적인 평가의 내용과 방법, 유의점에 대하여 제시하였다.

6) 제6차 유치원 교육과정기(1998~2007)

1998년 6월 30일에 고시된 제6차 유치원 교육과정 개정의 기본 방향은 초·중등학교 교육과정과 같이 '21세기의 세계화·정보화시대를 주도할 자율적이고 창의적인 한국인 육성'으로 설정하고 기초·기본 교육의 충실, 자기주도적 능력의 신장, 유아중심 교육의 실천, 지역 및 유치원의 자율성 확대에 중점을 두었다. 제6차 유치원 교육과정에서 추구하는 인간상은 이전까지의 단순한 인간상 제시방식에서 벗어났다.

"전인적인 성장의 기반 위에 개성을 추구하는 사람, 기초 능력을 토대로 창의적인 능력을 발휘하는 사람, 우리 문화에 대한 이해의 토대 위에 새로운 가치를 창조하는 사람, 민주 시민의식을 기초로 공동체 발전에 공헌하는 사람"으로 다면적인 인간상을 설정한 것이 특징이다.

이를 유치원 교육현장에서 구현하기 위한 교육과정의 구성방침으로 사회적 변화를 주도하는 기본 능력 육성, 교육내용의 양과 수준의 적정화, 유아발달 특성을 고려한 교육내용과 방법의 다양화, 교육과정 편성·운영의 현장 자율성 확대, 교육과정 평가체제의 확립, 교육의 질관리 강화를 강조하였다.

유치원의 교육목표는 건강하게 자랄 수 있는 경험과 기본 생활습관 및 더불어 생활하는 태도를 가지며, 생각과 느낌을 창의적으로 표현하는 경험과 언어를 바르게 사용하는 경험, 그리고 일상생활의 문제에 대하여 스스로 궁리하는 태도를 갖는 것이다.

교육과정의 영역은 제5차 교육과정과 마찬가지로 건강생활, 사회생활, 표현생활, 언어생활, 탐구생활의 5개 생활영역으로 구성되었다.

연간 교육일수는 180일 이상, 하루 교육시간도 180분을 기준으로 하되 유아의 발달수준, 기후, 계절, 학부모의 요구 등을 고려하여 실정에 맞게 운영하도록 하였다.

유치원 교육과정을 효율적으로 운영하기 위한 교수-학습방법의 원칙으로 통합적 교육활동, 계획, 교육내용의 수준별 운영, 교육내용의 반복제시, 교육활동 형태의 다양화, 놀이중심의 교육활동 및 균형있는 교육활동 제시, 유아와 유아 그리고 유아와 교사 및 교구와의 상호작용, 종일반 일과의 운영, 직접적이고 구체적인 교재·교구, 긍정적인 태도의 상호작용, 확산적 질문을 통한 창의성 촉진, 특수유아의 교육 등을 강조하였다.

7) 제7차 유치원 교육과정(2007~2013) : 2007 개정유치원 교육과정

제7차 유치원 교육과정은 유아교육법 제13조 제2항에 의거하여 고시하였으며 2009년 3월 1일 신입생부터 시행되었다. 제7차 유치원 교육과정의 특징은 첫째, 국가수준의 공통성과 지역, 유치원, 개인수준의 다양성을 동시에 추구하며, 둘째, 유아의 전인적인 성장·발달과 행복을 추구하기 위한 교육과정이다. 셋째, 유아의 자율성과 창의성을 신장하기 위한 유아중심의 교육과정이며, 넷째, 유아의 일상생활과 놀이 속에서 통합적으로 실현해가는 교육과정이다. 다섯째, 교육청과 지역사회, 유치원, 교원, 유아, 학부모가 함께 실현해가는 교육과정이며, 여섯째, 유치원 교육의 질적 수준을 유지·관리하기 위한 교육과정이다.

제7차 유치원 교육과정은 홍익인간의 이념 아래 모든 국민으로 하여금 인격을 도야하고, 자주적 생활능력과 민주시민으로서 필요한 자질을 갖추게 하여 인간다운 삶을 영위하게 하고, 민주국가의 발전과 인류공영의 이상을 실현하는 데 이바지하게 함을 목적으로 하고 있다.

이러한 교육이념을 바탕으로, 유치원 교육과정이 추구하는 인간상은 전인적 성장의 기반 위에 개성을 추구하는 사람, 기초능력을 토대로 창의적인 능력을 발휘하는 사람, 폭넓은 교양을 바탕으로 진로를 개척하는 사람, 우리 문화에 대한 이해의 토대 위에 새로운 가치를 창조하는 사람, 민주시민의식을 기초로 공동체의 발전에 공헌하는 사람이다

이 유치원 교육과정은 건강생활, 사회생활, 표현생활, 언어생활, 탐구생활의 5개 영역으로 구성하며 연간 교육일수는 180일, 하루 교육시간은 180분을 최소 기준으로 하되, 교육일수 및 하루 교육시간은 시·도 교육청의 지침과 유치원 실정에 따라 유치원에서 자율적으로 결정한다.

8) 제8차 유치원 교육과정(2013~현재) : 3~5세 연령별 누리교육과정

제8차 유치원 교육과정은 2013년 3월부터 '3~5세 연령별 누리과정'이 시행되었다. 2013년 3월부터 보건복지부와 교육과학기술부(제정 당시)는 5세 누리과정 제정(2012)에 이어 3~4세 누리과정을 제정하여 만 3세부터 5세 유아를 대상으로 하는 「연령별 누리과정」을 고시한다고 밝혔다. 이로써 만 5세에게만 적용되던 어린이집과 유치원의 누리과정이 만 3~4세까지 연계된 공통과정으로 완성됨으로써 만 3~5세 유아 모두가 생애 초기의 공정한 출발선을 보장받게 되었다.

'3~5세 연령별 누리과정'은 만 3~5세의 발달 특성을 고려하여 신체운동·

건강 영역, 의사소통 영역, 사회관계 영역, 예술경험 영역, 자연탐구 영역 등의 5개 연령별로 구성하되, 발달 특성상 연령 구분 없이 공동으로 제시된 경우에는 교수-학습방법 및 난이도를 조정하여 활동하게 된다. 심신의 건강과 조화로운 발달을 도와 바른 인성을 갖춘 민주시민의 기초를 형성하는 것을 목적으로 하는 '3~5세 연령별 누리과정'은 0~2세 표준보육과정 및 초등학교 교육과정과의 연계를 강화하였다. 특히 바른 생활습관 형성을 위한 기본생활습관을 강조하고, 남을 배려하고 존중하며, 더불어 함께하는 다양한 내용으로 구성하여 '누리과정부터 인성교육을 강화' 하였다.

건강한 몸과 마음을 기르도록 다양한 신체 활동 참여를 강화하고, 유아 단계에 맞는 인터넷·미디어 중독 예방, 녹색성장 교육 및 다른 문화에 대한 이해 등의 내용도 추가되었다.

누리교육과정은 만 3~5세 유아의 심신의 건강과 조화로운 발달을 도와 민주시민의 기초를 형성하는 것을 목적으로 한다. 목표로는 첫째, 기본 운동능력과 건강하고 안전한 생활습관을 기른다. 둘째, 일상생활에 필요한 의사소통능력과 바른 언어 사용습관을 기른다. 셋째, 자신을 존중하고 다른 사람과 더불어 생활하는 능력과 태도를 기른다. 넷째, 아름다움에 관심을 가지고 예술경험을 즐기며, 창의적으로 표현하는 능력을 기른다. 다섯째, 호기심을 가지고 주변 세계를 탐구하며, 일상생활에서 수학적·과학적으로 생각하는 능력과 태도를 기른다.

누리교육과정은 1일 3~5시간을 기준으로 편성되며, 5개 영역의 내용을 통합적으로 놀이를 중심으로 편성한다. 반(학급)은 특성에 따라 융통성 있게 편성하며 일과 운영 시간에 따라 심화·확장할 수 있도록 편성한다.

CHAPTER 09

교육과정 개발의 모형

1. 교육과정 개발의 의미
2. 교육과정 개발의 유형
3. 교육과정 개발모형

09 CHAPTER

교육과정 개발의 모형

1. 교육과정 개발의 의미

교육과정 개발(curriculum development)은 교육활동에 대한 계획을 구체화해나감으로써 교육과정을 실체화하는 것을 말한다. 여기에는 교육목적과 교육내용의 체계, 이를 효과적으로 전달하기 위한 교육방법, 교육평가, 교육운영 등에 관한 종합적인 계획이 담긴 문서를 작성하는 일이 포함된다. 그러나 교육과정을 어떤 방식으로 생각하느냐에 따라서 특정한 교과의 목록이 담긴 문서, 학습경험의 계획에 관한 문서, 의도된 학습성과의 목록을 적은 문서를 만드는 활동 등도 교육과정 개발활동으로 간주된다.

또 교육과정 개발과 교육과정 설계를 구분하여 논의하기도 한다. 이때에 교육과정 설계는 흔히 교육과정의 주요 구성요소를 배열하는 활동과 관련된다. 교육과정에 포함된 구성요소는 교육목표, 교육내용 혹은 교육활동, 그리고 평가이다. 교육과정 설계는 이러한 교육과정 구성요소에 대한 각각의 성격 및 내용을 밝히고 이들 요소가 하나의 체계적인 교육과정으로 결합될 수 있도록 배열하는 방식을 말한다.

교육과정 설계의 초점은 교육과정이 개발하는 과정(process)이 아니라 교육과정 그 자체의 내용이나 실체(substance)에 있다. 즉, 교육과정 설계는 교육과정에 무엇을 포함시켜야 하고 이것을 어떻게 제시해야 하는가 하는 문제에 관한 것이다. 이러한 교육과정 설계는 교육과정 개발의 방향과 지침을 제시하는 틀을 제공한다.

교육과정 개발은 교육과정을 구성함에 있어서 그 과정 및 절차가 어떻게 진행되어야 하는가를 결정하는 과정과 관련된다. 즉, 누가 교육과정 구성에 참여할 것인가? 혹은 교육과정 구성에 어떤 절차가 사용될 것인가? 등 교육과정 설계와 달리 교육과정 개발은 과정에 초점을 맞추고 있다.

교육과정 개발은 여러 수준에서 이루어지는데 가장 광범위하게 적용되는 국가수준 교육과정 문서에서부터 특정한 학교에 적용되는 문서에 이르기까지 다양하다. 교육과정 개발은 개발수준이 결정되면 여러 단계를 거쳐 개발활동이 이루어진다. 먼저 참여기관과 인사가 선정되고 그들에 의한 교육 프로그램에 담기는 주요 항목이 결정된다.

교육목적의 설정, 교육내용의 선정과 조직, 학습경험의 선정과 조직, 교육평가의 내용과 방법 등에 관한 항목을 결정하게 되며 이러한 결정은 문서형태로 출판·보급된다. 교육과정 개발의 중요한 내용은 교육과정 편성과 운영이라는 실제적인 운용의 측면이 포함된다.

2. 교육과정 개발의 유형

교육과정에 대한 의사결정의 권한이 어디에 있느냐에 따라 교육과정 개발은 중앙집중적 방식과 지방분권적 방식으로 구별된다. 우리나라와 일본은 전통적으로 국가에서 초·중등학교를 통제하는 국가교육과정을 개발하여 제시하는 중앙집중적 방식을 채택하여왔다. 이에 비하여 미국이나 호주, 독일 등은 국가교육과정 대신에 지방분권적 방식을 시행하고 있다.

이 두 가지 교육과정 개발방식은 각각 장점과 단점을 지니고 있으므로 최근에는 이 두 가지 유형을 절충하는 형태를 취하고 있다. 우리나라의 경우에도 제6차 교육과정 개정에서 국가수준의 통제를 약화시키고 학교수준의 교육과정 개발을 적극적으로 권장하고 있다.

1) 중앙집중적 교육과정 개발

중앙집중적 교육과정 개발(Centrally-based Curriculum Development)은 국가수준에서 무엇을 어떻게 가르치고 평가해야 하는가를 결정하는 교육과정 의사결정 방식이다. 일반적으로 규모가 큰 교육과정 프로젝트는 중앙집중적 교육과정 개발방식을 채택한다. 중앙에서 임명한 교육과정의 전문기관이나 전문가들에 의해 충분한 조사를 거친 후 교육과정 개발이 이루어지며 여러 차례의 검토과정을 거쳐서 조정된 후에 중앙의 통제를 거쳐 학교에 적용된다.

중앙집중적 교육과정 개발이 지니고 있는 장·단점은 다음과 같다.

[장점]

첫째, 중앙집중적 교육과정 개발은 전국의 모든 학교에 공통적인 교육과정을 제공하므로 전국의 학교교육에 있어서 그 수준과 질을 조절할 수 있다.

둘째, 지역이나 학교 단위에서의 교육과정 개발을 위한 노력이나 재정, 시간 등을 줄일 수 있다.

셋째, 중앙에서 장기적인 노력에 의해 개발된 것이므로 어느 정도의 지속성이 보장되며 학생이 학교를 옮길 경우에도 교육내용의 차이로 인한 혼란이 적다.

넷째, 중앙에서 선별된 전문가들에 의해 개발되기 때문에 전문성이 높은 교육과정이 개발된다.

[단점]

첫째, 교육과정 개발과정에서 교사가 배제되므로 교사는 주어진 교육과정을 수동적 입장에서 실행하게 된다.

둘째, 중앙에서 의도한 교육과정을 개발하는 데에 주요 관심이 있기 때문에 학교수준에서의 개발을 시행하려는 전략이 부족하다.

셋째, 전국적으로 표준화된 하나의 교육과정을 제시하므로 학교교육의 획일화를 가져온다.

넷째, 중앙에서 개발하면 학교에서 시행된다는 합리주의적 가정에 근거하고 있으나 실제 시행에 있어서는 차이가 있다.

2) 학교중심 교육과정 개발

학교중심 교육과정 개발(School-based Curriculum Development)은 학교가 주도적으로 학생의 학습 프로그램에 대한 계획, 설계, 시행, 평가 등에 관한 모든 의사결정을 내리는 개발방식이다. 학교중심 교육과정 개발의 필요성은 중앙에서 개발된 교육과정이 학교현장에서 실효성이 부족하다는 비판에서 제기되었다. 학교중심 교육과정이 필요한 이유는 다음과 같다.

첫째, 교육과정 결정에 있어서 학교의 자율성을 증대시켜야 한다는 요구에 부응할 필요가 있다.

둘째, 중앙집중적인 통제모델이 점차 쇠퇴하는 추세이다.

셋째, 학교는 학교를 둘러싸고 있는 환경과 적극적으로 상호작용해야 하는 사회적 기관이다.

넷째, 특정 기관의 주어진 학생을 위한 교육과정을 계획하고 설계하는 일은 학교가 가장 잘할 수 있다.

다섯째, 학교는 최소한 특정 교육과정 계획이나 프로그램을 예견하지 못한 상황에 맞게 채택하여 수정하고 적응시킬 입장에 있어야 한다.

여섯째, 교사가 계획, 설계, 평가를 포함하는 교육과정 개발과정에 직접적으로 참여하지 않으면 전문가로서의 교사의 역할이 실현될 수 없다.

일곱째, 학교는 지역, 주, 국가의 연구개발 기관보다 좀더 안정적이고 지속적인 교육과정 개발기관이다.

최근에 학교중심 교육과정 개발의 필요성이 증대되고 있으나 중앙집중적 교육과정 개발방식을 모두 학교중심 교육과정으로 대체해야 하는 것은 아니며, 학교가 교육과정과 관련된 의사결정을 모두 담당하기도 현실적으로 불가능하다. 따라서 중앙집중적 교육과정 개발방식과 학교중심 교육과정 개발방식은 상호보완적이어야 한다.

3) 교과용 도서

(1) 교과서와 지도서

교과용 도서는 교과서와 지도서로 구성된다. 교과서는 학교에서 학생들의 교육을 위하여 사용되는 학생용 서적이나 음반, 영상 및 전자저작물 등 학교교육의 기본이 되는 것이다. 즉, 각 교과가 지니는 지식경험의 체계를 쉽고 명확하고 간결하세 편집해서 학교에서 학생들이 학습의 기본 자료로 사용할 수 있는 교재를 말한다.

교과서에는 교육과학기술부가 저작권을 가진 1종 교과서와 교육과학기술부의 검정을 거친 2종 교과서로 구분된다. 1종 교과서가 있을 때에는 이를 우선적으로 사용하여야 하며 1종 교과서가 없을 때에는 2종 교과서를 선정하여 사용하게 한다. 교과서 행정은 교육의 내용에 관한 행정으로서 교과용 도서정책의 결정과 이에 수반된 교과서와 관련한 제반행정을 담당하는 것이다.

지도서는 교사용 교재인데, 학교에서 교육을 위하여 사용되는 교사용의 주된 교재와 그 보완교재를 말한다. 학생을 교육하기 위하여 사용되는 교사용 서적이나 음반 혹은 영상 및 전자저작물 등이 이에 속한다. 교육에 사용되는 교재를 교수학습에 편리한 형태로 편집한 도서로서, 교육과학기술부가 저작권을 가진 1종 지도서와 교육과학기술부장관의 검정을 받은 2종 지도서가 있다.

(2) 국정도서와 검정도서

국정도서는 교육과학기술부가 저작권을 가진 1종 도서를 말한다. 국정도서는 교육과학기술부가 편찬한 도서로서, 교육과학기술부장관은 필요하다고 인정하는 도서를 연구기관 또는 대학 등에 위탁하여 편찬할 수 있다. 교육용 도서는 교육과학기술부가 저작권을 가진 1종 도서인 국정도서와 교육과학기술부장관의 검정을 받은 2종 도서, 즉 검정도서나 인정도서로 구분된다.

초등학교 모든 학교의 각종 교과서는 국정교과서이며 중·고등학교도 국어 등 일부과목의 교과서는 국정교과서이고, 검인정 교과서와 아울러 사용된다.

검정도서는 교육과학기술부가 저작권을 가진 국정도서와 대응된다. 1977년에 제정된 교과용 도서에 관한 규정에 의하면 대학·사범대학·교육대학·전문대학 이외의 각 학교의 교과용 도서는 국정교과서, 즉 1종 교과서를 제외하고는 교육과학기술부장관의 검정 또는 인정을 받아야 사용할 수 있다고 규정하고 있다.

교육과학기술부장관의 검정을 받은 것은 검정도서로서, 민간출판사에서 제작하여 학교의 교과용 도서로 사용하기 적합하다는 합격판정을 받은 교과서이다. 중·고등학교의 대부분의 교과서가 검정도서에 속한다.

인정도서는 교과서나 지도서가 없는 경우이거나 이를 사용하기 곤란하거나 보충할 필요가 있는 경우에 사용하기 위하여 교육과학기술부장관의 인정을 받은 교재와 그 보완교재를 말한다. 특별시나 광역시 및 도교육장(초등학교의 경우에는 학교장)은 관할구역 학교(초등학교인 경우는 당해 학교)의 교과목에 관한 1·2종 도서가 없거나 기타 특별한 사유로 1종 또는 2종 도서를 사용하기가 곤란할 경우이거나 혹은 이를 보충할 필요가 있을 때에 한하여 교육과학기술부장관의 승인을 얻어 인정도서를 사용할 수 있다.

3. 교육과정 개발모형

교육과정 개발모형은 교과에 따라, 개발자의 교육관과 철학에 따라 서로 다른 교육과정 개발방식이 제시된다. 여기서는 교육과정 개발자가 어떤 요소를 고려하고 어떤 절차를 거쳐 교육과정을 개발하는가에 대하여 살펴본다.

타일러(Tyler)와 타바(Taba)의 합리적 교육과정 개발모형, 니콜라스 형제(Nicholls & Nicholls)의 순환적 개발모형과 스킬백(Skilbeck)의 학교중심 개발모형, 워커(Walker)의 실제적이고 자연주의적인 교육과정 개발모형, 아이즈너(Eisner)의 예술적 교육과정 개발모형과 각 모형이 지닌 장·단점에 대하여 알아본다.

1) 타일러의 모형

이미 8년 동안의 연구를 통해 교육과정과 수업에 대한 총체적 접근에 도달한 타일러(Ralph W. Tyler)는 『교육과정과 수업의 기본 원리』에서 전통적인 교육과정 개발모형을 제시하였다. 그는 논리적이고 체계적으로 교육과정 개발을 유도하기 위하여 교육기관에서 교육과정과 수업 프로그램을 해석하고 분석하는 이론적인 근거로서 목표중심 모형이라고도 불리는 타일러의 모형을 제시하였다.

타일러에 의하면, 교육과정과 수업은 하나의 과정이며, 이를 계획하기 위하여 고려해야 할 네 가지의 질문을 다음과 같이 표현하였다.

- 학교가 달성하고자 하는 교육목표는 무엇인가?
- 수립된 목표를 달성하기 위하여 어떤 유용한 학습경험을 선정해야 하는가?
- 효과적인 수업을 위하여 선정된 학습경험은 어떻게 조직하는가?
- 목표가 달성되었는가를 어떻게 평가할 수 있는가?

이상의 물음은 교육목표의 설정, 학습경험의 선정, 학습경험의 조직, 학습성과의 평가로 요약할 수 있는데 이는 타일러가 말하는 교육과정의 네 가지 구성요소이다. 타일러에 의하면, 교육과정 개발의 과제는 이 네 가지 요소가 논리적이고 계열적으로 시행되어야 한다. 먼저 교육목표가 설정되면, 그 목표에 따라 적절한 학습경험이 선정되고, 효과적인 수업을 위한 학습경험이 조직되어야 하며, 마지막 단계에서 그 목표가 성취되었는가를 결정하는 평가가 이루어져야 한다.

타일러 모형은 합리적 모형, 목표중심모형, 평가중심모형 등으로 불리며, 교육과정 개발자들이 교육과정을 개발할 때 어떤 순서로 어떻게 해결할 것인가에 대한 절차를 제시한다는 점에서 처방적 모형으로도 불린다.

또 목적-수단모형이라고도 불리는데, 목표의 설정이 목표달성에 가장 도움이 될 만한 활동과 조직에 영향을 끼치기 때문이다. 이 모형은 전체 교과에서 단원의 개발로 향하기 때문에 연역적 모형이며, 목표에서 평가로 진행되는 일정한 방향을 가진다는 점에서 직선적 모형이다.

(1) 교육목표의 수립

타일러는 교육과정 개발모형에 있어서 교육목표의 설정을 가장 중요시한다. 그에 의하면 교육목표를 설정할 때 몇 가지 사실만 잘 고려하면 목표는 보다 의의있고 타당하며 누구나 납득할 만한 것이 될 수 있다.

타당한 교육목표의 바탕이 되는 세 가지 사실은 첫째, 교육과정의 최종 수혜대상이 되는 학습자에 대한 연구에서 나온다. 둘째, 학교 밖의 현대사회의 요구에 대한 연구에서 나온다. 셋째, 시민에게 가장 중요한 지식은 무엇인가에 대한 교과전문가의 목표에 대한 제언과 권고로부터 도출되는 것이다.

타일러의 교육과정 개발모형을 그림으로 나타내면 |그림 9-1|과 같다.

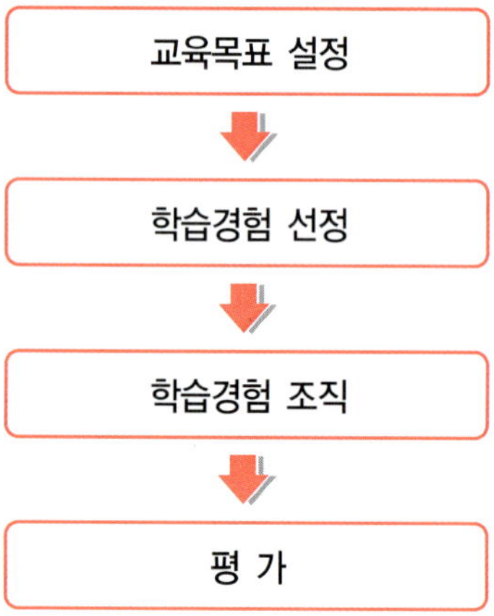

|그림 9-1| 타일러의 교육과정 개발모형

목표를 추출하기 위한 제1원천으로서의 학습자에 대한 연구는 그들이 모르고 있는 지식, 일상생활에서 요구되는 폭넓은 가치적용의 문제, 애정, 소속, 인정, 목적의식을 둘러싼 심리적인 요구, 학생의 관심과 흥미 등에 대한 것이다. 학습자에 대한 연구결과 밝혀진 사실에서 목표를 추출하기 위해서는 가치판단

이 포함된 추론이 요구된다.

만약 학생이 만화를 더 읽고 싶어 한다면 그것이 바람직한 것인지 아니면 극복되어야 할 결점인지를 우선 판단해야 한다. 학생 연구결과 "청소년기에는 학습자들이 사회정의에 대한 인식, 일반화, 통찰 및 열정을 길러주어야 한다"라는 사실을 발견했을 때 교육과정 개발자는 이 사실에 근거하여 무엇을 안내해야 하며 이를 극복하는 길과 방법을 어떻게 알려줄 것인가를 고려하게 된다.

무엇을 가르치는 것이 현대사회가 요구하는 것이고 적절한 것인지를 판단하려면 학교 밖의 지역사회, 국가, 세계를 잘 알아야 하고 고려해야 한다. 사회에 대하여 어떤 사실을 수집할 것인가를 결정하는 데는 가치판단이 따른다. 포괄성있는 자료를 구하려면 건강, 경제, 정치, 종교, 가정, 자연환경 등이 고려된다.

이런 사실에 대한 교육적 반응은 종종 불일치와 논쟁을 가져올 수도 있다. 청소년의 건강과 관련하여 전염성 성병(性病)이 문제가 되고 있다면 교육과정 개발자는 성병의 원인과 결과에서부터 결혼과 순결의 문제에 이르기까지, 그 중에서 어느 수준의 목표를 겨냥할 것인지를 판단해야 할 것이다. 이 문제는 교사와 학부모를 포함하여 교육과정 관련당사자의 논란을 불러오기도 한다.

교과전문가의 제안은 또 하나의 목표의 원천이 된다. "과학분야에서 창의력을 향상시키기 위하여 꼭 가르쳐야 할 것이 무엇이냐? 그것은 어떻게 가르칠 수 있는가? 그 내용과 방법은 정말 창의력을 신장시키는 데 효과적인가?" 등의 문제에 대하여 과학교육 전문가는 그들의 학문적 연구성과로써 대답해야 할 것이다.

수학을 가르치는 것은 논리적으로 사고하는 데에 얼마나 효과적인가? 철학자는 논리학을 직접 가르치는 것이 효과적이라고 할 수도 있다. 책꽂이를 만드는 것과 라디오를 조립하는 것과 반도체 모형을 조립하거나 움직이는 로봇을 조립해 보는 것이 전자시대에 필요한 기초기능을 기르는 데 각각 얼마나 효과적인가? 등에 관하여 그 분야의 전문가들은 각각 서로 다른 대답을 할 것이다.

교육의 목표는 교육철학과 학습심리학이라는 체를 통하여 거르는 과정을 거치게 된다. 즉, 잠정적으로 설정된 교육목표가 학습자에게 적절한 것인지 혹은 추구할 가치가 있는 것인지를 고려한 후에 최종적으로 교육목표가 설정된다. |그림 9-2|는 타일러의 교육목표 수립절차를 그림으로 나타낸 것이다.

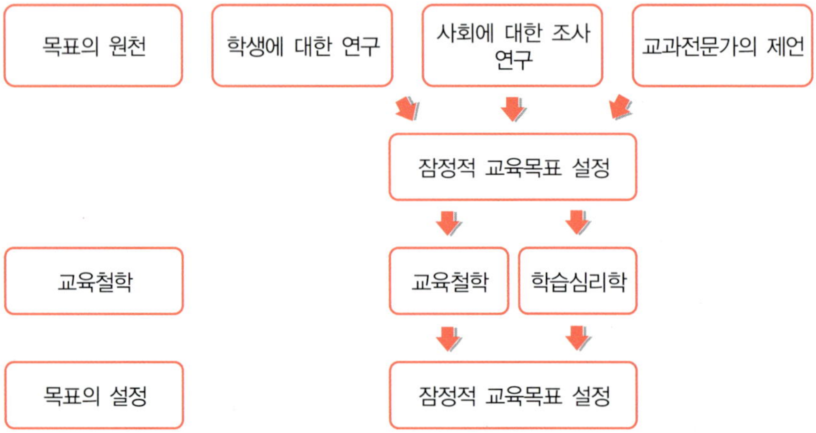

|그림 9-2| **타일러의 교육목표 수립절차**

타일러는 |그림 9-2|에서 제시하듯이 교육목표 설정의 기본적인 자원으로 학습자에 대한 연구, 사회에 대한 연구, 교과목에 대한 연구를 들고 있으며, 그것은 다시 철학과 심리학의 검증을 거쳐 교육목표로 결정한다.

교육목표를 설정하는 세 가지 자원 중 먼저 학습자에 대한 연구로서, 교육목표가 학습자의 일반적인 발달단계의 특성에 대한 이해뿐만 아니라 학습자 간에 나타날 수 있는 개인차에 대한 이해를 필요로 한다.

다음으로 사회에 대한 연구인데 교육목표는 사회 전체가 추구하는 이념 및 사회의 직접적인 요구를 반영해야 하고 급변하는 사회의 직접적인 필요에 대한 분석을 포함시켜야 한다.

마지막으로 교과목에 대한 연구인데 교육목표는 반드시 학습되어야 할 기본적인 내용과 교과의 최근 동향에 대한 분석을 포함하여 교과 분석과정에 대한 전문가들의 견해가 반영되어야 한다.

(2) 타일러 모형에 대한 평가

20세기 후반의 교육과정 개발에 가장 지속적으로 영향을 미친 타일러의 모형은 실증주의, 경험주의, 성과주의, 기술공학적 절차를 강조한 시대정신에 힘입어 교육과정의 개발과 계획에 대하여 합리적인 접근을 통하여 더욱 강화되었다. 지배적인 교육과정 모형으로서 타일러의 모형은 다음과 같은 장점을 지니고 있다.

첫째, 어떤 교과나 어떤 수업수준에도 활용이나 적용이 가능하므로 유용성이 높다.

둘째, 논리적이고 합리적인 일련의 절차를 제시하고 있어 교육과정 개발자나 수업계획자가 이를 따라 실행하기가 비교적 쉽다.

셋째, 학생의 행동과 학습경험을 강조함으로써 평가에 대하여 지침을 제공해 준다. 특히 교육목표를 분명하게 밝히는 것을 강조하여 교육목표를 둘러싼 교육과정 관련자들 사이의 의사소통을 원활하고 정확하게 하는 데 기여한다.

넷째, 교육과정과 수업을 구분하지 않고 통합적으로 목표와 경험의 선정, 경험의 조직과 평가를 포괄하는 종합성을 띠고 있다.

다섯째, 경험적, 실증적으로 교육성과를 연구하는 경향을 촉발하였다.

그러나 타일러 모형에 압도되어 새로운 교육과정 개발모형을 제시하는 데 어려움을 겪은 이들은 타일러 모형이 지닌 단점을 다음과 같이 지적하고 있다.

첫째, 타일러 모형은 목표의 원천은 제시하고 있으나 무엇이 교육목표이고 그것이 왜 선정되어야 하는가에 대한 이유를 분명히 밝히지 못하고 있다.

둘째, 타일러 모형은 목표를 분명히 제시하고 있으므로 수업 진행과정 중에 일어날 수 있는 부수적이고 확산적인 목표의 중요성은 간과하고 있다. 예를 들어, 언어과에서 '시를 읽고 감상한다'라는 교육목표를 설정하였을 때, 읽을 시를 미리 선정 조직하는 것은 가능하지만 감상에 대하여는 미리 선정하거나 조직할 수가 없다.

셋째, 교육과정 개발과정이 네 가지 요소의 순차적이고 단계적인 과정으로 이루어진다고 가정하지만 실제 교육과정을 개발하는 과정은 복잡하고 다양하므로 극소수만이 이 과정을 따를 뿐, 대부분은 수업의 내용이나 경험을 우선하여 수업계획을 설정한다. 네 가지 구성요소는 서로 영향을 주고받는 관계에 있다.

넷째, 교육과정 개발기준, 절차, 방법에만 관심을 두므로 교육목표나 교육내용의 선정에 관하여는 직접적인 대답을 제공하지 못하고 있다.

다섯째, 교육목표의 효율적인 달성에만 초점을 두어 개발과정에 눈에 보이지 않으나 개입될 수 있는 정치적인 측면이나 그 결과로 나타날 잠재적인 측면에 대하여는 기술하지 못하고 있다.

2) 타바의 모형

타바(Taba)는 교육과정이 교사에 의해 개발되어야 함을 강조하면서 교수-학습단원을 만들면서 교육과정 개발이 시작되어야 한다고 하였다. 타바는 학년이나 교과의 특성을 나타내는 시험적인 단원의 개발, 시험적인 단원의 실행, 시험적인 단원의 수정과 보완, 단원의 배열, 새 단원의 보급 등 5단계로 이루어진 교육과정 모형을 제시하였다.

첫 단계, 시험적인 단원을 개발하는 데는 ① 요구진단, ② 목표설정, ③ 내용선정, ④ 내용조직, ⑤ 학습경험 선정, ⑥ 학습활동 조직, ⑦ 평가도구 및 준거 결정, ⑧ 균형성 및 계열성 평가 등 8가지 하위단계가 순차적으로 요구된다고 보았다.

둘째 단계, 시험단원의 실행단계인데, 이 단계의 목적은 하나 혹은 그 이상의 학년수준과 교과영역으로 확대할 수 있는 교과과정을 창출하는 데 있다. 앞의 첫 단계에서는 시험적인 단원이 자신의 학급이나 교과영역을 대상으로 개발한다면, 이의 교수 가능성과 타당성을 검증하기 위하여 다른 수준의 학년이나 교과영역에 확대·적용해 보는 것이다.

셋째 단계, 개발된 단원을 수정하고 통합하여 모든 유형의 학급에도 잘 맞는 보편화된 교육과정을 개발하는 것이다.

넷째 단계, 여러 개의 단원을 구조화하여 전체 범위와 계열성을 검증하는 단계이다.

마지막 단계, 새 단원을 교실의 실제수업에 투입하여 정착시키고 교사의 현직연수를 통하여 확산시켜 나아간다.

타바의 교육과정 개발모형은 단원개발에서 출발하여 교과형성으로 진행하는 점에서 귀납적 모형이며, 계속적인 요구진단을 통하여 교육과정 요소의 상호작용을 강조한 점에서 역동적 모형에 가깝다.

3) 니콜라스의 모형

니콜라스 형제(Audrey Nicholls & Howard Nicholls)가 주장한 순환적 모형은 1970년대 영국과 호주를 중심으로 환영을 받았던 교육과정 개발모형이다. 교육과정 개발은 새로운 정보나 실제에 따라 항상 변화하는 상황을 지속적으로 반영해야 한다. 사회생활의 변화가 급속도로 진행되는 시대는 자칫 교육과정이 사회변화에 대응하지 못하게 되는 경우도 있다. 이때는 교육과정 개발도 사회의 필요에 따라 반응하고, 끊임없이 수정되어가게 된다.

니콜라스는 상황의 변화에 따라 새로운 교육과정을 필요로 하는 경우에 교육과정 개발의 논리적 접근의 필요성을 인식하고 교과의 성격 및 특성연구, 평가, 상황분석, 방법모색, 목표설정, 내용 선정 및 조직 등 교육과정의 각 요소들이 상호 관련되어 있고, 상호의존적이며 순환적 형태를 유지하고 있다고 |그림 9-3|과 같이 주장하였다.

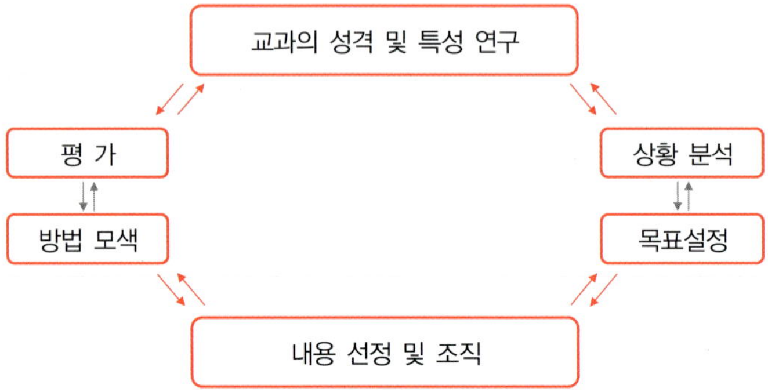

|그림 9-3| 니콜라스의 순환적 모형

4) 스킬백의 모형

영국의 스킬백(Skilbeck)은 학교중심 교육과정은 학교의 구성원인 학습자의 학습을 위한 프로그램을 개별학교가 계획, 설계, 실행, 평가하는 교육과정이라고 정의하고 있다. 스킬백은 교육과정 개발의 주도권이 국가 등의 상부기관에 있는 중앙집중적 교육과정 개발에 반대하며 학교중심 교육과정 개발을 주장하였다.

그는 교사와 학생 수준에서 이루어지는 가치, 규범, 절차, 역할 등을 포함하는 교육과정의 의사결정에 중요성을 두고 있다. 학교중심 교육과정 개발은 교육과정 계획, 구성, 실행, 평가와 관련된 의사결정이 학교와 그 학교가 위치한 지역사회 내에서 이루어지는 것이다. 교육과정에 관한 의사결정의 권한이 학교와 그 지역사회 안에 주어질 때 학교중심 교육과정 개발이 이루어질 수 있다.

5) 워커의 모형

워커(Walker)는 교육과정 개발에서 합리적인 절차를 제시하지 않고 교육과정 개발과정을 관찰하여 그 과정을 묘사하는 데 관심을 둔다. 그는 교육과정 개발에 실제로 참여하면서 교육과정 개발이 타일러의 처방대로 진행되지 않는다는 사실을 발견하였다.

그는 실제상황에서 교육과정이 어떻게 개발되는가를 기술해가면서 발견한 것을 토대로 교육과정이 개발되어가는 과정을 설명하는 틀을 만들고 이를 자연주의적 모형(Naturalistic Model)이라고 하였다. 따라서 워커의 모형은 교육과정 개발자들이 실제로 교육과정 개발과정에서 무엇을 하는가에 대하여 구체적으로 나타내어 주는 특징을 지닌다.

워커의 모형에 의하면, 교육과정 개발과정에서 참여자들은 다양한 견해를 표방하는 강령(platform)단계와, 다양한 대안에 대한 논쟁을 거쳐 합의과정에 이르는 숙의(deliberation)단계를 거쳐, 숙의단계에서 선택된 대안을 실천가능한 것으로 구체화하는 설계(design)단계를 따르게 된다.

워커의 모형은 교육과정 개발 참여진의 의견이 타협되고 조절되는 과정, 즉 '숙의'과정을 강조한다. 결과보다는 의사결정 과정이나 절차에 초점을 두고 있다는 점에서 '과정지향적' 성격을 지닌다.

또 워커의 모형은 교육과정 개발자들이 실제로 따르고 있는 절차를 기술하고 있다는 점에서 기술적(descriptive) 모형이라고 하며, 이는 타일러의 처방적(prescriptive) 모형과 구별된다. 특히 워커의 모형은 교육과정의 계획 측면을 상세히 제시하여 교육과정에 참여하는 인사들이 처음부터 서로 다른 토대와 입장에서 출발하고 있음을 보여준다.

또한 워커의 모형은 참여자들이 서로 다른 입장에 반응하고 숙의하기 위하여 의견을 조정하는 데 상당한 시간을 보내고 있음을 보여준다. 이 모형은 교육과정을 계획하는 동안에 실제로 일어나는 것을 정확하게 묘사해 준다.

그러나 워커의 모형은 교육과정 계획에만 전적으로 초점이 맞추어져 있다는 비판을 받는다. 이 모형은 교육과정 설계가 완성된 후에 무슨 일이 어떻게 일어나는가에 대해서는 언급하지 않는 채, 설계가 이루어지기 전까지의 과정에 대해서만 상세하게 제시하고 있다.

따라서 워커의 모형 역시 타일러의 모형과 마찬가지로 교육내용에 대한 직접적인 답을 제공하지 못하고 있다. 다시 말하면, 워커의 자연주의적 모형은 교육과정에 관한 의사결정을 어떻게 효과적으로 전개할 수 있는가에만 역점을 둘 뿐, 숙의과정과 설계과정에서 왜 이 내용을 가르쳐야 하는지에 대하여는 의문을 제기하지 않는다.

강령, 숙의, 설계의 세 가지 요소로 이루어지는 워커의 자연주의 교육과정 개발모형은 |그림 9-4|로 나타낼 수 있다.

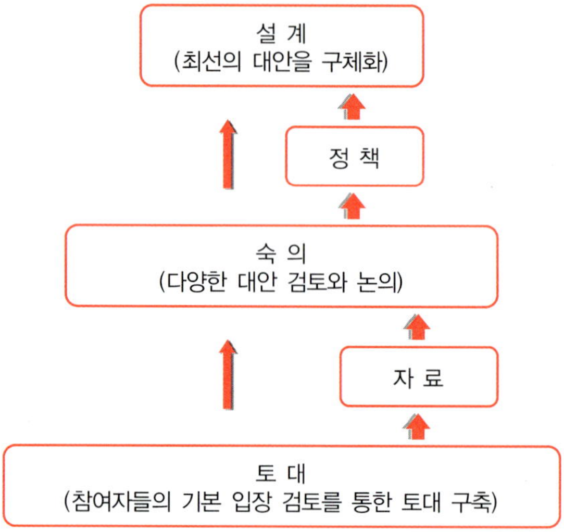

|그림 9-4| 워커의 자연주의적 교육과정 개발모형

(1) 강령

강령, 즉 기본 입장은 교육과정 개발위원회 참석자들이 교육과정개발과 관련한 각종 협의회를 참석하기 전에 이미 지니고 있는 것이다. 협의회에서 나타나는 교육적 신념과 가치, 각종 교육이론, 교육목적, 교육과정 구성, 교육과정 개발절차, 자기가 속해 있는 이해관계를 대변해야 하는 집단의 전략, 자신의 숨은 의도 및 선호 등을 통틀어 가리키는 말이다.

워커는 교육과정 개발활동에 참여하는 사람들은 교육과정에 대한 어떤 믿음과 가치를 가지고 과업에 접근한다고 본다. 그들은 과업을 지각하고 주요 문제에 대한 아이디어를 가지며 무엇을 처방해야 하는지를 결정하며, 이것을 논의하기 위하여 준비해야 한다.

그러므로 예비적 단계는 관련인사들이 모여서 토론하고 논의하는 것이다. 워커는 앞으로의 토론에서 기준이나 기초 혹은 합의의 발판이 되기 때문에 '강령(platform)'이라는 용어를 사용하였다.

워커에 의하면 강령은 다양한 개념(무엇이 현실이며 무엇이 가능한가에 대한 신념), 이론(존재하는 것들 사이의 관계에 대한 신념), 그리고 상대적으로 잘 상정되고 심사숙고된 목적(무엇이 바람직한가에 대한 신념)으로 구성된다.

이외에도 이미지(어떤 것을 구체화하지 않은 채 막연히 바람직하다고 여기는 견해), 절차(바람직한 이유를 구체적으로 제시하지 않은 채 제시하는 방법이나 행동방침)와 같이 신중하게 고려되지 않은 개념이 있다.

워커의 모형은 언제 강령을 끝내고 언제 숙의활동을 시작할 것인가가 분명하지 않다. 계획단계에서 참여인사 사이에 의견일치가 빠를수록 후속단계는 신속하게 연결된다.

(2) 숙의

협의를 거듭할수록 교육과정 개발위원들 각자의 의도는 밝혀지고 때로는 걸러지고 타협되고 보다 나은 상위의 가치를 향하여 어느 정도 커다란 줄기를 잡아가게 된다. 협의에 참석한 학자들은 개인적으로나 집단적으로 적절한 정보를 확인하고 수단과 목적을 분명히 하고 대안을 상의하고 대안이 가져올 결과를 가늠해 보고 선택을 하는 숙의의 과정에 참여한다.

숙의의 목적은 대안들 간의 충돌을 제거하는 데 있다. 숙의는 본질적으로 적절한 여러 대안들, 대안적 지각들, 대안적 문제들과 대안적 해결을 찾아내고 형성하고 고려하기 위한 체계적인 방법이다.

숙의과정에서 보이는 특징은 다양한 대안의 적절성에 대한 체계적이고 지속적인 탐색이다. 학생들의 요구가 무엇이며 그들은 어떻게 배우며 교사의 수업방법과 절차에 대한 토론을 통하여 실현가능한 해결이 제안되기를 기대한다. 숙의는 혼돈스럽거나 좌절을 주는 경험이 될 수도 있다. 워커(1971)도 인정했

듯이 쟁점이 분명하게 진술되기도 전에 대안이 결정되거나 옹호되기도 하며, 감정이 격해지거나 개인적인 선호가 합리적인 논쟁으로 표현되기도 한다.

숙의과정에 참여한 인사들은 실제로는 원칙을 견지하기 어려운 상황을 맞게 되며 원칙에 대한 지식이 없거니와 교육과정이 실행될 상황에 대한 구체적인 지식을 갖고 있는 것도 아니며 참석 인사들이 교육적 가치에 대한 우선순위에 합의한 것도 아니므로 이상적인 숙의가 이루어지기는 어렵다.

교육과정 문제를 해결하기 위하여 숙의가 아닌 다른 방법, 즉 관례, 관습, 전통, 제어되지 않은 개인적 선호, 정치적 압력, 관료적 통제, 교육과정 개발의 '단골손님'의 입김, 상업적 이해집단의 고려, 위협과 폭력, 타협, 전문가 단체에 대한 지나친 신뢰와 의존 등이 개입된다.

그러나 다양한 집단의 견해와 대안이 논의되어야 할 숙의는 특정 집단의 견해를 반영하는 파당적 숙의, 몇몇 요인만 과도하게 부과되는 제한적 숙의, 숙의의 대상에 대한 근본적인 재검토 혹은 재규정이 불가능한 한정적 숙의, 구체적인 실천계획은 사라지고 목적, 이상, 기본 원칙, 장기계획, 철학 등만 나열하는 결과를 가져오는 유사적 숙의, 숙의와 결정에 앞서 의사결정자를 위한 정보와 의견을 다양하게 제공하는 수준인 공청회 등으로 추락할 수도 있다.

올바른 의미에서의 숙의는 다음과 같은 특징이 있다.

- 주어진 교육과정 문제를 가장 설득력있고 타당한 방법으로 논의하며,
- 가장 유망한 교육과정 실천대안을 검토하는 것이며,
- 대안을 내세우면서 거론한 관련지식을 고려하고 그 지식이 토대로 하고 있는 바를 검토하기 위해 적절한 논쟁을 벌임으로써 각 대안이 지닌 장점을 알아보고,
- 작은 결정 하나에도 관련된 모든 입장과 가치를 탐색해 보고,
- 공정하고 균형있는 판단에 이르도록 하는 것이다.

참여인사들 사이에 신념, 문제상황 파악, 잠정적인 해결대안에 대한 어느 정도의 일치를 보게 되면 숙의과정은 설계단계로 진입한다.

(3) 설계

교육과정 개발위원회는 일정에 쫓겨서 숙의의 결과를 구체화하는 단계, 적용과 실행의 단계가 다가오면 완성된 정도와 관계없이 교육과정의 설계문제에 부딪힌다. 교육과정 설계단계는 교육 프로그램의 상세한 계획을 수립하는 단계라고 할 수 있다.

물론 설계가 실행되는 중에도 여전히 숙의가 계속되며 교육과정이 담고 있는 내용과 지원체제에 대한 상세화가 계속된다. 따라서 설계가 최종단계이지만 몇 차례의 협의회나 심의회를 거치는 동안에 걸러지지 않고 남아있는 개인적인 선호와 집단의 정치적인 측면이 여전히 설계에 반영되는 것이 중요하다.

숙의단계에서는 어떤 행동을 할 것인지를 최종적으로 결정하게 된다. 명시적 설계는 대안을 가려내어 가장 옹호할 만한 해결을 발견한 다음에 시행되는 모든 토론으로 이루어진다. 함축적 설계는 대안은 고려하지 않은 채 무의식적으로 취해진 행동방침으로 구성된다.

워커는 교육과정 개발 프로젝트의 설계단계에 이러한 명시적·함축적 요소들이 포함되고, 결정은 합리적 토론과 개인적 선호의 영향을 받는다고 주장한다. 설계단계에서의 궁극적인 활동은 특정 교수자료를 생산해내는 것이다.

워커는 교육과정의 설계를 특수한 상황에 맞추어야 할 필요성을 강조한다. 그러므로 교육과정 개발자는 교육목적, 학습경험의 선정, 학습경험의 조직, 교육평가에 걸친 교육과정에 대한 통상적인 생각에 자신을 맞추기보다 다음과 같은 대안적 질문을 던져 보아야 한다.

- 이 교육과정의 특징적 측면은 무엇인가?
- 이 교육과정의 특징이 초래할 사회적·개인적 경향은 무엇인가?
- 이 교육과정의 특징에서 찾아볼 수 있는 항구적인 안정 측면과 새로운 변화 측면은 무엇인가?
- 이 교육과정에 담긴 여러 특징의 장점과 가치에 대하여 교육과정 관련인사들은 어떻게 판단하는가?

- 특정한 상황에서 특정한 목적을 노리는 교육과정에 포함되어야 할 교육과정의 특징적 측면은 무엇인가?

이러한 질문을 통하여 교육과정 개발자들은 교육과정 분석자들이 통상적으로 가지게 되는 기존 관념에 쉽게 빠지지 않고 특정한 교육상황으로 시선을 돌릴 수 있다.

(4) 워커의 모형에 대한 평가

워커는 교육과정의 설계를 특수한 상황에 맞추어야 할 필요성을 강조한다. 그러므로 교육과정 개발자는 교육목적, 학습경험의 선정, 학습경험의 조직, 교육평가에 걸친 교육과정에 대한 통상적인 생각에서 벗어나는 것이 중요하다.

타일러의 모형은 교육과정 계획이 합의에 이르지 못할 경우에 대한 언급이 없지만, 워커는 합의에 이르지 못할 경우에도 교육과정 계획이 어떻게 진행될 수 있는가에 대하여 진술하고 있다. 특히 교육과정의 계획 측면을 상세히 제시하여 교육과정 참여인사들이 처음부터 서로 다른 토대에서 출발하고 있음을 보여 준다. 즉, 교육과정을 계획하는 동안에 실제로 일어나는 것을 정확하게 묘사하고 있다.

또한 참여자들이 다른 '입장'에 반응하고 '숙의'하기 위하여 대화에 시간을 보내야 할 필요성을 강조한다. 어떤 교육과정 계획팀에서도 일어날 수 있는 다양한 공격과 논쟁을 보여주고 있다.

그러나 그의 모형은 교육과정 계획에만 초점이 맞추어져 있다. 교육과정 설계가 완성된 후에 무슨 일이 어떻게 일어나야 할지에 대한 언급이 부족하다. 이는 그의 모형이 지나치게 현실상황에 바탕을 두고 있기 때문이다.

또 대규모의 교육과정 프로젝트에는 적절한 계획이지만 소규모 학교중심 교육과정 계획에는 적절하지 못하다. 왜냐하면 학교는 전문가, 자금, 시간이 넉넉하지 않으므로 교사의 참여를 유도하기 어렵고 처음부터 격렬한 이해관계의 충돌이나 많은 시간을 요하는 숙의를 충분히 지속할 수 없기 때문이다.

또한 교육과정 계획자가 열성적이며 특정 교육과정 영역의 지지자임을 분명히 밝히는 것을 가정하지만, 일상적이며 논쟁적이지 않은 교육과정 계획활동도 허다하며, 끝까지 자신의 입장을 숨기는 경우도 있다.

6) 아이즈너의 모형

아이즈너(Elliot W. Eisner)는 1960년대 이후 폭넓은 저술활동을 펼치며 예술교육과 교육과정에 주된 관심을 가졌다. 그는 1960년대 행동적 교육목표와 전통적 학문교과를 강조하던 학교 교육과정의 풍토를 비판하였다.

당시 미국의 교육연구자들의 연구모형이었던 경험-분석연구의 단점을 지적하면서 질적 연구의 개발이 필요함을 강조하였다. 그는 1970년대 중반에 예술교육과 교육과정에 대한 자신의 관심을 질적인 형태로 조합하여 인본주의적이고 심미적 모형의 교육과정을 개발하였다.

(1) 아이즈너의 예술적 모형

아이즈너는 『교육적 상상력』에서 교육에 대한 예술적 접근법을 제시하였다. 그의 교육과정 개발과정은 순환적이며 뒤얽히고 우발적이다.

아이즈너는 교육과정 개발의 예술적인 접근을 ① 목표의 설정, ② 교육과정의 내용선정, ③ 학습기회의 유형, ④ 학습기회의 조직, ⑤ 내용영역의 조직, ⑥ 제시양식과 반응양식, ⑦ 평가절차의 유형으로 나타내고 있다.

① 목표의 설정

아이즈너는 목적(aims), 목표(goals), 학습목표(objectives)를 구별한다. 그에 의하면 '목적'은 일련의 가치와 교육의 일반적인 방향을 제시하는 것이고, '목표'는 어떤 의도에 대한 구체적인 진술이며, '학습목표'는 가장 구체적인 진술이다. 그는 매우 구체적인 학습목표의 설정이 항상 가능한 것이 아니며 행동목표에 대한 보완으로서 학습과정과 학습의 이후에 드러나는 '표출목표

(expressive objectives)'를 주장하였다.

교육과정에 포함될 수 있는 어떤 교육활동에 대하여 구체적인 목표를 미리 설정할 수 없으며 교수활동이 전개된 이후에 종합적이고 일반적인 용어로 표현되는 목표를 설정하는 것이 합당하다고 하였다. 그는 교수활동 이전에 학습목표를 설정할 필요가 없다고 보았다. 목표의 중요성과 우선순위를 결정하는 과정에서 예술적인 기술과 재능이 요구되며 워커의 숙의과정이 포함되어야 한다고 하였다.

② 교육과정의 내용선정

교육과정 개발자는 개인, 사회, 교과의 세 가지 차원에서 교육내용을 추출해야 한다고 하였다. 즉, 학생의 흥미, 사회의 요구, 전통적 학문이나 교과와 관련된 구체적인 요소가 교육과정의 내용 선정과정에서 고려되어야 한다.

아이즈너는 전통적이고 학문적인 요소만을 교육과정의 내용으로 선정할 것이 아니라 대중문화와 같이 학교 교육과정에서 전통적으로 배제되어왔던 내용, 즉 영교육과정(null curriculum)에 대하여 고려해야 한다고 주장하였다.

③ 학습기회의 유형

아이즈너는 학생에게 다양한 학습기회가 제공되도록 하여 교육적 상상력을 개발해야 한다고 보았다. 교육적 상상력은 예술성에 대한 은유적 용어로서, 교사가 학생에게 의미있고 만족스러운 학습기회를 제공하도록 교육목표와 교육활동을 적합한 형태로 변형하는 능력을 의미한다.

④ 학습기회의 조직

교육과정 개발자인 교사는 학생의 학습결과와 학습경험의 폭을 넓힐 수 있는 학습자료와 교육활동을 제공하여야 한다. 그는 학습의 결과를 통제하는 것이 아니라 이 과정에 참여하여 학생의 흥미와 목표를 촉진시켜야 한다고 주장하였다.

아이즈너는 교사는 교과의 다양한 요소를 동시에 다루어야 하며 이러한 교사의 업무를 '거미줄을 치는 작업'이라 하였다.

⑤ 내용영역의 조직

내용은 다양한 방법으로 조직되고 통합되어야 한다. 학교의 교육내용을 조직하는 데에 대한 사회적·정치적·지적인 제약이 존재한다. 그러나 아이즈너는 비전통적인 방법으로 교과의 다양한 요소를 새롭게 조직한 예를 보이고 있다.

⑥ 제시양식과 반응양식

아이즈너는 인쇄된 책이나 글만이 그 사람의 지적 상태를 나타내는 방법이 아니라고 보고 학생의 교육기회를 넓혀주는 다양한 의사소통 양식을 적용하였다. 학생은 의사소통 영역에 대한 제한을 받아서는 안 되며 다양한 선택사항이 제공되어야 한다.

⑦ 평가절차의 유형

아이즈너에 의하면 평가는 교육과정 계획이나 개발과정의 최종 단계에서 시행되는 것이 아니라, 교육과정의 계획 및 개발과정의 전반에서 종합적인 평가절차를 사용한다. 그는 평가를 인간이 '자기와 자기를 둘러싸고 있는 세계를 이해하는 과정'이라 하였다. 아이즈너는 평가의 과정에서 비형식적으로 이루어지는 교육적 감식안(educational connoisseurship)과 교육적 비평(educational criticism)으로 제시하였다.

먼저 교육적 감식안은 사전적 의미로는 '교육에 관한 또는 그것을 감식할 줄 아는 안목'을 말하는데 교육현상의 질을 포착하는 안목이며, 예술작품의 미적 가치를 판단하는 질적인 가치 판단능력이고, 교육현상의 복잡성을 감상할 수 있는 안목의 개념이다.

교육비평은 사물의 옳고 그름을 평가하는 것이다. 아이즈너는 교육비평에 대하여 다음과 같이 설명하고 있다.

첫째, 학교에서의 교육적 비평이란 교실에서 무슨 일이 벌어지는가를 눈으로 보듯이 말로 생생하게 그려내는 것이다.

둘째, 교육적 경험이 있고, 관찰하는 사람이 주의를 기울일 수 있을 때 교육적 비평은 가능하다.

셋째, 교육적 비평을 하려면 필수적으로 교육적 감식안이 갖추어져야 한다.

넷째, 교육적 비평은 기술적 측면, 해석적 측면, 평가적 측면으로 나누어진다. 먼저 기술적 측면은 현상을 기술하는 것이다. 교육적 비평은 교육상황을 자세하고 생생하게 기술하여야 하므로 비평활동은 사실적이고 예술적인 활동이다.

다음으로 해석적 측면은 다양한 활동양식의 의미와 중요성을 이해하려는 노력이다. 왜 이러한 활동이 일어나는가? 이 교사는 왜 영향력이 있는가? 경험에 기초한 실제적 지혜를 사용하여 교육현상을 설명하는 것이다. 마지막으로 평가적 측면은 기술하고 해석한 것에 관하여 가치판단을 하는 것이다. 진행 중인 것의 교육적 의미나 가치를 판단하는 것을 말한다.

다섯째, 교육적 비평가는 기술하고 해석한 것을 교육적 기준에서 평가한다. 비평가의 임무는 단지 중립적인 관찰자의 임무가 아니며 본 것과 해석한 것을 교육적 실천과 개선을 위해 사용하여야 한다.

(2) 아이즈너의 모형에 대한 평가

첫째, 아이즈너는 교육과정 개발과정을 무제한적인 과정으로 설명한다. 교육과정 개발과정은 여러 목적, 즉 계획된 교육과정, 실행된 교육과정, 경험된 교육과정 중 하나의 목적을 갖는 과정이며 그 과정은 내재적인 가치를 지니고 있다. 그러므로 각 단계는 어떤 순서에 따라 수행될 수 있으며 반복해서 수행될 수도 있다.

둘째, 아이즈너는 워커와 마찬가지로 숙의과정을 중시하고 있으나, 숙의과정에서 예술성이 계획된 교육과정, 실행된 교육과정, 경험한 교육과정의 내재적 가치를 어떻게 강화시키느냐에 대하여 설명하고자 한다.

셋째, 아이즈너는 사회적 실재란 단순히 그 자체로서 존재하는 것이 아니라 사회적 실재 안에 살고 있는 사람들에 의하여 끊임없이 재구성되는 것이라 한다. 사회적 실재는 협의된 것이며 사회적 실재를 기술하는 데 사용되는 상징에 의하여 그 의미가 규정된다.

아이즈너 모형은 교육과정 개발에 있어서 지나치게 합리주의적인 방법으로 접근하는 태도에 대하여 비판을 가했다는 점에서는 인정을 받고 있으나 실제적인 대안을 제시하지 못하고 있다는 단점이 있다.

교육과정 계획과 개발에 대한 아이즈너의 주장은 교육과정의 계획과 개발과정은 본질적으로 문제상황적이므로 계획자, 곧 교사는 교육과정을 개발하는데 포함되는 모든 사람의 관심사를 선택해야 한다고 본다. 이러한 아이즈너의 접근법은 구체적인 단계를 제시하지 못하고 일반적인 지침만 제공하고 있으나 교육과정에 대하여 숙의하고 이를 실행하는 책임은 교사이어야 한다.

CHAPTER 10

교육과정의 구성과 목표설정

1. 교육과정의 구성원리
2. 교육목표의 설정

10 CHAPTER 교육과정의 구성과 목표설정

1. 교육과정의 구성원리

교육과정은 학교에서 행해지는 모든 교육활동을 조직해놓은 것이며, 교육과정의 구성은 의도적이고 목적적인 활동을 전제로 한다. 즉, 구성의 목표가 되는 어떤 원리에 따라 교육과정을 구성하고 전개하게 된다. 그러나 교육과정의 구성원리는 과학적인 성격의 어떤 엄밀한 법칙에서 이루어지는 것이 아니라 일반적으로 인식되어 있는 원칙에 의한다.

교육과정의 구성은 ① 구성활동의 목표와 근거를 주며, ② 구성에 필요한 제반활동의 종합점을 제시하고, ③ 합리적이고 능률적인 구성을 가능하게 하고, ④ 구성된 교육과정의 유용성과 효과를 최대한 보장하기 위하여 필요하다. 교육과정의 구성원리는 다음 다섯 가지로 나눌 수 있다.

1) 최소 필요량의 원리

교육과정의 구성에서 최소 필요량의 원리는 구성되는 교육과정의 내용이 어느 정도의 깊이와 넓이를 가지고 있으며, 그 내용이 최소한 어떤 것을 포함하고 있느냐의 문제를 검토해 보는 원리이다. 이와 같은 원리가 요청되는 근거는 ① 어떤 지역이나 사회에 적용되는 최소한의 공통성이 교육내용에 포함되어야 하며, ② 인간이 바라는 모든 지식, 기술, 태도 등을 교육과정에 모두 포함시킬 수 없으므로 최소한의 원리가 요구된다.

2) 지역성의 원리

인간은 환경과 더불어 생활을 영위해가고 그 환경 속에서 생활하며 활동한다. 그러므로 인간을 둘러싸고 있는 특정 지역의 환경은 인간형성에 영향을 미친다. 따라서 교육과정을 구성하는 데는 지역사회에서 일어나는 여러 사상과 여러 과정에 대하여 충분한 고려가 필요하다. 학교의 교육과정과 지역사회가 긴밀한 관련을 가질 때 사회적 이해를 증진시키고 사회개선에 공헌하며 지역사회에 학습자를 참여시키고 학습자의 능력을 계발시키게 된다. 교육과정의 구성이나 적용에는 그 지역의 특수성이 고려되어야 한다.

3) 사회와 개인의 융화의 원리

교육의 궁극적인 목적은 개인의 성장·발달을 통하여 사회발전에 기여하는 것이다. 교육과정을 구성하는 데는 사회와 개인의 융화 및 균형이 필요하다. 교육자의 교육관이 어떤 것이든지 교육 프로그램을 구성하는 데는 사회의 요구와 학습자의 흥미를 다 같이 강조하게 된다. 학습자의 사회화와 개별화의 원리는 동일한 성격에서 상호보완적 요소이기 때문이다.

사회를 중심으로 하는 전통적인 학교에서는 아동의 경험에 의한 요구와 흥미와는 아무 관계없이 성인행동의 형식에 따라 아동을 교육시키려 하였으며, 아동중심의 학교에서는 사회의 문제나 요구와는 관계없이 아동의 내적 본성과 흥미에 의하여 교육하고자 한다. 그러나 교육과정을 구성하는 데 있어서는 아동 개인의 욕구와 사회의 요구를 융화할 필요가 있다.

4) 계속 발전성의 원리

계속 발전성의 원리는 학습자의 성장·발달을 도우며 그들의 인간형성을 안내하는 교육활동이 계속적으로 추진되고 발전되도록 교육과정은 구성되어야 한다는 원리이다. 전통적인 교육과정은 고정적이고 정적인 사회에서 문화유산을 체계적으로 조직한 것이라면 오늘날의 교육과정은 사회가치를 창조해가는 동적인 과정으로 구성되어야 한다.

변화하는 사회에서 성장하고 있는 학습자의 필요와 요구에 따라서 현행 교육과정이 지니고 있는 문제점을 발견하고 이를 개선해 나아가게 된다. 따라서 이미 구성된 교육과정은 실행과 동시에 재구성을 계획하고 조직하게 된다.

5) 시대성의 원리

교육과정의 구성은 그 시대가 요구하는 문화가 무엇인가에 따라서 영향을 받는다. 예를 들어, 고대 그리스 시대는 철학, 중세시대는 신학, 문예부흥시대는 고전, 계몽시대는 이성, 현대에는 통합성 등이 그 시대가 요구하는 것이다. 따라서 그 당시의 지배적 문화는 교육과정이 구성되는 데에 많은 영향을 주었다. 이 시대가 요구하는 의지와 요구를 분석하여 이를 교육과정의 구성에 반영시켜야 한다.

2. 교육목표의 설정

교육과정의 전개는 교육목표를 설정하는 데서 시작된다. 하나의 교육과정이 어떤 형태로 전개되는가 하는 것은 곧 교육목표가 어떻게 설정되는가에 달려 있다. 다음은 교육목표의 기능, 설정원리 및 절차 그리고 교육목표의 분류에 대하여 검토해 본다.

1) 교육목표의 기능

교육목표를 설정하는 것은 교육과정(educational process)에 있어서 첫 단계이며 교육과정을 선정하고 계획하고 전개하고 평가하는 방향을 결정하는 하나의 지침이다. 따라서 교육목표는 수업을 통하여 학생이 무엇을 느끼고 행동하고 생각해야 하는가를 명확히 알 수 있도록 진술해야 한다.

교육목표가 지니고 있는 기능은 다음과 같다.

첫째, 교육과정을 전개하는 교사의 입장에서 볼 때 교육목표는 그것이 달성되기 위하여 어떤 학습경험을 계획해야 하는가를 시사해 준다. 일정한 교육목표를 달성하기 위하여 전체적인 교수-학습활동의 방향과 기준을 제시한다.

둘째, 교육목표는 그것을 달성하려는 학생의 학습활동을 촉진하는 기능을 한다. 인간의 모든 활동에는 목표가 있듯이 학습활동은 목표에 의하여 의도적으로 인도되는 하나의 심리적인 과정이다. 학습목표가 명세화되고 분명히 제시되어 학습자가 자각적으로 그 목표를 인식했을 때 학습활동은 그 목표를 지향하여 학습동기가 유발되고 학업성취, 파지, 전이, 일반화 등이 촉진된다.

셋째, 교육목표는 수업의 결과를 평가하는 기준을 제시하는 기능이 있다. 학교에서의 학습결과를 평가하는 활동은 교육의 과정과 분리될 수가 없다. 교육과정 내에서 강조하는 교육목표는 학습의 성과에서 반영된다.

2) 교육목표 설정의 원리와 절차

교육목표는 교육내용을 제공하고 교육활동의 방향을 제시하는 기능을 하므로 교육목표의 설정에 주의를 기울여야 한다. 다음은 교육목표의 설정원리이다.

첫째, 교육목표는 교육받을 개인의 내재적 능력과 요구를 토대로 하여 설정되어야 한다. 교육목표는 학생의 활동과 협력할 수 있는 방법이 되어야 하며 학생의 능력을 발휘하는 데 어떠한 환경이 필요한가를 제시하여야 한다.

둘째, 교육목표는 바람직한 교육철학을 바탕으로 설정되어야 한다. 인간 삶의 문제와 건전한 가치관과 관련이 있는 철학관이 반영되어야 한다.

셋째, 교육목표는 문화유산·지역성·시대성·현실성에 비추어 설정되어야 하며 사회적 요구에 비추어 타당성이 있어야 한다.

넷째, 교육목표는 학습경험을 선택할 근거를 제시하므로 학습심리에 비추어 볼 때 타당성이 있어야 한다. 즉, 교육목표는 학습자의 발달수준에 부합해야 한다.

다섯째, 하나의 교육목표가 달성되면 그 결과에 따라 새로운 목표가 설정되어야 한다. 그리고 각 목표의 하위목표 간에 단계적으로 연속성이 있어야 한다.

여섯째, 교육목표는 교육평가의 근원이며 기준이다. 따라서 교육목표는 학습자에게 필요하다고 생각되는 지식, 기능, 태도, 행동유형을 제시해 줄 수 있어야 한다.

일곱째, 교육목표는 신축성이 있어야 하고 경우에 따라서는 수정될 수 있어야 한다. 따라서 교육목표는 실제 체험에 의하여 수정·보완되며 지속적으로 발전되어간다. 다음은 교육목표 설정의 일반적인 절차이다.

① 교육목표의 연구집단을 구성한다

우선 교육목표에 대하여 연구하는 연구집단을 조직한다. 경우에 따라서 몇 개의 소분과를 두기도 하며 각 분과의 인원 수는 교육목표의 단계로 본 규모나 학교의 규모에 따라서 일정하지 않으나 대체로 6~12명 정도가 바람직하다.

② 교육목표의 자원을 확보한다

각 분과별로 교육목표의 자원을 수집하여 확보한 후 이를 토대로 하여 다음 단계의 교육목표 추출을 위한 기초자원을 확보한다.

③ 교육목표를 추출해낸다

위에서 수집한 각종 자원을 활용하여 바람직한 교육목표를 추출해 내는 작업이다. 교육목표를 추출하기 위하여 교사는 전문가와 함께 통찰력과 창의성 그리고 자신의 교육철학을 최대한 발휘한다.

④ 추출한 교육목표를 종합, 분석, 정리, 검증한다

위에서 추출한 목표 가운데서 유사한 것을 한데 묶고 상호 모순되거나 대립되는 것은 조정하며 교육적 가치가 없는 것은 삭제한다. 이 작업은 분과별로 진행한 후에 종합적으로 검토한다.

⑤ **교육목표를 진술한다**

이 단계에서는 각 분과별로 대표자와 문장구성 능력이 특히 뛰어난 자가 협력하여 기술하며 그 기준에 맞게 진술한다.

3) 교육목표 진술의 기준

교육목표를 진술하는 데 있어서 일정한 절차와 방법을 제시할 수는 없다. 그러나 교육목표 진술에 있어서 일정한 전문적 수준을 보장하는 데 도움이 되도록 일반적인 기준을 제시해 본다.

첫째, 교육목표는 교육내용의 선정과 지도에 시사점을 줄 수 있는 구체적이고 명료한 행동적 용어로 진술되어야 한다. 학교의 교육목표에서 흔히 볼 수 있는 현상은 진술된 교육목표가 추상적인 언어로 표현되어 있어서 그것을 달성하기 위하여 어떠한 학습경험을 학생에게 마련해야 하는지를 분명히 암시하지 못하고 있다. 교육목표는 누구나 쉽게 학습에 임할 수 있도록 명료하게 진술해야 하며 관찰이 가능한 가시적이고 행동적으로 진술해야 하며 아울러 교육성과의 평가가 가능한 내용과 행동으로 진술해야 한다.

둘째, 교육목표는 조화롭게 포괄적으로 진술되어야 한다. 학교교육은 단순한 지식이나 기능만을 강조하지만, 인간을 통합된 유기체로 이해하는 현대교육에서는 전인적인 발달을 강조한다. 따라서 현대의 교육목표는 지적·신체적·정서적·사회적 측면의 조화로운 발달을 위하여 생활 전반에 걸쳐 필요한 태도나 감상력, 흥미 등이 조화롭게 포함되어 진술되어야 한다.

셋째, 진술된 교육목표 사이에는 철학적인 일관성이 있어야 한다. 교육목표를 설정하는 데 있어서 목표 간에 모순됨이 없이 상호 연관되며 계속성이 보장되어야 한다. 철학적 일관성이란 진술된 목표와 내면적인 목표의 동일성을 의미한다. 예를 들어, 사회과목의 교육목표를 비판적 사고능력을 기르는 데 두었으나 교사와 교과서는 권위에 대하여 맹종하는 것을 강조한다면 모순된다.

넷째, 진술된 교육목표는 실현가능한 것이어야 한다. 먼저 학습심리의 입장에서 실현 가능성이며, 다른 하나는 학교와 학급의 객관적 상황에 비추어 본 실현 가능성이다.

다섯째, 진술된 교육목표는 모든 교직원이 이해하고 수용하며 그들의 교육적 직무수행에 있어서 그 목표를 내면화해야 한다. 이 기준에는 두 가지 의미가 포함되는데 하나는 교육목표 설정에 있어서 모든 교사가 참여해야 하며, 다른 하나는 진술된 교육목표가 전체성을 가지고 교직원의 교육활동에 살아있어야 한다.

여섯째, 진술된 교육목표는 완성된 것이 아니므로 그 타당성에 대하여 비판하고 필요에 따라 변경될 수 있어야 한다. 바람직한 학교는 보다 나은 교육목표와 보다 나은 교육실현을 통하여 학생의 보다 나은 발달을 추구하기 때문에 계속적인 평가와 이에 따르는 계속적인 개조가 요청된다. 특히 사회의 변화에 따라 변화하는 학생의 요구나 흥미, 문제 등을 고려할 때 학교의 교육목표는 언제나 변경될 수 있는 것이다.

4) 교육목표의 분류

교육목표는 교육을 통하여 기대되는 성과를 의미하는 것으로서 교육활동의 기준과 방향을 제시한다. 따라서 교육목표는 구체적일수록 교육활동의 내용과 달성해야 할 내용을 분명하게 해준다. 그러므로 교육목표를 구체화하거나 상세하게 할 수 있는 방안에 대하여 연구되어왔다.

특히 블룸(Bloom)은 교육목표를 크게 인지적(cognitive) 영역, 정의적(affective) 영역, 심동적(psychomotor) 영역으로 나눈 다음, 각 영역마다 교육목표에 진술되어 있는 행동을 분류하는 준거를 제시하였다. 교육목표 분류학의 세 영역은 유용한 분류체계를 제시해 주고 있으며 목표의 진술에 있어서 강조되어야 할 점을 나타내고 있다.

(1) 인지적 영역

인지적 영역의 분류는 크게 지식과 지적 능력으로 분류되고 지적 기능은 다시 이해, 적용, 분석, 종합, 평가의 다섯 개 영역으로 세분화되며, 각각의 영역은 일정한 위계관계를 가지면서 동시에 하위분류 유목을 준거로 하여 세분화된다.

이 여섯 가지의 사고과정은 완전히 별개의 순수한 사고과정이 아니라 계속적이고 복합적이며 위계적 성질의 사고과정이다. 즉, 어떤 사상에 관한 최소한의 지식을 기억하고 있지 않으면 그 사상과 관련되는 개념이나 법칙을 이해할 수 없고 어떤 사상에 관한 법칙을 종합하려고 하면 그에 필요한 최소한의 지식과 함께 그 사상을 이해, 적용, 분석하는 능력을 갖추고 있어야 한다.

그러므로 지식, 이해, 적용력과 함께 분석력은 포함되어 있으나 종합력과 평가력이 들어있지 않으면 그것은 분석력에 해당되며, 평가력은 나타나 있지 않고 지식, 이해, 적용, 분석력과 종합력이 내포되어 있을 때는 종합력에 해당된다. 블룸이 규정한 정의와 함께 그론룬드(Gronlund)가 소개한 학습결과를 측정하기 위한 대표적인 동사를 ( ) 안에 제시하고자 한다.

1.00 지식 : 이미 배운 내용, 즉 사실, 개념, 원리, 방법, 유형, 구조 등에 대한 기억으로 한 교과영역 속에 담겨져 있는 특정 요소의 상기나 재생 또는 재인(再認)을 의미한다(찾아내다, 명명하다, 정의하다, 설명하다, 열거하다, 연결하다, 선택하다, 약술하다).
- 1.10 특수사상에 관한 지식
- 1.20 특수사항을 다루는 방법과 수단에 관한 지식
- 1.30 보편적 및 추상적 사상에 관한 지식

2.00 이해 : 이미 배운 내용에 관한 의미를 파악하는 능력을 뜻하며, 단순히 자료를 기억하는 수준을 넘어 자료의 내용이 다소 치환되어도 그 의미를 파악하고 해석하며 또는 추론하는 능력을 말한다(분류하다, 설명하다, 종합하다, 전환하다, 예측하다, 구별하다).
- 2.10 변환
- 2.20 해석
- 2.30 추론

3.00 적용 : 이미 배운 내용, 즉 개념, 규칙, 원리, 이론, 기술, 방법 등을 구체적인 또는 새로운 장면에서 응용하는 능력을 말한다(변환하다, 계산하다, 풀다, 수정하다, 재배열하다, 조직하다, 관계짓다).

4.00 분석 : 조직, 구조 및 구성요소의 상호관계를 이해하기 위하여 주어진 자료의 구성 및 내용을 분석하는 능력을 의미한다(변별하다, 도식화하다, 추정하다, 구분하다, 추론하다, 구성하다, 세분하다).
4.10 요소의 분석력
4.20 관계의 분석력
4.30 조직원리의 분석력

5.00 종합 : 비교적 새롭고 독창적인 형태, 원리, 관계, 구조 등을 만들어내기 위하여 주어진 자료의 내용 및 요소를 정리하고 조직하는 능력을 뜻한다(종합하다, 창안하다, 고안하다, 설계하다, 합성하다, 구조화하다, 재배열하다, 개정하다).
5.10 독특한 의사소통의 개발
5.20 계획 및 실행절차의 고안
5.30 추상적 관계의 도출

6.00 평가 : 어떤 특정한 목적과 의도를 근거로 하여 주어진 자료 또는 방법이 갖고 있는 가치를 판단하는 능력을 말한다(판단하다, 비판하다, 비교하다, 정당화하다, 결론짓다, 판별하다, 지지하다).
6.10 내적 준거에 의한 판단
6.20 외적 준거에 의한 판단

(2) 정의적 영역

클라스올(Krathwohl), 블룸(Bloom), 마시아(Masia)는 어떤 사상에 대한 주의, 흥미, 동기, 태도, 가치, 신념 등의 형성과 변화에 관계되는 정의적 영역의 행동을 수용, 반응, 가치화, 조직화, 인격화라는 다섯 가지의 유목으로 분류하였다.

이러한 행동의 목표를 흥미, 태도, 감상, 가치, 정서적 반응경향 또는 편견 등으로 표현하고 있다. 클라스올 등이 규정한 정의와 아울러 그론룬드가 소개한 정의적 학습성과를 측정하기 위한 대표적인 동사를 ( ) 속에 제시한다.

1.0 수용 : 어떤 자극이나 활동을 기꺼이 수용하고 자발적으로 주의를 기울이게 되는 것과 같은 민감성을 의미한다(묻다, 가려잡다, 찾아내다, 이름짓다, 지적하다, 선택하다, 대답하다, 사용하다).
1.1 감지
1.2 자진감수
1.3 선택적 주의집중

2.0 반응 : 어떤 자극 또는 활동에 적극적으로 참여하고 자발적으로 반응하며 그러한 참여와 반응에서 만족감을 얻게 되는 행동을 말한다(확인하다, 인사하다, 돕다, 실행하다, 제시하다, 암송하다, 보고하다, 선택하다, 말하다, 쓰다).
2.1 묵종반응
2.2 자진반응
2.3 반응에 대한 만족

3.0 가치화 : 특정한 대상, 활동 또는 행동에 대하여 의의와 가치를 직접 추구하고 행동으로 나타내는 정도를 가리킨다(완성하다, 기술하다, 구분하다, 초대하다, 참가하다, 입증하다, 제안하다, 분담하다, 공부하다, 일하다, 논쟁하다, 항변하다).
3.1 가치의 수용
3.2 가치의 선호
3.3 가치의 확신

4.0 조직화 : 일관성있는 가치체계를 내면화시키는 전초단계로서 서로 다른 수준의 가치를 비교하고 연관시켜 통합하는 것을 뜻한다(주장하다, 정리하다, 결합하다, 비교하다, 완성하다, 변호하다, 일반화하다, 조직하다, 수정하다).
4.1 가치의 개념화
4.2 가치체계의 조직

5.0 인격화 : 개인의 행동 및 생활의 기준이 되며 가치관이 지속적이고 일관성있고 또 그것이 그의 행동을 예측할 수 있을 정도로 확고하게 그의 인격의 일부로 내면화된 정도를 의미한다(활동하다, 변별하다, 경청하다, 실천하다, 제안하다, 봉사하다, 해결하다, 개정하다, 사용하다, 증명하다, 실행하다).
5.1 일반화된 행동태세
5.2 인격화

(3) 심동적 영역

심동적 영역은 근육이나 운동기능을 강조하는 것으로서 자료나 대상의 조작, 신경근육적 조정 등이 요구되는 행동이다. 심슨(Simpson)과 하로우(Harrow) 등은 블룸(Bloom)의 목표 분류체계에 입각하여 심동적 영역의 목표분류를 체계화하였다. 여기서는 하로우(Harrow)의 분류방식을 제시한다.

1.0 반사적 운동 : 반사적 운동은 파악 및 무릎반사와 같이 개인의 의지와는 관계없이 나타나는 단순한 반사운동을 말한다. 이러한 반사적 운동은 훈련이나 교육에 의해서 발달하는 것이 아니므로 교수목표로 설정될 수 없는 행동이지만 보다 높은 운동기능의 발달에 기초가 된다.
- 1.1 소 분절적 반사
- 1.2 중 분절적 반사
- 1.3 초 분절적 반사

2.0 초보적 기초동작 : 초보적 기초동작은 잡기, 서기, 걷기와 같이 여러 가지 또는 몇 개의 반사적 운동이 함께 발달되고 통합됨으로써 이루어지는 동작을 뜻한다.
- 2.1 이동동작
- 2.2 입상동작
- 2.3 조작운동

3.0 운동지각능력 : 운동지각능력은 감각기관을 통하여 자극을 지각하고 해석하며 그것을 토대로 환경에 대처하고 적응하는 기능을 말한다.
- 3.1 근육감각을 통한 변별
- 3.2 시각을 통한 변별
- 3.3 청각을 통한 변별
- 3.4 촉각을 통한 변별
- 3.5 협응운동능력

4.0 신체적 기능 : 신체적 기능은 숙달된 운동기능의 발달에 반드시 필요한 부분이며 민첩하고도 유연하게 일련의 숙달된 운동을 연속시켜가는 데 필요한 기초 기능을 가르친다.
- 4.1 지구력
- 4.2 체력
- 4.3 유연성
- 4.4 민첩성

5.0 숙련된 운동기능 : 타자 및 기계체조와 같이 비교적 복잡하고 숙련된 기능을 요구하는 운동을 할 때 동작의 능률성, 숙달도, 통합성을 요구하는 운동기능을 뜻한다.
- 5.1 단순 적응기능
- 5.2 혼성적 기능
- 5.3 복합 적응기능

6.0 동작적 의사소통 : 동작적 의사소통은 간단한 안면표정을 비롯해서 무용과 같이 신체적 운동 및 동작을 통하여 감정, 흥미, 의사, 욕구 등을 표현하고 그 표현 자체를 창작하는 운동기능을 의미한다.
- 6.1 표현동작
- 6.2 해석동작

(4) 새로운 목표분류학

블룸의 교육목표 분류학은 학교교육의 목표를 설정하고 교육과정을 개발하는 데 혹은 수업목표를 설정하거나 평가목표를 진술하는 데 결정적인 영향을 미쳤다. 그러나 특히 인지적인 목표에서 다음과 같은 비판이 제기되고 있다.

첫째, 인식론적 관점에서 외적으로 관찰이 가능한 행동을 목표로 정할 경우에 내재적인 행동은 목표에 포함되지 못한다.

둘째, 인지적 영역, 정의적 영역, 심동적 영역의 세 가지로 분리하여 세 영역이 각각 서로 다른 별개의 것으로 인식하게 하는 오류를 범하였다.

셋째, 인지적 영역을 위계화함으로써 인간의 정신작용을 단순화시키는 문제가 있다.

넷째, 행동분류의 심리적 의미에 대한 조작적인 정의가 명료하지 않다.

다섯째, 형식교과는 그 행동분류가 능력적 개념이라기보다는 쓰기, 읽기, 말하기, 듣기 등이다.

경험영역으로 분류하고 있으나 교과에서 블룸의 교육목표 분류를 적용하기가 적절하지 못하다.

목표분류학에 대한 비판과 함께 하운스타인(Hauenstein), 마자노(Marzano), 앤드슨(Anderson) 등은 대안적인 목표분류학을 제시하였다. 이들의 목표분류학은 목표진술 방법이나 학습과제분석, 수업과 평가방식에 영향을 미칠 것으로 기대된다. 이들의 목표분류학은 다음과 같다.

하운스타인의 분류는 다섯 가지의 행동영역에 비추어 3가지 영역을 분류한 것이 특징이다. 각 영역마다 다섯 가지 상위유목과 그 아래에 하위유목이 제시되고 있으며, 동시에 활용동사들이 제시되는데 〈표 10-1〉과 같다.

〈표 10-1〉 하운스타인의 목표분류학

구 분		행동영역	인지적 영역	정의적 영역	심동적 영역
단기적 목표	1.0	1.0 습득 1.1 수용 1.2 지각 1.3 개념화	1.0 개념화 1.1 확인 1.2 정의 1.3 일반화	1.0 감수 1.1 감지 1.2 자진감수 1.3 주의집중	1.0 지각 1.1 감각 1.2 인식 1.3 관찰 1.4 선행경향성
	2.0	2.0 동화 2.1 반응 2.2 이해 2.3시뮬레이션	2.0 이해 2.1 번역 2.2 해석 2.3 추론(외삽)	2.0 반응 2.1 묵종반응 2.2 자진반응 2,3 평가	2.0 시뮬레이션 2.1 활성화 2.2 모방 2.3 조정
	3.0	3.0 적응 3.1 가치화 3.2 적용 3.3 적합화	3.0 적용 3.1 명료화 3.2 해결	3.0 가치화 3.1 가치수용 3.2 가치채택 3.3 확정	3.0 적합화 3.1 통합 3.2 표준화
장기적 목표	4.0	4.0 수행 4.1 신념화 4.2 평가 4.3 산출	4.0 평가 4.1 분석 4.2 적격판정	4.0 신념화 4.1 신뢰하기 4.2 헌신하기	4.0 산출 4.1 유지 4.2 조절
	5.0	5.0 포부 5.1 행동화 5.2 종합 5.3 숙달	5.0 종합 5.1 가설 5.2 결정	5.0 행동화 5.1 시연하기 5.2 행동수정하기	5.0 숙달 5.1 창안 5.2 완성

마자노의 목표 신분류학은 인지체제, 메타인지체제, 자기체제인 세 가지 사고체제인 처리수준 차원과 지식의 차원으로 구성된다. 처리수준 차원은 지식의 인출, 이해, 분석, 지식의 활용의 인지체제의 네 가지 수준과 메타인지와 자기체제사고 등의 여섯 가지 수준으로 세분된다.

지식의 차원은 정보, 정신적 절차, 심동적 절차의 세 가지 영역으로 구분된다. 지식의 각 차원은 하위영역으로 세분된다. 정보영역은 세부항목(details)과 아이디어 조직(organizing idea)으로 세분되고, 정신적 절차영역은 기능과 과정이라는 하위영역으로 구분되며, 심동적 절차영역도 기능과 과정이라는 하위영역으로 구분된다. |그림 10-1|은 마자노의 목표분류학을 나타낸 것이다.

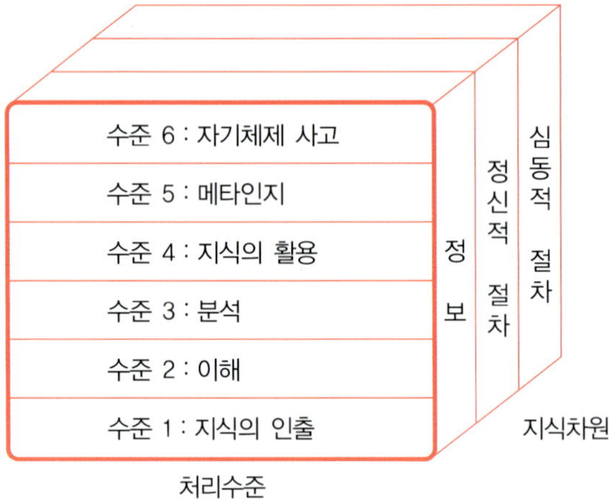

|그림 10-1| 마자노의 목표분류학

앤드슨의 분류는 지식차원과 인지과정차원으로 분류된다. 블룸의 목표분류학과 다른 점은 인지적 영역에서 지식의 하위영역을 명사적 측면과 동사적 측면으로 구분하고 있는 것이다. 명사적 측면은 지식의 차원으로 따로 분리하고 있다. 지식의 차원은 사실적 지식, 개념적 지식, 절차적 지식, 메타인지적 지식으로 세분된다.

동사적 측면은 인지과정 차원으로 분류하고 있다. 인지과정 차원은 기억, 이해, 적용, 분석, 평가, 창안으로 세분하고 있다. 이전의 이해(comprehension)를 'understand'로 바꾸고, 종합을 창안(create)으로 수정하였다. 종합과 평가의 위계를 서로 바꾸어서 창안을 최고위계로 옮겼다. 수정된 내용을 표로 제시하면 〈표 10-2〉와 같다.

〈표 10-2〉 앤드슨의 목표분류학

구 분	인지과정 차원					
지식차원	1. 기억	2. 이해	3. 적용	4. 분석	5. 평가	6. 창안
A. 사실적 지식						
B. 개념적 지식						
C. 절차적 지식						
D. 매타인지적 지식						

이상에서 제시한 새로운 교육목표 분류학은 블룸 등의 분류방식보다 진보된 것으로서 이후의 교육과정 목표개발이나 수업방식, 수업목표 진술, 평가목표 진술 등에 영향을 줄 것으로 전망된다. 학교현장에서는 이러한 변화에 능동적으로 대응해야 할 것이다.

CHAPTER 11

교육내용의 선정과 조직

1. 교육내용의 의미
2. 교육내용의 선정
3. 교육내용의 조직원리
4. 단원의 구성

11 CHAPTER 교육내용의 선정과 조직

교육과정의 목적과 목표가 정립되면 그 목적과 목표는 교육내용으로 전환된다. 교육내용은 교육목표와 일관된 내용이 선정되어야 하며 교육목표의 선정 시에 고려되어야 할 요인이 내용의 선정에서와 마찬가지로 고려되어야 한다.

전통적으로 교육내용의 선정과 관련하여 가장 논란이 되어온 것은 교육내용을 지식중심으로 구성할 것인가 아니면 경험중심으로 구성할 것인가 하는 것이다. 지식과 경험 가운데 어느 쪽에 중심을 두느냐에 따라서 교육내용에 변화를 가져왔다.

1. 교육내용의 의미

교육내용의 의미는 세 가지로 분류된다. 교육내용에 관한 첫 번째 의미는 교육내용을 지식, 기능, 가치 등 그 속에 포함되는 요소로 규정하는 관점이다. 이 정의에 따르면 교육내용은 사실, 설명, 원리, 정의 등의 지식영역과 읽기, 쓰기, 셈하기, 비판적으로 생각하기, 의사결정하기, 의사소통하기 등의 기능이나 과정영역, 선악, 참과 거짓, 아름다움과 추함의 가치영역으로 구성된다.

교육내용의 두 번째 의미는 교과와 교과 속에 담긴 단원이나 과의 이름과 같이 요소를 담고 있는 그릇으로 보는 관점이다. 일반적으로 교육내용이라고 하면 교과를 연상하게 된다. 교과는 인류가 오랜 역사를 통하여 쌓아올린 경험 가운데서 가치있는 것을 조직한 지식체계이다. 교과는 지식, 기능, 가치 등과 같은 요소를 담고 있는 그릇과 같은 의미로 생각하는 입장이다.

교육내용에 대한 세 번째 의미는 국가수준 문서에 제시된 교육내용과 교사가 선정하는 수업내용의 도구로 구분하는 것이다.

2. 교육내용의 선정

1) 교육내용의 선정원리

교육내용을 선정하는 데 있어서 고려되어야 할 점은 배워야 할 내용은 많지만 학교의 교육기간은 한정되어 있다는 것이다. 따라서 교육과정 개발에 참여하는 사람들의 관심은 가장 가치있는 교육내용을 어떻게 선정하고 교과를 정하느냐에 대한 것이다. 교육내용의 선정에 대한 원리를 다음과 같이 정리할 수 있다.

(1) 유의미성

교육과정의 내용선정에서 유의미성의 원리는 1960년대의 학문중심 교육과정의 출현과 함께 내용선정에 있어 가장 합리적인 기준으로 부상하였다. 내용의 유의미성은 그 내용이 그 학문분야에서 얼마나 본질적이며 기본적이냐의 문제이다. 그 기본적인 내용은 그 학문분야에만 국한된 것이 아니라 그 기본적인 내용이 다른 학문이나 다른 지식을 학습함에 있어서 선수 기초요건이 되는 경우도 포함된다.

이 선수 기초요건이 확립되어야만 교수-학습의 의미를 찾을 수 있다. 그러면 무엇이 기본적이며 본질적인 내용이냐에 대한 합의가 선행되어야 한다. 어느 학문에서나 본질적인 내용이 되는 것은 그 학문의 지속성있는 기본 개념이다.

기본 개념은 그 학문의 다른 하위개념을 끌어낼 수 있는 원천적인 역할을 수행하며 보다 많은 하위개념을 포섭하고 설명할 수 있다. 그것은 논리적인 의미를 지니고 있어서 학습자 개개인에게 개별적인 현상적 의미를 줄 수 있는 것이어야 한다.

또 이 기본 개념은 전이력이 강한 특성을 지니고 있어서 교수-학습이 시행될 때 교수자나 학습자 모두 높은 수준의 현상적 의미를 느끼게 된다.

(2) 타당성

학습내용은 실제로 교육목표를 달성하는 데 도움이 되는 기회를 제공하는 것이어야 한다. 교육의 일반 목표는 어떤 교과를 가르쳐야 하는가에 대하여 시사해 주며 그 속에 어떤 지식이나 기능 혹은 가치를 포함시켜야 하는가에 대하여 생각하게 한다.

학습내용의 선정에 있어서 타당성의 기준은 두 가지 측면에서 고려된다. 하나는 그 내용 자체의 타당성이다. 그 내용이 얼마나 전문가들이 입증하고 확신하는 내용이냐의 문제로서 진정한 확신성이 있어야 한다. 다른 하나는 그 선정되는 내용의 깊이와 폭에 있어서 균형을 확보하여야 함을 의미한다. 깊이는 심층적인 연구의 내용이며, 폭은 내용의 광범위한 정도를 의미한다.

(3) 유용성

교육내용은 그 사회가 유지되거나 변화되는 데 도움이 되는 것으로 구성되어야 한다. 학생들이 장차 살아가야 할 사회에 필요한 지식과 기능 가치를 제시하는 내용으로 선정되어야 한다. 교육내용에 있어서 넓은 의미의 유용성은 학교 밖의 현실세계와의 관련성을 의미한다. 유용성의 원리는 학습자와 사회의 요구에 적절한 교육과정 내용을 선택하는 것이다. 좁은 의미의 유용성은 학습자의 흥미와 필요에 따라 교육내용이 적합하게 선정되는 것이다.

(4) 학습 가능성

학생이 학습할 수 있는 교육내용을 선정해야 한다. 학생의 능력을 고려하여 다양한 교육내용이 선정되어야 한다. 교수자에게는 가르칠 수 있는 내용이어야 하며 학습자에게는 배울 수 있는 내용이어야 한다. 하나의 교육과정 속에 심화과정 혹은 보통, 보충 과정의 교육내용을 제시하여 다양한 능력의 학생에게 적당한 교육내용이 제시되어야 한다.

(5) 경제성

교육과정 내용이 학습자로 하여금 가장 경제적인 방식으로 성취할 수 있는 내용으로 선정되어야 한다. 학습자의 노력의 경제성, 교수자의 노력과 교수-학습자원의 경제성, 교과내용의 일반화, 범위의 경제성 등을 포함한다. 정해진 시간에 가능한 인적·물적 자원을 활용하여 최대한의 교수-학습효과를 거둘 수 있는 맥락에서 교육내용이 선정되어야 한다.

(6) 외적·내적 관련성

교육내용은 그 학문분야 내에서 다른 내용과의 유기적 관계를 형성하고 있다. 교육과정에 선정된 내용은 위계적인 구조와 체계 속에서 종적이나 횡적으로 그 학문분야의 다른 내용과 관련성을 지녀야 한다. 또한 다른 학문의 내용과도 관련을 지울 수 있는 잠재적인 가능성을 지녀야 한다. 교과 간에 내용상 의미있는 상관적 관련성을 높이기 위한 노력이 교육과정 선정과정에서 고려되어야 한다.

(7) 균형성

교육과정 내용이 학습자의 요구와 사회의 요구, 성인의 요구와 여러 집단의 요구가 균형을 이루는 것이 중요하다. 이러한 균형성은 사회의 변화를 위한 요구와 사회의 안정을 위한 요구 간에도 필요하다. 시간적으로 현재와 미래를 위한 내용에서의 균형, 민족이나 자국민의 관점과 세계시민으로서의 관점에서의 균형도 고려하여 선정되어야 한다.

문화적 다양성과 복수성을 지닌 현대사회에 개개인의 가치를 존중하는 다양성을 교육내용의 선정에 포함시키며 아울러 사회통합을 위한 가치와 관련된 균형성과 학습경험의 범위와 깊이의 균형성을 교육내용의 선정에 포함시킨다.

(8) 사회가치 적합성

이 기준은 '민주주의적 가치지향', '사회적 가치', '사회개발' 등으로 다양하게 표현된다. 학교는 사회의지를 반영하는 것과 함께 개인의 변화와 동시에 사회변화의 방향을 제시해야 한다. 이 기준에 기초하여 선정된 교육내용은 인간의 도덕적 가치와 이상, 사회문제, 인간의 감정, 효율적인 사고과정 등에 대한 탐구를 내용으로 한다. 사회적 가치에 적합한 교육내용은 어떤 정형화된 가치나 사고의 틀을 교화시키는 것이 아니라, 인간의 존재의미에 대한 사회적인 가치를 고려하는 것이다.

(9) 동목표 다경험

동일한 목표를 달성하는 데에 다양한 학습경험을 사용하게 된다. 특정한 교육목표는 일정한 범위 내의 교육내용을 요구하지만 그 범위 내에서 효과적인 학습을 보장하는 교육내용이라면 어떠한 교육내용이라도 교육목표를 달성하기 위하여 사용될 수 있다. 여러 학교나 교사가 같은 교육목표를 추구하면서 다양하게 교육내용을 선정할 수 있다.

(10) 동경험 다성과

한 가지의 교육내용이 반드시 한 가지의 교육목표를 달성하는 데 유용하거나 한 가지만의 학습성과를 가져오는 것은 아니며, 동시에 여러 가지 목표를 달성하게 하거나 여러 가지의 학습성과를 가져오게 된다.

동경험 다성과의 원리는 어떤 한 영역의 지식을 습득하게 되면 그 영역의 활동에 대한 어떤 태도도 형성된다. 이 원리는 한 가지의 교육내용으로 여러 가지의 학습성과를 가져오는 경제적으로 긍정적인 측면이 있다. 그러나 한 가지의 교육내용이 원래에 의도하지 않았던 부정적인 결과를 가져오는 경우도 있으므로 교사의 경계가 필요한 원칙이다.

2) 교육내용의 선정방법

교육목표가 설정되면 그 목표를 달성하기 위하여 교육내용을 선정하게 된다. 교육내용을 선정하는 방법으로는 교과담당 전문가에 의하여 필요하다고 생각되는 지식을 논리적이고 체계적으로 선정되던 종래의 방법에서 벗어나서 다양한 방법으로 선정된다.

교육내용의 선정방법으로는 판단법, 활동분석법, 사회기능법, 청소년 요구분석법, 생활장면에 의한 분석법 등이 있다.

(1) 판단법

판단법은 전문가의 판단으로 교과의 중요 내용을 선정하는 방법이다. '이 내용이 중요한 것인가?' 혹은 '다른 내용과의 경쟁에서 살아남을 수 있을 것인가?' 등과 같이 교육과정 전문가의 전문적인 판단에 의하여 선정되는 방법이다.

(2) 활동 분석법

보비트(Bobbit)가 창안한 학습경험 선정방법으로 '과학적 교육과정'이라고도 한다. 성인의 생활활동을 조사하거나 비교하여 교육과정을 구성하는 방법이다. 언어활동, 건강활동, 시민활동, 여가활동 등과 같은 이상적인 성인들의 주요 활동을 그 구성요소별로 과학적으로 분석하고 거기에 내포되어 있는 지식, 기능, 태도를 추출해서 이것을 교육과정의 내용으로 선정하는 방법이다.

(3) 사회기능법

캐스웰(Caswell)과 캠벨(Campbell)이 분석한 방법으로서 사회구성원으로서의 아동의 요구를 결정하기 위하여 사회생활을 분석하고 거기에서 명시된 사회적 학습의 범위를 영역으로 결정하고 학습을 선정하는 방법이다. 사회기능이라는 것은 모든 조직적인 집단에 공통된 인간활동의 구심점을 의미한다.

이 방법은 성인의 생활활동을 조사하고 비교하여 교육과정을 구성하는 방법이다. 현실생활에서 생활과제를 잘 해결하고 변화하는 사회에 대처할 수 있으며 실천적인 생활을 육성한다는 장점이 있다. 그러나 학생의 현재의 요구를 고려하지만 실제로는 성인생활과 장래생활을 준비하는 결과를 초래하게 되는 단점이 있다.

(4) 청소년 요구분석법

앨버티(Alberty) 부부가 창안한 것으로 학생들의 필요나 흥미를 중심으로, 그들의 흥미를 끌기 쉬운 대상물이나 활동을 분석하여 학습경험을 선정하는 방법이다. 청소년 요구분석법의 내용은 학생들의 흥미와 필요에 따라 교육내용을 선정해야 한다는 뜻에서 '흥미중심법'이라고도 한다.

미국 교육연합회 중등교육과정 위원회에서는 아동과 청소년의 필요를 개인생활, 사회 내의 직접적인 인간관계, 사회시민 관계, 경제관계 등의 분야로 나누어 제시하였다. 이 방법은 학생의 흥미와 필요를 고려한다는 장점이 있지만, 단독으로 사용하기 어려워서 다른 방법과 병행해야 한다는 문제점이 있다.

(5) 생활장면에 의한 분석법

스트레이트메어(Stratemeyer)와 동료들이 제안한 방법으로서, 생활장면은 아동의 경험배경이나 성장단계와는 관계없이 모든 아동들이 당면하게 될 공통적인 생활사태를 가리킨다. 생활사태는 개인능력의 성장을 요구하는 사태, 사회적 참여의 성장을 요구하는 사태, 환경적 요인 및 세력들을 다루는 능력의 성장을 요구하는 사태의 세 가지로 구분한다.

모든 아동들이 당면하게 될 공통적인 생활사태를 분석하여 대응할 수 있는 능력을 길러주기 위한 학습내용을 선정하여 학습자의 생활 모습과 환경들을 고려하여 선정하는 방법이다.

3. 교육내용의 조직원리

교육과정의 내용이 선정되면 선정된 교육내용을 조직하게 된다. 교육내용을 조직하는 데 있어서 고려해야 할 요소는 범위(scope)와 계열(sequence)이다. 범위는 교육과정 요소들의 넓이와 배열을 의미하는 횡적 조직을 말하며, 계열은 종적인 조직으로서 학기나 경우에 따라서는 수년간에 걸쳐 시행되는 교육내용과 관련된다.

범위와 계열을 어떻게 하느냐에 따라서 교육내용의 조직은 다양하게 전개될 수 있다. 수직적 조직을 구성할 경우에는 계열과 수직적 연계성이 사용되고, 수평적 조직을 구성할 경우에는 범위와 통합성이 고려된다.

1) 계속성의 원리

계속성은 교육내용의 수직적인 배열에서 동일한 교육내용이 계속적으로 반복되는 상태이며, 계열성과 밀접하게 관계된다. 내용을 조직할 때 중요한 개념, 원리, 사실 등의 학습이 어느 정도 계속해서 반복되도록 하기 위한 수직적인 조직원리이다. 학습자가 동일한 개념이나 지식을 계속적으로 경험함으로써 누적되는 지적인 효과를 기대할 수 있다.

계속성은 첫째, 교과내용 분야에서의 계속성을 기하는 것과 둘째, 각급 학교 수준 간이나 혹은 동일한 수준에서의 교과목 상호간에 연계성을 기하는 것 셋째, 개개 학습자의 경험 속에서 계속성을 기하는 세 가지 방식으로 전개된다.

타바(Taba)는 계속성을 누적학습과 동의어로 사용하고 있다. 이는 동일한 요소의 단순한 반복이 아니라 점진적인 심화·확대를 강조하는 것이다. 즉, 더 깊은 이해, 더 넓은 상태로의 적용, 더 세밀한 분석, 더 의미있는 통합으로 이끌어 주는 내용조직의 원리이다.

예를 들어, 민주시민으로서의 자질함양과 같은 생활태도와 관련된 학습은 어느 학년, 어느 학기 동안에 학습하는 것이 아니라, 여러 학습상황에서 계속하여 반복되도록 조직하여야 내면화된 산지식이 될 수 있다.

2) 계열성의 원리

계열성은 계속성과 함께 교육과정 조직의 종적인 관계이며 교육내용이 제시되는 시간적 순서이다. 계열성에서는 전후내용 간의 관계의 확대 혹은 심화가 강조된다. 동일한 내용이 단순히 반복되는 것을 넘어서서 계속적인 내용에 넓이와 깊이를 확대하여 조직하는 것이다. 교육실제에서 사용된 계열성의 원칙을 살펴보면 다음과 같다.

- 단순한 내용에서 복잡한 내용으로
- 친숙한 내용에서 미친숙한 내용으로
- 부분에서 전체적 내용으로, 혹은 전체에서 부분적인 내용으로
- 선수학습에 기초하여 그 다음 학습으로
- 사건의 역사적 순서대로
- 현재에서 과거로, 혹은 과거에서 현재로
- 구체적인 개념에서 추상적인 개념으로

이 원칙에서 검토해 보면 계열성의 문제는 어떠한 기준으로 그 순서를 결정하느냐가 중요한 관심이다. 브루너는 계열성의 원리를 나선형 조직으로 설명한다. 시간의 흐름에 따라서 동일한 교육내용이 계속적으로 반복하여 전개되면서 좀더 심화되고 확장된 맥락으로 전개되는 것이다.

3) 범위의 원리

교육과정 조직의 원리에서 범위(scope)의 문제는 교육과정 내용의 폭과 깊이와 관련된다. 어떠한 내용을 어느 만큼이나 폭넓고 깊이있게 다루는가에 대한 것이다. 많은 교과목을 옆으로 나열하기만 하면 교육과정이 조직되는 것은 아니며, 소수의 제한된 과목만을 한없이 깊게 들어갈 수도 없다.

폭이 넓어질수록 깊이는 얕아지고 깊이가 깊어질수록 폭이 좁아질 수도 있다. 이러한 폭과 깊이의 문제는 교육과정 조직에 있어서 중요한 의사결정의 문제가 된다.

범위의 원리에서 고려해야 할 또 한 가지의 문제는 일반교과와 특수교과, 필수교과와 선택교과 등을 어떻게 균형있게 조직하느냐의 문제이다. 단일교과 속에 지적, 정의적, 운동기능적 영역의 균형있는 배합의 문제이다. 예를 들어, 국어교과에서 읽기, 쓰기, 말하기, 듣기 등을 어떻게 폭과 깊이의 균형을 조절하느냐 하는 것이다.

4) 통합성의 원리

통합성의 원리는 교육내용의 수평적인 조직과 관련하고 있다. 수평적인 계속성의 문제나 연계성의 문제이다. 여러 가지 교육내용은 횡적인 관계에서 상호 연결되어 통합됨으로써 보다 효율적인 학습을 가능하게 하고 성장·발달을 촉진하게 된다. 교육내용을 조직하는 데 있어서 통합성은 교육내용 사이의 불균형과 부조화, 혹은 내용의 중복이나 누락 등의 모순을 해결하는 기능이 있다.

예를 들어, 수학과에서의 가감승제의 학습은 수학과에만 그치지 않고 사회과나 자연과, 실과교과에서도 효과적으로 활용하게 된다. 마찬가지로 자연과에서 다룬 개념은 자연과 이외의 여러 교과에도 관련지어서 그 개념에 대한 이해의 폭을 넓히며 통합된 학습이 가능하게 된다.

통합성은 각급 학교 수준 간이나 각 학년 수준 간의 종적인 연계성을 의미하기도 한다. 예를 들어, 고등학교교육과 대학교육 간에 연계성이 부족한 문제는 교육과정을 조직함에 있어서 통합성의 원리가 실현되지 못하고 있는 결과이다.

1960년대 이후 교육과정 개혁운동은 교육과정 조직의 통합성에 대한 관심에서 시작되었다. 새로운 지식영역을 넓히는 데 열중한 나머지 통합성의 원리는 경시되고 교육과정의 분과주의로 흐르게 되었다. 우리나라는 1981년에 개정된 제4차 교육과정에서 통합성의 원리를 반영하기 시작하였다.

그 예로서, 초등학교 저학년에서 교과 간의 내용과 활동의 통합성을 고려하여 그 연계가 조화롭고 자연스럽게 이루어지게 하였으며, 중학교 교육과정에서는 교과 간 및 교과의 특별활동 간의 관련성, 학년 간 및 학교급별 사이의 연계성을 고려하여 일관성 있는 지도가 가능하게 하였다.

5) 균형성의 원리

앞에서 교육과정 조직의 두 가지 측면인 수직적 측면과 수평적 측면을 각각 두 가지 원리로 고찰하였다. 균형성의 원리는 이 두 종적이고 횡적인 차원의 조직원리를 어떻게 균형있게 적용하느냐의 문제이다.

균형성을 적용하기 위해서는 학습자의 개별화 원칙을 찾게 된다. 교육과정의 조직에 있어서 수직적·수평적 원리를 균형있게 반영시키려면 학습자의 능력, 흥미, 요구, 발달과업에 따라 시행되어야 한다.

균형성을 갖기 위하여 융통성 있는 수업시간의 계획이 필요하다. 모든 교과를 똑같은 시간 동안 가르치거나, 모든 교과가 표준화된 교수모형을 적용할 수도 없다는 새로운 각성은 학교의 수업계획에 있어서 융통성을 받아들이게 했으며 교육과정 조직의 균형성을 추구하게 하였다.

4. 단원의 구성

교육과정의 구성작업 중 마지막 단계에서 단원을 구성한다. 학습자가 배우게 될 학습내용과 학습경험이 가장 구체적으로 명시되는 것이 단원이다. 여기서는 단원의 개념과 단원계획, 단원전개에 대하여 고찰한다.

1) 단원의 개념

단원은 통일성 있는 학습활동으로 전개시킬 학습자료로서, 교재단원과 경험단원으로 구분된다. 교재단원은 교과중심 교육과정에서 일정한 지식의 분량 또는 단편적인 지식의 토막이다. 예를 들면, 교과서 제1장 1절과 같은 교재의 일정량이다. 경험단원은 일정한 목표 아래 전개되는 종합적으로 관련있는 일련의 활동이다. 즉, 경험단원은 학생이 활동하고 경험하며 실천하는 생활경험과의 관계를 의미한다.

한편 학급에서 전개되는 학습단원과 사전준비로 이루어지는 자료단원으로 구분한다. 자료단원은 어떤 단일한 학습단원을 위한 것이 아니라 여러 학습단원을 위한 자료가 축적된 것으로서 비교적 여러 학년과 여러 교과를 위해 도움이 되는 것이다.

2) 단원의 계획

단원의 계획은 교사가 단원계획의 기초를 확정하면서 시작된다. 단원계획의 기초가 밝혀지면 단원을 선정한다. 교사의 사전계획은 문제의 선정으로 그치지 않고 단원전개의 기본적인 방향을 설정해야 한다. 단원전개를 계획할 때 다음의 내용을 공통적으로 갖추어야 한다.

- 단원의 목표를 설정한다.
- 단원의 요점을 제시한다.

- 단원접근법을 계획한다.
- 작업단계를 계획하고 전개한다.
- 평가기술을 제시한다.
- 기타 참고문헌이나 지역사회의 자료를 조사한다.

3) 단원의 전개

교사의 사전계획으로 마련된 단원은 단원의 구성 그 자체가 목적이 아니라 계획된 단원을 실제로 전개함으로써 바람직한 교육성과에 도달하는 것에 그 목적을 둔다. 단원전개에 적용되는 절차는 도입단계, 전개단계, 정리단계, 평가단계의 네 단계에 의한다.

(1) 도입단계

도입단계는 계획된 단원에 대하여 학생이 흥미를 갖도록 학습의욕을 고무시킴으로써 학생이 주체적으로 학습에 참여하게 하는 단계이다. 이 단계에서 학습의욕을 유발시키는 동기유발 기법이 필요하다. 학습동기의 유발은 학습의 첫 출발이면서 학습활동의 기초이다. 따라서 교사는 학습동기 유발에 대한 전문적인 지식과 방법을 습득하고 있어야 한다.

(2) 전개단계

전개단계는 계획된 단원을 여러 가지 활동방법으로 전개하는 단계이다. 이 단계에서 교사는 사전계획에 따라 미리 활동의 성격을 분류한다. 대표적인 활동으로는 시각활동, 구술활동, 청각활동, 작문활동, 회화활동, 동작활동, 정신활동, 정의적 활동 등 8가지 분야로 분류된다. 실제로 전개할 경우에는 어느 한 가지만 나타나는 것이 아니라 서로 중복되고 연합되어 전개된다.

(3) 정리단계

정리단계는 학습성과를 정리하고 개관하는 단계이다. 모든 학습결과를 종합하고 결론이나 원리를 도출하여 검토하는 일종의 종합 및 완결의 단계이다.

(4) 평가단계

평가단계는 학습결과를 평가하는 단계로서 정리단계에 포함시키기도 한다. 처음에 설정된 목표에 얼마나 접근하였는가를 확인하는 것이다. 학생의 학습성과 뿐만 아니라 교사 자신이나 선정된 단원에 대한 평가도 필요하다.

CHAPTER 12

학습경험의 선정과 조직

1. 학습경험의 선정
2. 학습경험과 수업모형 조직
3. 다문화 교육과정 모형
4. 창의성 개발 교육과정

12 CHAPTER 학습경험의 선정과 조직

1. 학습경험의 선정

1) 학습경험의 의미

교육은 학습자의 경험 변화를 말하며 경험을 통한 교육이란 교사가 학습자에게 지식을 전달하는 것만이 아니라 학생들에게 학습의 경험을 제공하고 이를 경험하며 자신의 경험과 그에 따른 결과를 연결 짓는 사고의 과정이다. 듀이는 교육에서 학습의 경험을 강조하고 경험의 세 가지 조건을 첫째, 능동적 행위, 둘째, 행위의 결과, 셋째, 능동적 행위와 그 결과의 관계를 파악하는 사고 작용이라고 하였다.

학습경험은 학교 교육과정 개발에서 핵심적인 위치를 차지한다. 왜냐하면, 학습은 교사가 아니라 학습자에게 기초한 개념이라는 점과 경험이라는 개념 또한 학습자 외부에 있는 '객체로서의 내용'이라는 점은 학교 교육과정 개발의 궁극적 목적이 학생 개개인의 의미 있는 학습경험의 주체적 성장에 둔다. 교육과정 개발과 관련한 중요한 문제는 학습자가 어떤 학습경험을 어떻게 하도록 하여야 그들의 학습의 질적 향상을 이루게 되며, 더 나아가 초등교육의 질적 향상으로 이어질 수 있는지에 대한 것이다.

학습경험에 대한 학자들의 정의는 일치하지 않지만 대체로 학습자와 환경과의 상호작용 또는 그 결과로 정의한다. 상호작용으로의 학습경험은 타바는 "학습자가 학습 내용을 학습할 때 사용하는 정신적 조작, 또는 과정", 타일러는 "학습자와 학습자가 반응할 수 있는 환경의 외적 조건 간의 상호작용"으로 제시하였다. 그 상호작용의 결과로써 학습경험을 오토와 로즈(Otto, Floyd &

Rouse)는 경험은 활동에 참여하는 과정 또는 그 결과로 개인에게 발생하는 것이라 하였다. 듀이 또한 경험을 '일차적 경험'과 '이차적 경험'으로 구분하고, 일차적 경험은 가시적인 활동, 실천적 행위, 사물과의 직접적 접촉을 말하며, 이차적 경험은 그 활동이 그 자체에서 머무르는 것이 아니고 의미 있는 상징적 경험으로 이어져 얻게 되는 결과이며, 이때의 경험이 진정한 경험이라고 보았다.

일선 학교에서는 학습경험과 학습 내용을 서로 동의어처럼 쓰이는 경우가 많이 있으나, 타바는 내용이란 '특정 사실, 개념, 아이디어'라고 함으로써 학습자 외부에 객관적으로 존재하는 것으로, 타일러 또한 학습경험은 한 과정에서 제시되는 학습자료가 아니고, 그것에 대해 '학습자가 행한 것'이라고 하여 내용과 경험을 구별하고 있다. 그런데도, 학교현장에서 이와 같은 용어 사용에 혼동이 있는 것은 '내용은 곧 경험'이라는 등식 개념이 전통적으로 자리 잡고 있고, 교육의 실천적 측면에서는 내용과 경험은 항상 동시에 존재하기 때문이다.

그러나 내용과 경험은 이론적으로 구별될 필요가 있다. 그 이유는 의미 있고 생산적이고 효과적인 학습과 그렇지 않은 경우를 구별할 수 있는 틀을 제공해 주기 때문이다. 예를 들어, 수학이나 과학의 원리와 같이 중요한 내용을 암기와 같은 부적절한 경험으로 다루게 하거나, 사소하고 주변적이고 특정한 사실적 내용을 분석이나 적용, 창조와 같은 고등사고의 생산적인 경험으로 처리하도록 하는 것은 비효율적이라는 것을 알 수 있게 해준다. 내용은 학습자 모두에게 주어지는 집단적인 성격을 가질 수 있지만, 경험은 학습자가 습득하는 개인적인 성격을 갖고 있고, 내용이란 학습자의 외부에 있는 객관적인 존재일 뿐이지만 경험은 학습자 개인의 그것에 대한 주관적 개입이기 때문에 학습의 질적 향상을 추구하는 학교 교육과정 개발은 자연히 경험에 우선적인 관심을 둘 수밖에 없다는 것이다.

2) 학습경험 선정의 원리

학교 교육과정을 개발할 때 교육의 질적 제고를 위해 어떤 학습경험을 선정하고 또 어떻게 조직하는가는 단위학교의 교육에 맞는 학생들의 학습경험의 질과 교육의 질을 높이는 것이다. 이러한 측면에서 학습경험의 선정과 조직의 원리를 파악하는 것은 중요하다. 이러한 학습의 질적 향상을 위한 학습경험 선정의 원리는 다음과 같다.

첫째, 학습경험은 학습자의 전인적 성장을 돕는 경험을 선정한다. 과정적 교육에서는 교육의 관심을 사회·경제적 지위의 획득이나 사회의 발전보다는 개인적 삶의 질적 수준 향상에 두기 때문에 교육은 학습자의 삶의 전 과정을 포함한다.

둘째, 일반적인 지적 능력의 발달에 도움이 되는 경험을 선정한다. 과정적 교육에서는 전인적 성장과 같이 어떤 방향으로 개인이 성장하느냐에 관심을 두는 것과 함께, 어떤 지적 능력을 발달시켜야 하는지도 관심을 둔다. 이는 특정 교과의 지식과 기능의 습득이나 행동의 변화보다는 일반적이고 넓은 수준의 지적 능력의 발달에 둔다. 지적 능력이란 교과 내용에 비추어 정의되는 능력보다 훨씬 포괄적인 능력이다. 케츠(Katz)는 발달심리학의 관점에서 인지발달은 "미리 명시된 어휘, 전통적으로 강조되어 오던 개념들, 기초적인 역할 행동, 학업성취 표준화 검사에서 전형적으로 측정하는 기능 등에서의 발달"을 의미하며, 지적 발달이란 "탐색, 실험, 분석, 기록을 통해 사고를 다양하게 확장하고, 심화, 정교화하며, 자신의 환경과 경험에 대한 이해를 증진하는 것"이라고 한다.

셋째, 발견의 기쁨을 갖도록 해주는 경험을 선정한다. 과정적 관점에서는 발견학습이 학습자에게 가장 자연스러운 학습방법이라고 본다. 피아제(Piaget)의 "지능은 그 자신을 구성하고 효과적으로 설명하기 위하여 언제나 활동적이고 역동적이기 때문에, 지식을 언어로 전달하는 교육 대신, 학습자의 자발적 조사

연구를 통해 지식을 재발견하고 재구성하도록 지원하는 교수 방법을 사용하여야 한다"라는 주장은 이러한 관점을 지지한다.

넷째, 학습자의 흥미와 요구에 부응하는 경험을 선정한다. 전통적 교육에서는 학습자들이 다양한 교육적 상황을 고려하는 것은 가치가 없으므로 무시되거나 버려져야 한다고 보지만, 과정 중심 교육에서는 오히려 다양한 교육적 맥락을 고려하는 것은 교육에 필요한 단서와 동기를 제공해 주기 때문에 중요하다. 아동은 성인과는 질적으로 다른 나름의 독특한 사고방식과 관심을 가졌으며 이는 아동이 자신만의 세계를 소유한 '특정 시기의 완전한 존재'라는 발달심리학의 주장에 기초하고 있다. 이러한 발달단계의 완전성 개념은 듀이의 "처음에는 잎, 그다음에는 이삭, 그다음에는 이삭 속에서 완전히 익은 알곡"이라는 관점, 즉 같은 씨앗에서 나와 같은 유전적 성격을 갖고 있으나 시기별로 각각 다른 특성을 보이는 서로 다른 존재라는 비유에서도 알 수 있다.

다섯째, 학습자의 발달수준에 적절한 경험을 선정한다. 발달심리학이 교육에 공헌한 가장 중요한 원리는 학습자의 발달수준을 고려한 교육을 해야 한다는 것이다. 브루너는 "교수란 결국 성장을 도와주거나 조형하는 노력이다. 성장이라는 현상, 그것의 제약과 기회에 관하여 알려진 것을 무시하고서 학습자를 위한 교수를 구안한다는 것은 매우 잘못된 것이다"라고 하였는데 이는 이 발달적 교수의 원리를 지지하는 진술이다.

여섯째, 구체적 감각과 실천적 활동을 통해 얻을 수 있는 경험을 선정한다. 루소(Rousseau)는 12세를 기준으로 이전에는 감각기관의 훈련을 통해 경험하는 학습을 하고 그 후에는 이성적 판단을 통해 학습하는 단계로 나아가야 한다고 하였다. 이를 오늘날 학제에 적용하면 초등학교까지는 감각을 통한 학습이 적절하고, 중등학교에서부터는 이성을 활용하는 학습을 하는 것이 적절하다고 할 수 있다. 타바도 초등학교에서는 경험 중심 학습이 필요하며 특별히 흥미와 요구를 반영하지 않는 교수는 유아들이 빠르게 학습 동기를 잃어버리는 부적절한 교수 방법이라고 하였다. 듀이도 학습은 감각적 조작과 구체적 활동을 통해 얻는 일차적 경험으로부터 시작하여 어떤 의미를 습득하는 이차적 경험으로 이어져야 한다고 보며, 경험의 출발점인 활동의 중요성을 주장하였다.

일곱째, 아동들의 생활과 밀접히 관계를 맺고 있는 경험을 선정한다. 과정을 강조하는 진보주의는 '지금 여기'를 중시한다. 교육의 준비란 개인이 그의 현재 경험으로부터 그를 위해 존재하는 모든 것을 도출해내는 것이다. 따라서 현재는 미래의 장기적인 목적을 위해 희생되어야 하는 것이 아니라 충분히 탐구돼야 하고, 현재 경험의 충분한 활용이 미래를 위해 가장 좋은 준비가 된다. 잉그램(Ingram)도 "전인이 되기 위해서는 아동은 자신의 삶을 세상이라는 환경에서 보아야 하며 자신이라는 존재를 세계라는 존재와 화해시켜야 한다"라고 주장하고 있다.

여덟째, 학습경험은 통합적 접근을 가능하게 해주는 경험을 선정한다. 교과중심 설계에서는 내용을 학습자 중심 설계에서는 경험을 강조한다. 과정으로서의 교육에서는 후자의 학습경험에 초점을 두게 되는데, 교육과정 통합의 근본 이슈는 지식의 조직형태로서의 뚜렷한 다양성을 아동의 학습경험으로 분명한 통일성과 어떻게 조화시키느냐에 관한 것이기 때문에, 교육과정 통합 또한 학습경험에 초점을 두며 그런 점에서 과정으로서의 교육과 긴밀한 관계를 맺고 있다.

통합 교육과정은 학습자에게 통합적으로 기능한다. 통합 교육과정은 학습자의 요구, 흥미, 활동에 기초하여 교육과정을 구성하고, 학문적 추상성을 학습하도록 요구하기보다는 일상 삶의 구체적 경험과 실제상황과 연계하고, 아동들의 참여를 독려하고, 협동학습의 기회를 제공해 주고, 실질적 학습 내용보다 학습하는 방법과 과정을 강조하는 것이 학습자들의 경험세계에 적절하기 때문이다.

아홉째, 각 교과의 특수한 기능들을 발견하는 과정에서 활용되도록 하는 경험을 선정한다. 과정적 교육이라고 해서 도구적 관점에서 강조하는 기능학습, 특히 전통적으로 초등학교에서 중요하게 취급해 온 본질적인 기능들을 소홀히 간주하지 않는다. 오히려 기능을 전통적인 3R's에서 그 범위를 확대하여 과정으로서의 교육에서 중요하다고 간주 되는 탐구 및 문제해결 기능들까지 확대할 필요가 있다고 본다.

열째, 학습자 간의 지적 교환과 협동을 돕는 경험을 선정한다. 지금까지의 경험 선정의 원리들은 내용과 관련하여 제시되는 경험이라면, 여기서 경험은 학습자 간의 사회적 상호작용을 통한 경험, 즉 학습의 방법적 측면과 관련된 경험을 말한다. 과정적 교육에서는 학습의 과정에서 이루어지는 상호 교환적이고 협동적인 조작과 의견 교환을 통해 협동심과 비판적 사고를 증진하는 것을 중시하는데, 이 관점은 듀이, 피아제, 비고스키 등에 의해 강조된다.

지적, 사회적 상호작용은 아동들 간의 집단활동을 통해 이루어지는데, 이때 중요한 것은 협동적 작업 구조와 협동적 동기를 확보하는 일이다. 협동적 작업은 "둘 이상의 아동들이 서로 격려하며 노력하여 같은 과제를 완수하도록 요구되는 상황"이며, 협동적 동기는 "학습자 개개인이 개별적으로 평가받고 집단의 성취가 보상을 받는 상황"을 일컫는다. 슬래븐(Slevan, 1983)은 이 두 가지 조건을 포함하였을 때 가장 학습의 효과가 높다고 보았는데, 이는 과정적 교육에서 교수가 비록 경제적 효율성을 이유로 집단의 형태로 이루어지더라도 개별 아동의 성취에 초점을 맞추어야 한다는 것이다. 위의 10가지 학습경험의 선정방법들은 모두 아동들의 의미 있는 경험의 성장을 이루게 하고 더 나아가 교육과정에서 경험의 의미에 중요한 역할을 한다.

2. 학습경험과 수업모형 조직

수업모형은 수업목표, 교사, 학습자, 학습환경 등의 전체 맥락 속에서 학습자의 적절한 학습경험을 탐색하고 효과적인 학습방법을 조직하는데 도움을 준다. 특히 글래이저의 절차 모형과 상호작용 수업모형은 학습경험의 선정과 조직에 많은 것을 시사한다.

수업모형은 수업사태를 만들어내는 변인들과 이들 간의 복잡한 관계를 간단 명료하게 나타내기 위해 고안된다. 수업모형을 사용하면 수업사태에 관계된 제 변인들을 확인하고 이들의 관계를 알 수 있으므로 수업을 설명하고 처방하기 쉽다. 수업모형에는 수업의 시간적 전개를 나타내는 절차 모형과 학습 목표, 내용, 학습자료 등의 제 변인들의 역동적 관계를 나타내는 상호작용 모형이 있다.

구조화된 학습이 비형식적이고 우연적인 학습과 구별되는 중요한 점은 학습경험의 선정과 더불어 수업모형의 조직에 있다. 수업모형은 학습자들에게 고립되고, 혼란스러운 우연적인 것으로 지각되어, 학습의 효율성이 떨어진다. 타바는 학습경험과 수업모형의 조직은 관심을 받지 못했고, 이론적 사고나 경험적 연구가 학습경험 선정보다 상대적으로 협소한 분야라고 지적하였다.

타바의 모형은 교육과정이 학습경험을 위해 교사에 의해 개발되어야 함을 강조하였으며, 처방적 모형, 귀납적 모형의 두 가지 측면을 제시하였다. 처방적 모형은 교육과정 개발절차를 제시하여 타일러의 합리적 모형과 교수 전략을 통합하였다. 귀납적 모형은 단원개발에서부터 교과 형성으로 진행하는 논리적이고 구체적인 모형의 성격을 지닌다.

절차 모형의 기초는 글래이저의 수업모형이며, 우리나라에서 가장 널리 소개된 모형은 한국교육개발원의 「새 수업 체제 모형」(그림 12－1)과 한국행동과학연구소의 「완전학습을 위한 수업모형」이다. 이 두 모형은 교사용 지도서, 새교실, 교육자료 등의 관계 자료에 활용되고 있다. 글래이저의 절차 모형에서는 학습경험의 선정 및 조직과 관련하여 12가지 형태의 수업 유형을 제시하고 있다. 강의, 탐구학습, 문제해결 학습, 토의, 실험 등의 교사주도 수업 유형, 프로그램 학습, 관찰 및 견학, 조사 및 발표, 토의, 모의 활동 등의 학생 주도 수업, 텔레비전 학습에서의 수업 프로그램, 보조 프로그램 등의 수업 등은 학습경험의 선정과 조직에 영향을 준다.

조이스와 웨일(Joyce & Weil, 1986)은 80여 개의 교수·학습 모형을 조사하고, 모형별 특징에 따라 4개 모형으로 분류하였다. 우선 사회적 상호작용 모형은 개인이 형성할 수 있는 사회 또는 다른 집단과의 관계를 강조하여, 개인이 추구할 수 있는 사회 내에서의 생산성, 민주주의에의 참여, 다른 사람들과의 관계 등에 관련된 내용과 학습에 중점을 둔다. 정보처리 모형은 정보·자료를 조직하고 처리하는 방법, 문제를 감지하고 해결하는 방법을 강조한다. 행동 조정·두뇌적 모형은 선행 학습과 학습결과를 조작함으로 인하여 학습자들이 일련의 학습 과정을 거치면서 보여주는 학습자의 행동 변화를 강조한다.

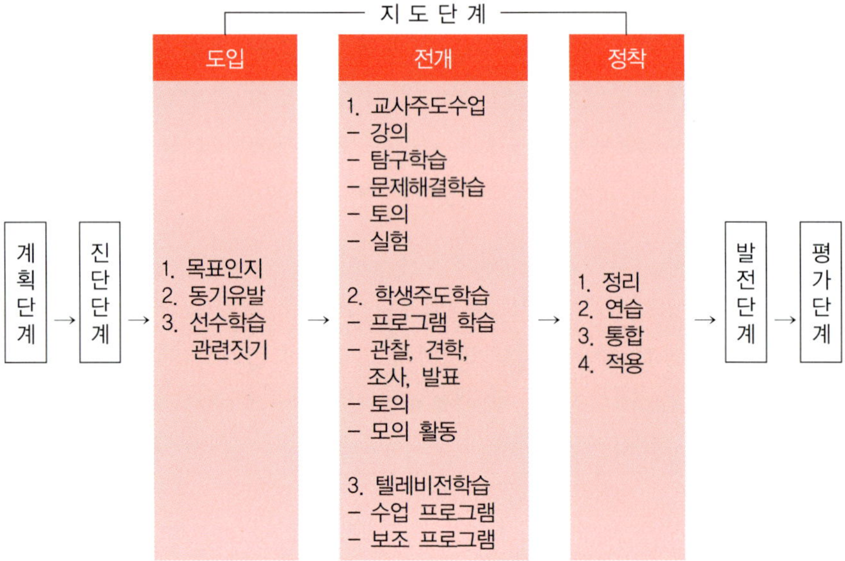

|그림 12-1| 새 수업 체제 모형

이와 같은 수업모형은 교육목표, 교사, 학습자, 수업환경 등을 종합적으로 고려한다는 점에서 학습경험의 선정에 큰 도움을 준다. 교육목표를 간과하고 선택하여 조직한 학습경험은 실효성이 없으며 교육목표에 따라 선택된 학습경험이라고 교사와 학습자의 특성에 맞지 않으면 학습이 일어나기 어렵다. 그리고 이들 조건 모두를 만족시킨다고 하여도 수업의 물리적·심리적 환경이 뒷받침되지 않는다면 적합한 학습경험을 갖도록 할 수 없다.

3. 다문화 교육과정 모형

우리나라는 분단된 민족이라는 특수성으로 인해 역사적으로 단일민족임을 강조하여 왔으나 발해, 고구려, 고려 시대 때부터 말갈족, 여진족 등과의 교류와 귀화민이 있었으므로 순수한 의미의 단일민족을 강조하는 것은 역사를 왜곡하는 것이다. 또한 유엔(UN) 인종차별위원회(CERD)에서도 "한국이 단일민족을 강조하는 것은 국제적인 기준으로 볼 때 인종차별에 해당될 수 있으므로 한국 정부는 다른 국가 출신, 다른 인종에 대한 차별을 없애기 위해 앞장서야 한다"라고 권고하였다. 따라서 교과서에서 지나치게 단일민족 문화를 강조하는 것은 함께 살아가야 할 다양한 민족과 문화의 이해와 수용에 대한 보수적인 태도를 키우게 된다. 이러한 시대적 흐름에서 아직도 우리나라의 개별적 특성과 민족성만을 고려한 교육을 한다면 이를 바탕으로 자라난 우리의 학생들은 앞으로 다가올 지구촌 시대에 올바르게 적응할 수 없을 뿐 아니라 한국 내에서의 생활도 어려워지게 될 것이다.

다음에서는 다문화 교육과정 모형을 소개하고 이에 대한 이해를 돕기 위해 다문화 교육의 의미와 내용을 살펴보자 한다.

1) 다문화 교육의 의미와 내용

다문화라는 용어는 여러 문화가 서로 밀접한 관계를 맺는 가운데 주 문화와 하위문화 간에 생기는 충돌이 가시화되면서 문화 간에 생기는 여러 유형의 문제를 조화롭게 극복하고자 하는 의도에서 만들어진 용어이다. 뱅크(Bank, 1994)는 교육개혁 운동 차원에서 다문화 교육을 다음과 같이 정의하였다. "다양한 인종이나 사회계층, 민족들이 교육적으로 평등하게 대우받을 수 있도록 학교와 같은 교육기관이 먼저 개혁을 하는 것"으로 정의하였다. 그는 다문화 교육의 궁극적인 목표는 다원주의에 바탕을 둔 분리주의나, 통합주의에 바탕을 둔 전적인 통폐합을 의미하는 것이 아니라 개개인의 다양성이 인정된 상태에서 모두가 동등하게 사회 참여 및 기능을 할 수 있는 열린사회를 의미한다고 하였다. 그러나 그 역시 이러한 사회가 어떻게 사회의 결집력을 유지함과 동시에 다양성을 추구할 수 있느냐의 실천적인 문제의 해결책은 제시하지 않고 있다.

2000년대에 들어서면서 한국 사회는 이주자의 증가로 인해 다문화 교육에 관심이 높아지고 있다. 요나단(Jonathan)은 다문화 사회를 크게 네 가지 유형으로 분류하였다. 첫째, 안정된 민주사회로 역사적으로 상당 기간 인종, 언어, 종교적으로 다양한 대규모의 이주자가 발생한 사회, 둘째, 안정된 민주사회로 역사적으로 보아 비교적 최근에 대규모의 이주자가 발생한 사회, 셋째, 안정된 민주사회로 원주민을 흡수 또는 대체하면서 이주의 과정을 통해 형성된 사회, 넷째, 변화를 겪고 있는 형성단계의 민주사회로서 인종, 언어, 종교적으로 다양한 집단이 혼재하는 가운데 식민주의나 다른 여러 가지 억압 때문에 역사적으로 일부 집단의 목소리가 억제되었던 사회 등이 그것이다. 요나단은 이러한 사회의 유형에 따라 공통교육과 문화 정체성 교육의 조화 문제를 규정하는 방식이 서로 다를 수 있음을 지적하고 있다.

다문화 교육의 개념과 범위뿐 아니라 다문화 교육 활동의 성격, 프로그램의 범위 등에 대한 합의된 개념이 어렵다. 용어에서도 '한국문화교육', '이중언어교육', '다문화이해교육', '타문화이해교육', '세계교육', '반편견 교육' 등등의 다양한 용어들이 다문화교육과 통용되고 있다.

다문화 교육은 자신이 속한 문화에 대한 긍정적인 정체성 확립을 기초로 서로 다른 집단들의 문화가 동등하게 가치 있다는 것을 인식하는 지식·태도·가치 교육을 말한다. 즉, 자신의 문화와 다른 문화에 대한 편견을 없애고, 다양한 문화집단의 사람들에 대한 편견을 없애고, 상호 이해와 평등 관계를 중요시하는 것을 말한다. 다문화의 범위는 단순히 인종 간의 화합을 위한 것뿐만 아니라 한 국가나 사회 내에서 존재하는 하위문화, 즉 종교·민족·인종·성별·사회 계층·이념·직업 등에 따른 다양성을 포함하는 것이다. 궁극적으로 모든 문화에 속한 아동들에게 동등한 교육적 기회를 주고, 문화 교육적인 태도와 인식, 그리고 행동을 발달시키도록 돕는 평등을 추구하는 실천 교육인 것이다.

다문화 교육의 방법은 단편적인 교육이 아닌 과정 중심적이고 지속적인 교육의 형태로 행해져야 하며, 학생들에게 역할극이나 실제 상황을 제시함으로써 학생들이 직접 공감하고 체험할 수 있는 형식의 수업 방법을 사용해야 한다.

2) 다문화 교육 프로그램의 개발

(1) 다문화 교육과정의 모형에 근거한 프로그램

다문화 교사 교육과정 모형은 베네트(Bennett, 2007)의 모형을 수정·보완하고 게이(Gay, 1977)가 주장한 다문화적 감각을 지닌 교사가 되기 위한 중요 요소인 지식, 기술, 태도의 요소에 근거하여 6단계로 이루어져 있다. 1, 2단계는 다문화적인 지식 습득 단계이고 3, 4단계는 다문화적 태도 형성 단계이며 5, 6단계는 다문화적 실행 개입 단계이다.

첫 번째 단계는 인종, 민족, 문화, 성별에 대한 지식 습득 단계, 즉 다문화 교육 프로그램 시작 단계로 다문화 교육에 필요한 다문화와 관련된 개념, 지식, 등을 학생들에게 인식시키는 단계이다. 지식은 다문화적 능력을 갖추기 위한 필수 조건이다. 지식 교육은 다음 단계인 태도와 기술의 기초가 된다.

두 번째 단계는 지구의 전체적인 상황과 지구 환경 문제, 오염 문제, 전쟁 문제 등의 문제점에 대해 인식하고, 나라 간 관계에 대한 지식을 획득해야만 상위 단계에서 주류 사회 시각이 아닌 소수집단의 시각에서 세계적인 문제와 사건을 비판적으로 인식할 수 있는 관점을 가질 수 있다.

세 번째 단계는 자아정체성과 민족정체감 형성단계이다. 인종 관계와 편견타파 향상을 위해 일해 온 심리학자나 상담전문가들은 자신에 대한 건전한 민족정체감이나 자아 정체감을 가지고 있어야만 다른 민족에 대해서도 수용하고 인정할 수 있다고 주장한다. 따라서 이 단계에서는 우리나라가 단일민족이기 때문에 민족정체감이나 자아 정체감을 가져야 하는 것이 아니라, 우리 민족이 어떻게 생겨났고 어떠한 과정을 겪으면서 지금의 우리가 있는지 등에 대해서 학생들에게 주지시킴으로써 긍정적인 민족정체감과 자아 정체감을 형성하도록 돕는다.

네 번째 단계는 차별과 편견 없는 태도를 형성하는 것이다. 이는 주류 사회의 소수집단에 대한 올바른 태도 형성을 학생들에게 심어주기 위한 단계이다. 이 단계에서는 교육 활동과 영상을 통하여 소수집단의 입장이 되어봄으로써 역지사지(易地思之)의 감정을 느낄 수 있도록 프로그램을 개발한다.

다섯 번째 단계인 교육과정 개혁을 위해서는 다문화적 지식과 태도를 바탕으로 교실에서 학생들에게 다문화 교육을 위해 필요한 수업 전략, 기법, 자료를 개발할 수 있는 능력을 의미한다. 또한 다문화적인 요소를 일반 교육과정 안에 적용할 수 있는 교육과정 재편성 능력도 포함된다. 이 단계의 목표는 실제로 학생들이 다문화적인 상황에 처했을 때, 다른 인종, 민족과 커뮤니케이션할 수 있는 능력을 배양하는 것을 목표로 한다.

마지막 단계인 사회정의를 향한 행동 기술 습득 단계는 사회의 문제점을 비판적인 시각으로 판단할 수 있는 능력을 기르고, 이를 실천에 옮기기 위한 구체적인 행동 방안을 수립하고 실천할 수 있는 단계이다. 이러한 단계를 기초로 해서 실시할 수 있는 다문화 교육 프로그램의 내용은 다음과 같다.

〈표 12-1〉 다문화 프로그램의 내용

학년	관련교과	관련단원	관련내용
2	즐거운 생활	7. 우리들 세상	여러 나라의 민속 의상과 장신구 만들기
4	미술	1. 자연의 색	뒤피(지중해의 풍경), 위트랄로(잔다르크의 거리) 외국 작품 제시
	체육	4. 손잡고 발맞추어	다른 나라의 민속춤 익히기
5	도덕	10. 우리 문화와 세계 문화	여러 나라의 문화를 이해하기
	미술	12. 우리나라와 다른 나라 미술	우리나라와 다른 나라의 미술품 비교 감상
	체육	4. 표현활동	다른 나라의 민속춤 익히기

		③ 다른 나라 민속춤	
6	사회	2. 함께 살아가는 세계	지구촌의 의미, 세계의 각 나라에 대해서 알아보는 활동
		3. 새로운 세계에서 우리가 할 일	지구촌 사회에서 모두 하나 되어서 살아가는 방법
	음악	24. 여러 나라의 음악	외국곡 감상
	미술	6. 여러 나라의 민속 공예	여러 나라의 민속 공예품 만들어 보기
	체육	4. 표현활동 ③ 다른 나라 민속춤	다른 나라의 민속춤 익히기
	도덕	10. 평화로운 지구촌	국제 분쟁과 세계 평화에 대해서 알아보기

* 음악은 3~6학년 총 104개 단원 중 외국곡 관련 단원 18개 단원(17%)

(2) 초등학교 교과서에 나타난 다문화 교육프로그램

제7차 교육과정에서 이루어지고 있는 다문화 교육은 체계화된 교재나 교육과정에 의해서 이루어지는 것이 아니라 교과서에 나타난 산발적이고 단편적인 수준의 국제이해 교육 형식으로 이루어지고 있다. 다문화 교육은 다른 나라의 문화, 관습, 예술 등을 소개하는 것에서 끝나는 것이 아니라 나와 다른 문화에 대한 이해와 비판적인 성찰력을 가질 수 있는 능력을 요구한다. 현행 7차 교육과정의 초등학교 교과서에서 언급한 다문화 교육과 관련된 요소를 분석하면 다음과 같다.

〈표 12-2〉 제7차 교육과정에 나타난 다문화 교육내용

모형단계	주제	세부 지도 내용	차시
1	다양해져 가는 우리나라 구성원	• 외국인을 본 경험 이야기하기 • 외국인이 많아지고 있다는 사실 통계자료를 통해 알아보기	1/14
1	많은 나라가 살고 있는 지구촌	• 지구에 있는 나라 숫자 맞히기 게임 • 직소 방법을 통한 모둠별 각 대륙에 대해서 발표	2/14
2	지구촌의 여러 가지 문제 알아보기	• 지구상에서 문제가 되는 여러 가지 문제 모둠별로 발표하기<환경, 기아, 영토분쟁, 전쟁, 경제 등>	3/14
2	세계 여러 나라 간의 관계 알아보기	• 나라 빙고 게임 • 모둠별 조사해 온 BEST 3개국 발표 • 전쟁이 나는 이유, 빈부격차 국가의 이유	4/14

3	나 자신, 우리 민족, 나라에 대해서 알아보기	• 나에 대해서 알아보기 • 애국가 감상 • 단군 왕검 건국신화 동영상 감상 • 우리나라의 건국부터 현재까지 역사 배우기	5/14
3	우리 민족, 나라의 자랑거리에 대해서 알아보기	• 한국을 빛낸 100명의 위인 노래 불러보기 • 우리나라의 자랑거리 모둠별 발표 • 우리 민족 고유한 것 모둠별 발표	6/14
4	내가 가진 차별과 편견에 관한 태도 인식	• 서민정, 하인스워드 동영상 관람 • 차별과 편견의 이유 알기 • 고정 관념 알아보고 이를 없애는 활동하기	7/14
4	편견 확인하기	• 편견에 관한 동영상 시청 • 자신이 가진 편견 확인하기 • 편견을 주제로 한 시화 그리기	8/14
4	편견 극복 태도 키우기	• 차이와 차별의 의미 알기 • 경험을 통한 '차별'사례 알아보기 • 차별받는 이웃들의 마음 알기 • 편지로 마음 전하기	9/14
5	다른 나라 미술품, 음악 감상하기	• 세계 유명 미술품과 음악을 감상 • 감상 후 세계 유명 미술품과 음악에 대해서 느낀 점 발표	10/14
5	다른 나라말로 의사소통하기	• 모둠별로 한 나라의 인사말 조사 • 조사 후 그 말을 사용한 상황극 시연 • 다른 모둠이 조사한 다른 나라의 언어 숙지	11/14
6	다른 나라와 친구와 친해지기	• 다른 나라로 이사 간 상황 상상해 보기 • 다른 문화 친구 입장 되어보기 • 다른 문화 친구와 친해지는 방법과 역할극하기	12/14
6	외국 어린이와 펜팔친구 되기	• 안산일초 친구 소개하기 • 자신이 정한 외국인 이메일 보내기 • 외국인 친구와 친구가 되기 위해서 갖추어야 할 점	13/14
6	다른 문화 친구와 함께하기	• 문장 만들기 게임하기 • 단어카드를 이용한 이야기 꾸미고 발표하기 • 설문지 작성	14/14

3) 다문화 교육 프로그램의 유형

(1) 다문화 교육과정의 기본 형태

다문화 교육의 개념과 성격의 논의에 비하여 '무엇을 어떻게 왜 가르치고 배울 것인가?'를 종합적이고 체계적으로 다루는 '다문화 교육과정 개발'에 대한 연구가 상대적으로 미흡하다. 다문화 교육에 대한 교육과정 개발이나 프로그램의 요구는 지속적으로 증가하고 있지만, 현재 이루어지고 있는 다문화 교육의 내용은 주로 소수집단을 대상으로 하는 동화주의적 교육내용에 초점이 맞추어져 있으며 이 또한 지역문화체험, 지역유적지 탐방, 다문화가정과 일반가정의 결연 활동, 국제결혼가정 학부모 만남의 날 추진 등 일회성 행사에 그치는 경향이 있다. 요컨대, 소수자를 한국 사회에 적응시키는 것을 넘어서서 소수자의 정체성 함양이나 소수자와 다수자 모두를 대상으로 하는 상호이해 증진 교육 등과 관련되는 포괄적인 교육과정에 대해서는 충분한 논의와 연구가 부족한 상황이다.

다문화 교육과정 모형의 유형은 다양하겠지만 대체로 다음과 같은 유형으로 구분된다. 그 유형은 소수자 적응 교육, 소수자 정체성 교육, 상호이해 증진 교육 등이다.

첫째, 소수자 적응 교육 모형은 사회통합을 위해 소수집단을 주류집단의 문화에 동화시키는 데 초점을 맞추는 교육이다. 이 모형은 사회통합에 중요한 기여를 할 수 있기 때문에 제2차 대전 이후에 급증한 모형으로 서유럽의 다문화교육에서 시행되었다. 적응 교육에서 강조되어야 할 내용은 언어능력, 기본 생활양식의 이해, 정치·사회·경제 제도의 이해이며, 다른 하나는 그 사회의 공동체 구성원으로 갖추어야 할 정체성 및 가치관, 즉 국민의식, 시민의식, 민주주의적 가치관 등이다.

둘째, 소수자 정체성 교육은 다문화 사회를 구성하는 여러 소수집단들이 주류문화와 구별되는 자신들의 고유한 문화적 정체성을 유지해 갈 수 있도록 하는 데 관심을 기울인다. 이와 같은 소수자 집단의 소외나 자긍심의 상실과 같은 문제점을 극복하기 위한 노력이고 다른 한편으로는 한 사회를 구성하는 다양한 문화를 유지 보존함으로써 그 사회 전체의 문화를 더욱 풍요롭게 발전시켜 간다는 점에서 중요하다.

셋째, 상호이해 증진 교육이란 소수자와 다수자 모두를 대상으로 하는 교육으로 그들 간에 나타나는 차별의식과 편견의 극복을 의미한다. 즉, 반편견 교육 등을 의미하며 이를 통해 편견의 극복, 불평등 현상에 대한 적극적인 문제의식과 개선 의지를 함양하고자 한다. 특히 상호이해 증진 교육의 중요한 과제는 다수자들이 소수자 문화에 대해 가지고 있는 차별의식과 편견을 제거하고 소수자의 문화를 개방적인 태도로 수용할 수 있는 자세를 갖도록 하며, 더 나아가 불평등 현상을 개선하기 위해 실제적인 방안들을 적극적으로 모색하고 실천하도록 하는 태도를 길러주는 일이다.

다문화 교육의 핵심은 '공통교육'과 '문화적 정체성의 다양성 존중' 사이의 긴장을 어떻게 조화시킬 수 있는가의 문제이다. 다문화 교육의 맥락에서 과연 '공통교육'이 필요한 것인지에 대해서 다음과 같은 몇 가지 근거를 제시할 수 있다.

첫째, 공통교육은 각 개인의 다양한 문화적 배경은 물론 개인의 경제적·사회적 지위나 성, 학업능력, 장애 유무 등에 따른 차별과 불평등을 극복하는 데 필요한 교육적 처방이 된다. 다문화 교육의 궁극 목적이 '평등' 이념의 실현이라고 볼 때, 공통교육은 평등 이념의 구현을 위한 적극적 조치라고 말할 수 있다. 둘째, 국가 및 사회적 결속력을 유지하기 위해서 공통교육이 요구된다. 다문화 교육은 국가 및 사회의 결속력과 응집력을 다지는 교육의 모습이어야 한다. 셋째, 공통교육은 다양한 배경의 학생들에게 상호교류의 경험을 제공해 줌으로써 앞으로 사회에서 요구되는 중요한 능력, 상호이해를 바탕으로 더불어 살아갈 수 있는 능력을 길러줄 수 있다. 마지막으로 공통교육은, 다문화 교육이 요구하는 핵심적 가치들, 즉 편견의 극복, 개방적 태도,

다양성에 대한 존중, 개인의 자율성 존중 등의 가치를 길러주기 위한 조건이 된다.

다문화 교육을 통해 가르쳐야 할 교육내용이 무엇인지를 결정하는 데 있어서 중요한 고려사항의 하나는 '다문화 교육'의 의미나 성격 또는 그 목적을 어떻게 규정해야 할 것인가 하는 문제이다. 다문화 교육의 개념규정 방식은 대체로 세 가지 수준에서 검토할 수 있다. 첫째, 다문화 교육의 개념을 일반교육과의 관계에 비추어 어떻게 규정할 것인지를 논의하는 수준이고, 둘째는 다문화 교육의 개념을 그와 유사한 다른 개념들, 예를 들어 국제이해 교육 등의 개념에 비추어 논의하는 수준이며, 셋째는 다문화 교육의 가능한 여러 유형이 검토되는 수준이다. 공통교육의 측면에서 다문화 교육은 다문화가정 학생들을 위한 언어교육 프로그램이 활성화되어야 한다. 다문화 교육 학생들을 위한 한국어교육지원은 아래와 같이 모형화할 수 있다.

〈표 12-3〉 다문화 교육내용의 쟁점 이해를 위한 분석 틀

구 분	참여(inclusion)	배제(exclusion)
자발적 (voluntary)	<Ⅰ. 자발적 참여> ① 공통문화 : '공통문화'에 의 자발적 참여 또는'동화' ② 고유문화 : 고유문화의 학습 참여를 통한 '문화 정체성' 유지	<Ⅱ. 자발적 배제 자발적 거부> ③ 공통문화 공통문화의 거부 '문화정체성' 유지를 위한 적극적 저항 ④ 고유문화 특정 문화집단의 고유문화 학습 기회의 자발적 거부 '주류 문화로부터의 고립거부'
비자발적 (nonvoluntary)	<Ⅲ. 비자발적 참여> ⑤ 공통문화 공통문화에 대한 강제적 동화학습 ⑥ 고유문화 특정 문화집단 대상 특별프로그램에 대한 강제적 참여에 원하지 않는 모국의 역사교육 등	<Ⅳ. 비자발적 배제> ⑦ 공통문화 : '공통문화' 중 고급문화에 대한 접근의 제한 분리 교육의 경우 ⑧ 고유문화 문화 정체성 유지를 위한 고유문화 학습 기회가 허용되지 않는 상황

(2) 한국어 교육 프로그램

다문화 교육은 다문화가정의 특성 및 환경을 고려하여 한국어 교육의 방향과 목적을 설정하여 다양한 한국어 교육 프로그램 모형을 운영할 수 있다. 한국어 교육 프로그램 모형은 먼저, 학생의 한국어 능력 수준 및 한국 유입 시기 등을 고려하여 다양한 수준의 단계적 모형을 적용해야 한다. 둘째, 학생의 특성과 학교의 여건을 고려하여 일반학습과는 분리하여 운영하는 분리형과 일반학급과의 통합형 등을 상호 보완적으로 운영할 수 있다. 셋째, 정규 수업 이외의 시간을 활용하여 학생이 개별적으로 한국어를 학습할 수 있는 온라인 교육을 실시한다. 넷째, 학생이 학교 학습을 보완할 수 있도록 지역의 멘토나 민간단체의 지원 교육을 받을 수 있도록 한다.

다문화 교육 프로그램의 효과적인 운영을 위해 모형의 확인 및 진단 평가 체제을 구축한다.

한국어반 수강 여부를 확인하고 수준을 파악하기 위하여 학생의 한국어 능력을 한국 문화 이해능력, 학습 및 인지 능력 등을 평가한다. 확인 및 진단 평가를 위해 표준화된 평가 도구와 활용 지침을 개발하여 각급 학교에 보급한다.

한국어 교육 프로그램의 목표는 생활 언어능력, 교과 학습 언어능력, 다문화 이해능력, 자국어 능력, 각각의 지식, 기능, 태도로 설정한다. 내용에는 생활 내용을 담고 있는 실용 한국어, 교과 내용, 한국 문화 및 학생의 자국 문화 등을 포함 시킨다. 지도 방법으로 의사소통 중심 접근법, 학습자 중심 교육 등이 바람직하며, 언어적·감성적·지적 호기심과 흥미를 유발할 수 있는 교재를 지원한다. 평가는 의사소통 능력, 생활 언어와 교과 지식, 문화를 내용으로 한국어 능력을 평가하되, 대상 학생의 수준에 따라 지필 평가와 관찰 평가 등 다양한 평가 방법을 활용한다.

다문화 프로그램 수료 후 한국어 능력과 학교 적응도, 문화 이해도를 체계적으로 평가하여 다음 단계 혹은 다른 학습으로의 이동 여부를 결정할 수 있다. 양질의 프로그램이 국가 혹은 교육청 수준에서 보급되고 적용되면, 표준화된 수료 평가 도구도 개발하여 프로그램과 함께 보급될 수 있다. 표준화된 평가와 더불어 교사의 관찰 평가를 병행하고, 평가자와 교사가 협의하여 수료 여부를 결정할 수 있다.

4. 창의성 개발 교육과정

1) 창의성 이론과 정의

창의성이란 새로운 것을 만들어 내거나 발견해 내는 능력을 말한다. 초기에 창의성은 확산적 사고를 포함하는 인지적 요소의 일부이거나 개인적인 성향으로 간주하였고, 문제 해결 능력의 한 형태로 설명되었다. 최근에는 새로움을 창출하는 사고 과정, 개인적 성향, 동기유발 등 여러 요소가 상호작용함으로써 창의성이 발휘된다고 주장하였다. 따라서 가장 최근 연구에서는 전체적·통합적 접근방법이 필요하다는 것이 강조되었다.

새롭고 우수한 창의적 산물이 사회에 의해 종종 인정되지 않는 사실이 발생함에 따라 창의성의 환경 조건이 강조된다. 창의성의 유무를 판단하는 전문가들은 명백한 객관적 평가 기준을 적용하기보다는 자신의 과거 경험, 훈련, 사회 경향성, 개인적 가치, 개인별 선호도 등을 적용한다. 창의성은 이를 창출한 생산자와 이를 판단하고 받아들이는 사람들의 상호작용에 의해 창의성이 결정되며 창의성은 개인에 의해서 만들어지지만, 이를 인정하는 것은 사회 체제라는 것이다.

칙센트미하이(Csikszentmihalyi)와 울프(Wolfe)는 창의성의 문화·사회적 맥락을 강조하여 체계적 모형을 제안하였는데, 이는 생물학적 진화 모형과 유사점이 많다. 다윈의 진화 이론에 따르면, 새로운 종의 진화는 개체의 생존 및 번식을 위해 주어진 환경 조건에 적응을 함으로써 이루어진다. 창의성은 새로운 종이 새로운 환경에 적응하느냐의 문제에 비유된다. 개인은 기존 문화의 정보를 흡수하여, 새로운 사고 또는 산출물을 창출하며, 창출된 사고나 산출물은 사회·문화적 환경의 영향 아래에서 자연 선택의 과정을 거치면서 다음 세대로 전해진다.

이와 같은 관점은 역사적·사회적·제도적 맥락이 창의적 개인에게 미치는 영향과 아울러 창의적 개인이 사회에 주는 영향을 고려하고 있다. 즉, 창의성 체계 모형, 생태학적 모형, 진화 생태계 모형은 창의성이 사회를 진화시키는 원동력이며, 사회는 창의성을 제한하거나 확장하는 기능을 제공하는 것으로 간주된다. 따라서 창의성은 사회·문화적이며 종합적으로 정의되어야 한다.

길포드(Guildford)와 뉴웰(Newell)은 창의성을 문제해결능력이라고 하였다. 창의성은 새롭고 문제 상황에 적절한 것을 만들어 낼 수 있는 능력, 주어진 문제나 감지된 문제로부터 통찰력을 동원하여 새롭고 신기하고 독창적이며 유용한 산출물을 만들어 내는 능력, 문제와 연관성이 있고 효과적인 새로운 사고나 산출물을 생산하는 능력 등을 창의성으로 정의하였다. 즉, 이는 창의성이 인지적 요소, 개인적 성향, 사회적 환경에 복합적으로 작용하며, 문제 해결 능력에 영향을 미친다는 것이다.

창의성은 사회·문화적 요소 간의 관계가 매우 긴밀하다. 창의성이 높다는 것은 이미 존재하는 것을 비교 기준으로 적용하여 독창성, 가치, 실현성을 평가한 결과이다. 창의성은 특정 아이디어나 산출물이 사회·문화 속에서 가치를 인정받고, 실현 가능한 문제 해결 능력이어야 한다는 것이다. 창의성은 새롭고 독창적이기만 해서는 안 되며, 그것이 사회적·문화적으로 가치가 실현될 수 있는 것을 말한다. 이와 같은 창의성은 사회·문화적으로 실현 가능한 독창적 사고나 산출물로서 문제를 해결할 수 있는 능력으로 정의될 수 있다.

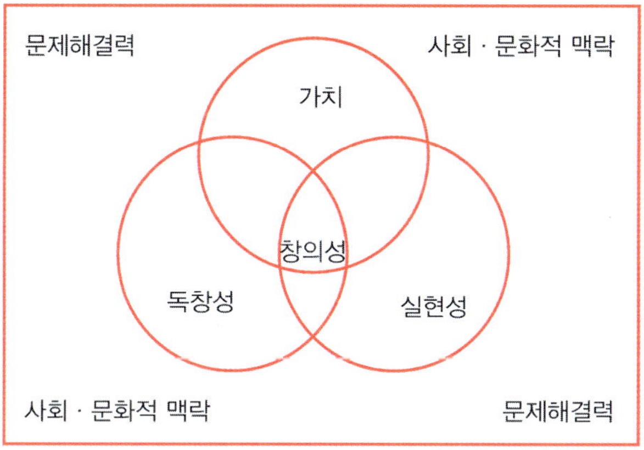

|그림 12-2| 창의성 모형

2) 창의성의 구성요소와 단계

창의성 문제 해결 모형은 6단계로 제시된다. 1단계는 문제 해결의 출발점을 찾기 위해 중요하게 생각하는 목표와 영역의 관심 영역을 발견하는 단계이며, 2단계는 문제를 파악하기 위해 정보를 수집·분석하는 사실 발견 단계이고, 3단계는 문제를 정의하는 문제 발견 단계이다. 그리고 4단계는 최종적으로 진술된 문제를 해결할 아이디어를 생각해 내는 아이디어 발견 단계이며, 5단계는 생각해 낸 아이디어를 평가하고 최선의 아이디어를 선정하는 해결책 발견 단계이고, 그리고 6단계는 선정한 아이디어를 실천에 옮기기 위하여 행동 계획을 수립하는 수용책 발견 단계이다. 나아가 클롭레이(Cropley)와 울반(Urban)은 아래와 같이 창의적 문제해결과정의 여러 단계를 더욱 세분화하여 〈표 12-4〉와 같이 단계 모형을 제시하였다(Cropley & Urban(2000).

〈표 12-4〉 창의성 단계 모형과 단계별 특징

단계	과정	결과	동기	개인적 성향
준비 단계	• 문제 확인 • 문제 확립 • 확산적 사고력	• 활동을 주도적으로 제시 • 일반 지식 • 영역 지식	• 문제해결(내적동기) • 성공에 대한 기대 (외적 동기)	• 비판적 태도 • 긍정적 사고
정보수집 단계	• 인식하기 • 학습하기 • 기억하기 • 수렴적으로 사고하기	• 영역 지식 • 풍부한 인지 요소	• 호기심 • 선호성 • 적극성 • 성공에 대한 기대	• 풍부한 지식 • 판단하고 택하려는 적극성
부화 단계	• 확산적 사고력 • 연결을 만들기 • 두 개의 영역을 연결하기 • 연결망 만들기	• 배열	• 저해요소의 영향을 받지 않는 자유 • 모호성에 대한 인내	• 안정감 • 환상에 대한 허용 • 비추종성 • 도전성
조명 단계	• 새로운 구도를 인식하기	• 새로운 배열	• 직관 • 긴장을 완화	• 민감성 • 개방성 • 유연성
검증 단계	• 새로운 구도의 연관성, 효율성 검증하기	• 적절한 해결책 • 연관성 효율성 제시	• 결론에 도달하려는 욕구 • 질 높은 성취를 이루려는 욕구	• 현실성에 대한 민감성 • 자기 비판력
전달 단계	• 결론에 도달하기 • 피드백을 구하기	• 작동 가능한 산물 • 실현가능한 산출물 • 사람들에게 알리기	• 내적으로 만족스러운 산물에 대한 욕구 • 외적 보상을 위한 욕구	• 자신감 • 자율성 • 확신을 가지는 용기
실현화 단계	• 연관성, 효율성을 판단하기	• 교사에게서 판단 받은 산출물	• 칭찬의 욕구 • 완벽함에 대한 욕구	• 강인성 • 유연성

3) 창의성 개발 교육과정의 중요성

학교에서 가르치고 배우는 최초의 지식은 창의적이었다. 공자, 맹자, 세종대왕, 다산, 플라톤, 코페르니쿠스, 라이프니츠, 뉴턴, 아인슈타인, 다윈, 막스, 프로이드 등이 만든 지식은 가장 창의적이었기에 학교 교육의 교육과정이 된다. 국가사회의 지속적 발전의 핵심은 창의적인 시민 육성에 있다. 창의성은 저절로 길러지는 것이 아니라, 학교 교육을 통해 창의적 문제해결력을 통해 학습되는 것이다.

21세기 지식기반사회에 적극적으로 대처하며 살아갈 창의적 인적자원의 개발은 이 시대 교육의 책무라고 할 수 있으며, 제7차 교육과정에서도 '기초능력을 토대로 창의적인 능력을 발휘하는' 창의적인 인간상을 학교 교육이 추구해야 할 인간상으로 제시하였다. 그러나 학교현장에서 창의성 교육이 제대로 이루어지지 못하고 있다는 비판이 계속되고 있으며, 교사들은 창의성 개발을 위한 교수, 학습 자료의 부족을 중요한 요인으로 지적하고 있다. 학교는 지식의 습득과 이해, 설명과 암기, 선택형 시험으로 수렴적 사고를 강조하고 있어, 창의성, 발산적 사고, 능동적 사고와 표현이 위축되고 있다. 창의성이 중요함에도 학교에서는 창의적 기법을 체계적으로 가르치지 못하고 있다. 특히 창의적 발견·발명은 일부 소수 영재의 영역인 것처럼 여겨지고 있다. 사실상 모든 사람은 서로 다른 점을 지니고 있다는 점에서 창의적일 여지가 있다.

학교 교육에서 지식 전수 부분을 줄이고, 학교 교육의 역할을 창의적 문제제기, 문제해결력에 두어야 한다. 그리고 학교에서도 창의성 교육을 체계적으로 실시할 필요가 있다. 창의성을 높이는 방법은 별도의 프로그램을 만들어 가르칠 수도 있지만, 교과에 통합하여 창의성 교육을 해야 한다. 교사는 트리즈 기법(Triz), 스캠퍼 기법(Scamper) 등의 다양한 창의성 기법을 체계적으로 익히도록 지도해야 할 것이다.

창의성 교육과정은 교사의 교수 활동으로서 새로운 내용을 도입하는 방법, 질문 기법, 다양한 지도 방법 등과 학생의 학습 활동, 사고 기법 등을 포괄적으로 포함한다. 창의성 교육과정은 학생들의 개인적 성향을 자극하고, 창의성을 발휘할 수 있는 최선의 수업 환경을 제공하는 데 중점을 두어야 한다.

4) 창의성 교육과정 모형 개발의 주의점

창의성 개발 교수-학습 모형은 이를 적용하는 대상 학생들에게 적절하도록 여러 요소를 고려하여 개발하여야 한다. 대상 학생 집단 구성원의 지적, 사고력 및 정의적 특성의 수준이 다양한 경우와 특정 학생 집단을 대상으로 하는 경우가 있다. 창의성 개발 교수-학습 모형이 영재를 대상으로 한다면, 내용과 과정의 수준이 높아야 할 것이다.

갤러거(Gallagher, 1975)는 교육내용 측면, 교수-학습 과정 측면, 환경 측면을 제안하였다. 이에 렌줄리는 학습의 결과로 기대되는 산출물 측면을 추가하였다. 갤러거와 렌줄리가 제안한 4가지 요소들을 창의성의 정의 및 구성요소에 맞추어 살펴보면 다음과 같다.

(1) 교육내용의 측면

첫째, 수업에서는 토론, 발표, 독서, 강의 등의 교수-학습 방법을 적용하고 내용으로 추상적인 개념, 주제, 이론 등의 내용이 포함되어야 한다. 확실한 정보 및 사실적 자료들이 주 관심사이기보다는 추상적 아이디어의 예시나 표현을 사용함으로써 학생들의 확산적 사고력을 유도하거나 동기를 유발할 수 있다.

둘째, 복잡성을 고려해야 한다. 추상적 아이디어는 보통 복잡하게 마련이다. 학생들에게는 너무 쉽거나 단순한 것보다는 복잡한 아이디어를 제출하도록 해 실험하고 도전할 기회를 제공하는 것이 창의성을 발휘하는 데 바람직하다.

셋째, 학생들의 수준을 고려해 다양하게 구성한다. 즉, 평균 이상 상위 집단 학생들에게는 더욱 심화할 수 있는 내용을, 평균 이하 집단 학생들에게는 기초 수준의 내용을 제시하여야 한다. 교육과정을 다양하게 구성하기 위해서는, 학교 정규 교육과정에서 가르치지 않는 개념이나 내용도 포함하고, 광범위한 주제에 대한 서로 다른 측면의 탐구라거나 다양한 재능과 능력이 있어야 하는 주제를 포함하는 것이 바람직하다.

넷째, 주제 중심으로 구성해야 한다. 학생들이 학습한 내용을 통해 진정한 가치를 추구하도록 하기 위해서는 학생들이 관심을 가지는 주제를 도입해야 할 것이다. 지식의 양과 속도가 빠르게 변하는 오늘날 모든 내용을 다 가르치기가 어렵다. 따라서 경제적으로 학습하기 위해서는 학생들이 관심을 가지는 주제를 도입해야 할 것이다. 학습 내용이 주요 아이디어나 주요 개념을 중심으로 조직될 때, 그 효과가 더욱 크다. 학생들은 자신이 관심을 가지는 주제라면 학습에 더욱 집중할 뿐만 아니라 열정과 헌신으로 매진할 것이기 때문이다.

다섯째, 창의적인 인물을 탐구하는 방법도 바람직하다. 창의성을 발휘할 수 있는 학생들은 학자나 지도자, 창의적이고 생산적인 인물로 성장할 가능성이 크다. 따라서 자신들이 가진 창의력을 이해하고 이를 계발하기 위해서는 자신이 선호하는 창의적이고 생산적인 인물의 전기를 읽거나 탐구하는 것이 큰 도움이 된다.

(2) 교수-학습 과정 및 학습자 측면

교수-학습 과정은 교사의 교수 활동으로서 새로운 내용을 도입하는 방법, 질문 기법, 다양한 지도방법 등과 학생의 학습활동, 사고 기법 등을 포괄적으로 포함한다. 학생들의 개인적 성향을 자극하고, 창의성을 발휘할 수 있는 최선의 수업환경을 제공하는 데 중점을 두어야 할 것이다. 여기서는 고차원적 사고력, 논리성, 발견, 개방성, 선택의 자유 등을 살펴본다.

첫째, 교수-학습활동 측면에서 고차원적 사고력을 강조하여야 한다. 학생들은 학습 활동을 통해 단순한 정보를 인식하기보다는 정보를 적용하고 이를 바탕으로 한 새로운 아이디어를 창출하고 평가하는 과정을 거치는 것이 중요하다. 학생들이 흥미를 느끼고 의미가 있는 실생활 관련 주제나 아이디어를 탐색하는 과정에서 확산적 사고력, 분석적 사고력 등이 적용되며 이를 고무하는 교수-학습활동이 제공되어야 한다.

둘째, 증거에 의하여 논리를 추론해 낼 수 있어야 한다. 학생들은 학습 과정을 통해 결론뿐 아니라 어떻게 결론에 이르게 되었는지를 설명할 수 있도록 해야 한다. 발견을 통한 접근방법, 고차원적 사고력, 개방적 질문 등으로 대표되는 학습 과정에서 여러 가지 논리적 추론 과정을 학습하고 다른 사람의 추론 과정과 결과를 평가할 수 있도록 해야 한다.

셋째, 개방성이 강조되어야 한다. 오로지 한 개의 답이 아니라 다양하게 답을 내릴 수 있는 질문을 제시하는 교수 활동이 바람직하다. 학생들은 사고와 탐구를 지속해서 유발할 수 있는 학습활동이 필요하다.

넷째, 학생들에게 선택할 수 있는 자유를 제공하여, 주도적으로 참여할 수 있는 교수-학습활동이어야 한다. 학습주제 선택 및 학습경험에 관해 가능한 많은 자유를 허락하여, 스스로 주도하는 학습을 하도록 하는 것이 중요하다. 이러한 자기 주도적 활동에서 학생들은 자율성을 신장시키고 활동을 즐기거나 여유를 가질 수 있으며, 선택할 수 있는 능력 등의 창의성의 개인적 성향을 진작시킬 수 있다.

다섯째, 집단 간의 상호작용을 격려하는 교수-학습 활동이어야 한다. 구조화된 활동 또는 구조화되지 않은 집단 활동을 통해서 학습자는 가치 있는 창의성을 인정해주는 사회·문화적 맥락을 고려하게 되고 사회 구성원으로서 공헌할 수 있는 기능과 역할을 훈련할 수 있다. 규칙을 따르는 게임이나, 개방적으로 실시되는 집단평가, 동료에 의한 평가, 자기 평가 등은 이러한 학습 활동의 방법으로 제공될 수 있다. 학생들은 의사소통, 자기 실현화, 책임감, 외적 동기, 도구적 이익 등의 창의성의 개인적 성향을 증진할 수 있으며, 사회에서 인정하는 전문성으로서의 창의성의 인지적 요소를 향상할 수 있다.

(3) 학습 환경

창의성 개발 학습 환경은 학생들이 즐길 수 있는 환경을 고려하고, 교육과정의 내용, 교수-학습 활동, 산출물을 필요할 때마다 조정·수정할 수 있으며, 개별 학생들의 특성에 부합해야 할 것이다.

첫째, 학습자 중심 학습 환경을 조성해야 한다. 교사들의 생각이나 관심보다는 학습자의 아이디어와 흥미를 강조하는 학습 환경이 조성되어야 한다. 교사들이 강의하기보다는 학생들이 활발히 토론하며, 의사를 교류해 교사보다는 학생들이 중심이 되어야 한다.

둘째, 학습자들이 독립적으로 학습할 수 있는 환경이 허락되어야 한다. 즉, 학생들이 자기의 생각을 발표하고 이를 적극적으로 받아들이는 환경을 의미한다. 학생들 스스로 원하는 문제를 선택하여 해결하고, 마지막으로 결정을 내리도록 격려하는 학습 환경이 중요하다.

셋째, 학습 환경을 개방적으로 조성해야 한다. 물리적 측면에서는 새로운 학습 자료, 기기, 인적자원 등을 개방적으로 수용하고 모색해야 한다. 또 새로운 아이디어, 가치 방향 전환 등 심리적인 측면에서도 개방적인 학습 환경을 제공하여야 한다.

넷째, 다양한 집단을 편성하는 학습 환경이어야 한다. 창의성을 계발하려는 학습 환경은 집단 편성이 정적이거나 동질적이지 않아야 한다. 학생들은 다양한 유형의 과제와 다양한 학습 목표 등을 성취하기 위하여 집단을 선택적으로 조직, 편성할 수 있어야 한다.

다섯째, 유연한 학습 환경 운영이 필요하다. 교사는 시간표 구성, 학습요구 조건, 평가 준거, 교사들의 가치척도 등에서 유연성이 요구된다. 학습자들의 관심을 유발하고, 문제를 인식하기 위해서, 평소보다 긴 시간이 필요할 수도 있고 어떤 특정 과제를 준비하기 위해 다른 시간을 활용할 수도 있다. 수업 시간표가 부동적이며 고정적이라면, 학생들의 자율성이나 내적 동기유발에 부정적 영향을 미칠 것이다.

5) 창의성 개발 교육과정모형의 유형

21세기 지식기반사회에 적극적으로 대처하며 살아갈 창의적 인적자원의 개발은 이 시대 교육의 책무라고 할 수 있으며, 제7차 교육과정에서도 '기초능력을 토대로 창의적인 능력을 발휘하는' 창의적인 인간상을 학교 교육이 추구해야 할 인간상으로 제시하고 있다. 창의성 교육은 단편적인 개념이나 단순한 사고 능력을 가르치는 것으로 이루어지기 어려우며, 각 교과의 개념과 지식을 연결해 주며 지식의 표층이 아닌 심층 구조를 배우도록 하여 학습의 전이가 잘 일어날 수 있다.

창의성은 인간과 환경의 상호작용을 통하여 발현된다. 환경은 개인이나 집단이 창의성을 표출하거나 구체화하는 과정에 긍정적으로 영향력을 미치는 외적 요인으로 개인과 환경은 끊임없는 상호작용의 순환적 과정에 있다. 상황 인지적 관점에서 인간은 주어진 환경 내에서 환경을 재해석 및 재구성할 수 있으며, 변형시킬 수도 있는 능동적인 존재이다. 환경 내에서 인간은 고정적인 실체로서 이미 결정된 것이 아닌, 개인과의 상호작용 과정에서 발생하는 능동적 존재이다.

창의성에 대한 접근으로서 인간은 인지적 측면과 정의적 측면으로 구분된다. 인지적 측면은 창의성을 실현하는 데 필요한 지적 자원으로 지식, 상상력, 민감성, 독창성, 융통성 등을 포함한다. 정의적 측면은 창의성 과정의 출발점이자 수행을 유지하는 에너지원으로 호기심, 유창성, 모험심, 개방성 등을 포함한다. 인지적 측면이 잘 조직되고 활성화되어 있다고 하더라도 정의적 측면이 미흡하다면 창의성 과정은 계속 유지되기가 어려울 것이다. 창의성 과정 모형은 |그림 12-3|과 같이 제시된다. 한 개인은 창의적 환경-창의적 성향-창의적 능력-학업성적 즉 성취 행동을 통하여 만족감을 느끼고 나아가 주관적 안녕, 즉 행복을 느낄 가능성이 크다.

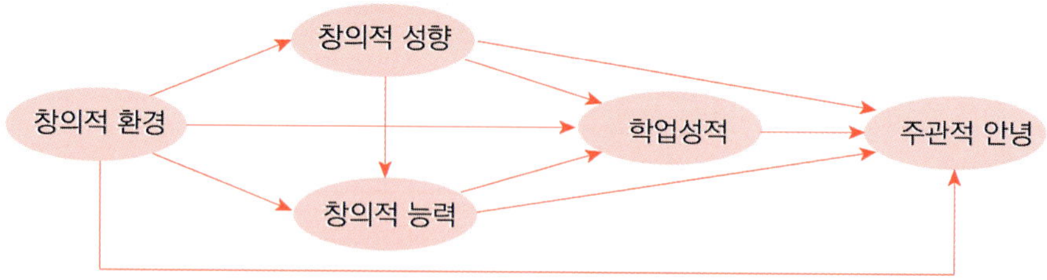

|그림 12-3| 창의성 과정 모형

(1) 렌줄리(Renzuill)의 학교 심화학습 모형

최근 교육계에서 많은 관심을 받는 영재교육은 비판적 사고, 창의적 문제해결력과 같은 고등사고력의 계발에 중점을 두고 있다. 이러한 측면들이 고려되는 교수학습모형으로는 렌줄리(Renzuill, 2001)의 학교 심화학습 모형, 프레핑거(Treffinger)와 이삭센(Isaksen, 1985)의 창의적 문제학습모형, 갤러거(Gallagher, 2001)의 문제중심학습 등이 있다. 특히 렌쥴리의 삼부 심화모형은 영재교육에서 가장 널리 활용되고 있는 영재 교수-학습 모형 중의 하나이며 영재뿐만 아니라 일반 학생들에게 학습 선택의 자유와 개별화 교수의 학습 환경을 제공한다. 다음은 각 단계에서 이루어지는 구체적인 교수-학습 과정이다.

① 학교 심화학습 모형의 기본 방향

학교 심화학습 모형은 3~5%의 영재 학생들을 대상으로 적용되어 온 삼부 심화학습 모형에 기반을 두고 회전문 판별 모형의 특징을 첨가·보완한 것이다. 즉 삼부 심화학습 모형의 대상으로 선발되지 못한 학생들도 모형에 따른 심화학습 활동을 성공적으로 수행할 수 있다는 점에 근거를 두고 회전문 판별 모형을 첨가하였다. 회전문 판별 모형은 다양한 판별 기준을 적용하여 다양한 영역별 재능 집단을 선발하는 모형이다. 이 모형은 학생들이 학습에서 보여주는 높은 수준의 흥미도, 창의성, 과제집착력 등을 교사, 학부모 또는 학생 스스로 보고하며, 이를 판별의 주요 근거로 포함시킨다.

렌줄리는 창의적·생산적 인적자원의 특징으로 평균 이상의 지적 능력, 창의성, 과제집착력을 들었다. 우선 평균 이상의 지적 능력으로 일반지식과 특정 영역 지식으로 구분하였다. 일반지식의 특징은 첫째, 평균 이상 수준의 추상적 사고력, 언어적·수리적·공간적 지적 능력, 기억력, 어휘력 둘째, 새로운 상황에 적응하고 상황의 문제를 해결해 가는 능력 셋째, 정보처리 능력과 정확한 정보를 신속하게 선택하여 재생하는 능력 등을 포함하였다.

특정 영역 지식은 첫째, 일반지식의 특징적 능력을 특정 영역 지식과 다양하게 결합하고 적용할 수 있는 능력 둘째, 특정 영역 지식과 관련된 문제를 해결하는데 요구되는 지식·기술·태도 등을 수집하고 적합하게 활용할 수 있는 능력 셋째, 특정 영역과 관련된 지식이 문제 해결에 필요한지를 판단하고 분류할 수 있는 능력 등을 포함하였다.

창의성은 첫째, 사고의 유창성, 유연성, 독창성 둘째, 경험에 대한 개방성, 즉 자신과 타인의 사고·행동·산출물의 이질성에 대한 개방성 셋째, 호기심·회의·도전을 바탕으로 정신적 사고를 즐기는 성향과 제약을 적극적으로 타파하고자 하는 성향 넷째, 대상이나 사고에 대한 민감성과 미학적 기호, 외부 자극에 대한 인식하고 반응하는 특징 등을 들었다.

과제집착력은 첫째, 개인적으로 관심 분야에 높은 수준의 흥미와 열정을 쏟을 수 있는 능력 둘째, 인내, 결심, 헌신적 노력 셋째, 중요한 일을 수행할 수 있는 강한 신념과 자신감, 성취 욕구, 열등감으로부터의 탈피 넷째, 특정 영역에서 중요한 문제를 찾아낼 수 있는 의사소통 능력 다섯째, 최선을 추구하려는 의지, 자기 자신과 타인의 비판을 폭넓게 받아들이며, 미학적 기호, 자기의 일뿐만 아니라 타인의 일에 대하여 탁월성을 추구하려는 성향 등이 있다.

② 학교 심화학습 모형의 3단계

학교 심화학습 모형은 이 세 가지 요소들이 서로 보완적으로 상호작용하여 학습성취도와 창의적·생산적 역량의 발휘를 극대화하는 교수·학습 방법을 추구하고 있다. 이 모형의 1단계인 일반적 탐색 활동에서는 학생들에게 학습주제의 기초 지식으로서의 일반지식과 특정 영역 지식을 강화하고, 2부 심화 단계의 집단 활동에서는 기초 지식을 활용하여 연구하고 새로운 산출물을 창출할 수 있는 기능을 훈련하며, 3부 심화 단계의 실제 문제탐구 활동에서는 개별적으로 창의성을 발휘하여 산출물을 만들어 내는 데 중점을 둔다. 또한 단계별로 개인의 세 가지 요소의 차이가 있으며, 2부 심화 단계의 활동 과정에서 기초 지식이 부족하면 1부 심화단계로 다시 돌아가서 이를 보완할 수 있으며, 3부에서도 마찬가지로 1, 2단계로 되돌아가 필요한 학습을 보완할 수 있다.

- **1부 심화 단계** : 1단계는 학생들에게 3단계 심화에서 다루게 될 독립 프로젝트를 찾게 하고, 이에 대한 동기를 부여한다. 이를 위해 학생들은 광범위하고 다양한 내용에 접근해 볼 기회를 지녀야 한다. 이 단계는 탐색의 단계이다. 학생들은 이 단계에서 3단계 심화에서 수행할 연구를 위해 여

러 가지 아이디어를 확인하고 흥미 있는 영역을 탐구해야 한다.

- 2부 심화 단계 : 2단계 심화의 주요 목적은 3단계 심화의 독립 프로젝트를 수행하기 위한 여러 능력을 개발하는 데 있다. 이 단계에서 개발해야 할 능력들을|그림 12-4|와 같다(Renzulli & Reis, 1997). 2 단계 심화의 특징은, 이 단계의 활동목표가 되는 능력들의 신장에 도움이 될 수 있도록, 소집단 활동으로 구성된다는 것이다. 여기서 유의할 점은 목표가 되는 능력들이 그 자체로서 목적이 되어서는 안 된다는 것이다. 렌줄리는 많은 영재 프로그램들이 2단계 심화에서 과정 활동(process activity)만을 지나치게 강조하는 데에 문제를 제기했다. 과정 활동은 학생의 연구 활동을 위한 수단이지, 그 자체가 목적이 아니기 때문이다.

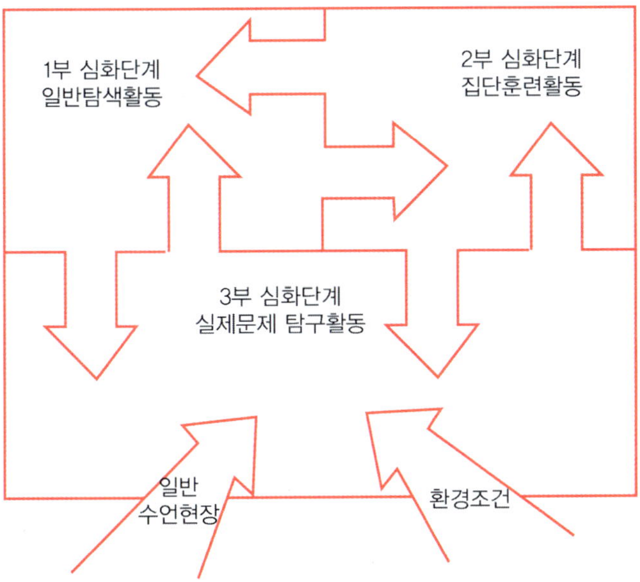

|그림 12-4| 학교 심화학습 모형

- 3부 심화 단계 : 이 단계는 학생들 스스로 실제적인 문제에 관한 연구를 수행하면서 새롭고 독창적인 산출물을 제작하는 것이다. 3단계에서 학생들은 단순한 정보의 소비자가 아니라 지식과 예술의 생산자로서 활동해야 한다. 학생들은 백과사전이나 교과서 혹은 이미 요약된 자료에 의거하여

보고서를 작성하는 것이 아니라, 기존의 자료는 원자료(raw data)로써 다루면서, 자신들만의 결론을 도출해야 한다.

이 교수-학습 모형의 장점은 학생들의 흥미와 학습 양식을 존중하며 실생활에 기초하고 있다는 데 있다. 이 모형은 프로그램의 철학적 기초, 교수 활동, 그리고 프로그램 평가를 위한 전략 등을 포함하는 전체적인 프로그램 틀을 제공한다. 뿐만 아니라 이 모형은 넓은 범위의 학생에게 다양한 수준과 형태의 심화학습 프로그램을 제공함으로써 경쟁적인 분위기보다는 협동적인 분위기를 조성하며 점진적인 심화 단계를 거쳐 가면서 학생들이 체계적으로 프로젝트에 접근할 수 있게 한다.

〈표 12-5〉 2단계 창의성 훈련

상위 사고력	창의적 사고력, 문제해결력, 비판적 사고력, 감상, 평가
탐구능력	청취, 관찰, 기록, 요약, 면담, 조사, 분류, 정보 분석 및 조작, 결론 도출
참고자원 활용능력	안내 책자, 적용, 정보 검색체계 활용능력
다양한 의사소통 기능	산출물의 영향을 최대화하기 위한 능력으로서 쓰기, 말하기, 시각화하기 능력
정의적 영역	지각이나 관점·문제·장애에 대한 인식, 교육적·전문적인 동기

(2) 갤러거의 문제중심 학습

이 모형은 학생들이 지식을 획득하는 것뿐만 아니라 미래의 학습이나 실생활에서 문제 해결을 위해 사용할 수 있도록 학습 유형을 발전시킬 때까지 학습 기회를 제시하며, 학습 환경을 변화시켜야 함을 강조한다. 이 모형은 과정·산출·환경으로 구분하여 학습한다.

과정 측면에서 첫째, 정보의 습득이 아니라 활용에 중점을 둔다. 둘째, 정답을 미리 마련해 두지 않고, 주어진 주제에 대하여 충분한 사고와 탐구를 할 수 있도록 함으로써 발산적 사고를 촉진하고 반응을 격려해 주며, 학생 간 상호작용을 활성화한다. 셋째, 흥미를 증진하고, 호기심을 불러일으켜 자부심과 독립심을 갖게 한다. 넷째, 학생들에게 결론만 제시하지 않고 추론의 증거를 제시하도록 한다. 다섯째, 학생들이 독립적으로 학습하도록 허락하고, 선택하는 데 어려움을 느끼는 경우는 도와준다. 여섯째, 학생들의 지도성, 사회성을 계발시켜 줄 수 있다. 일곱째, 빠른 속도로 진행해야 학생들의 흥미를 유지하고 도전의식이 고무되도록 다양한 교수학습 방법을 사용한다.

산출 측면에서는 첫째, 실제 문제를 다루어야 한다. 둘째, 실제 청중들을 대상으로 발표하거나 전시하여야 한다. 셋째, 기존의 아이디어를 요약하는데 그치지 않고 변형하여 새로운 아이디어를 창출하는 것이어야 한다. 넷째, 전문가를 포함한 적절한 청중에게서 평가받아야 한다.

학습 환경 측면에서는 첫째, 학생 중심 학습 환경으로서 교사 강의보다는 토론에 중점을 둔다. 둘째, 학생 스스로 독립적으로 문제를 해결하도록 지도한다. 셋째, 자료실·실험실 등을 개방하여 언제든지 학습 자료를 활용하여 학습할 수 있는 환경을 제공한다. 넷째, 다양한 학습 자료를 구비 하고 학생들에게 도전적인 과제, 복잡한 아이디어, 정교화된 방법 등을 활용하여야 한다. 다섯째, 선택의 자유, 탐구의 허용, 교실 이동의 자유, 다양한 방식의 집단 편성, 다양한 자료와 시설의 활용이 허용되어야 활동성이 증가된다.

CHAPTER 13

교육과정의 운영과 평가

1. 교육과정 운영
2. 교육과정 평가

13

CHAPTER

교육과정의 운영과 평가

1. 교육과정 운영

1) 교육과정 운영의 개념

교육과정 시안이 확정되고 나면 교육과정의 실제적인 운영이 이루어진다. 학교 교육과정의 효율적인 운영을 위해 단위학교에서는 지속적인 연수를 실시하고 교내 자율장학을 활성화해야 할 것이다. 운영과정에서 문제점이 발견되었을 경우 탄력적으로 대처하여야 한다. 이를 위해 타 학교의 교육과정과 비교·분석하거나 지역교육청과 장학협의를 통해 협력연구 체제를 구축하는 것도 학교 교육과정 운영의 내실화를 다질 수 있는 방안이 될 것이다.

교육과정 운영은 개발된 교육과정을 학교와 교실에서 실천하는 과정을 말한다. 교육과정을 실천한다는 것은 계획된 교육과정의 목적을 달성하기 위해서 학교에서 교사가 실제로 수업을 전개하는 활동을 말한다. 따라서 교육과정 운영은 단위학교에서 실천되는 활동이므로 무엇보다도 교사와 학교장의 역할이 중요하다. 교사는 개발자의 의도를 정확하게 평가하고 학습자를 위해 재해석하며 실천하는 활동을 수행해야 한다. 또한 학교장은 학교에서 교육과정을 효율적으로 지원하고 정비하는 업무를 수행해야 한다.

그러나 실제로 교육과정 운영은 개발자와 실천자가 반드시 일치하지 않을 수도 있으므로 시행(implementation)과 실행(enactment)으로 구분하여 설명한다. 시행 또는 이행은 교육법으로 고시되는 것을 행동으로 옮기는 수준을 의미하는 반면에, 실행은 자발적 행위를 통하여 무엇을 만들어가는 과정을 의미한다. 교육과정의 시행과 실행의 구분은 바로 교사의 역할을 어떻게 보는가의 관점과 연계되어 있다. 교육과정의 시행에서는 교사가 수동적이고 소극적인 운영의 역할을 담당하는 반면에, 교육과정의 실행에서는 교사가 주체적이고 능동적인 역할을 맡게 된다.

교육과정 운영(curriculum implementation)은 의도하는 교육과정을 실천하는 것이다. 1960년대 중반 이전까지는 교육과정 운영이란 단지 교사가 학생들에게 교육내용을 제시하는 것으로 생각하여 학습이 어려운 학생들을 낙제하거나 유급시키는 것이었다. 따라서 교육과정 개발과 평가단계에서 노력을 기울이나 실천단계에서는 교육과정 운영의 필요성은 느끼지 못하였다. 그러나 1960년 중반 이후 교육과정 개발과 함께 교육과정 운영의 중요성이 부각되었다. 우리나라의 경우 지금도 교육과정 운영이 소홀히 취급되고 있다. 교육과정의 결정, 개발, 교과서 개발 등에 비해 가장 소홀히 취급되는 것이 교육과정 운영의 과정이다.

교육과정 운영의 개념은 과정과 결과차원에서 나뉜다. 교육과정 실천은 수많은 과정으로 되어 있고 각 과정마다의 결과가 다르다. 그런데 그 과정은 형식적인가 비형식적인가에 따라 교육과정의 적용과 교육과정의 다양한 전개로, 결과는 교육과정의 효과로 불려질 수 있다.

(1) 교육과정의 적용

교육과정의 운영은 교육과정 개발자의 의도에 맞게 충실하게 활용하는 것이다. 교육과정개발자는 교육과정이 정확하게 실천될 수 있게 교육과정 문서를 개발하여야 한다. 따라서 최초 교육과정을 충실하게 적용할 수 있도록 교육과정 운영은 효과적인 실천이 뒤따른다. 교육과정의 충실도를 높이는 교육과정을 개발한다는 것은 구체적이고 계획적인 구조화가 요구된다. 교육과정 개발은 어려운 작업이지만 이러한 과정을 통해 교육과정을 적용하고 이를 평가하는 것은 매우 분명하고 구체적인 작업이다. 이 모든 상황은 적용에 있어 적합할 수도 부적합할 수도 있다. 즉, 특정한 교육과정을 적용하기를 원하지 않는 개인과 집단에 의해 특정 교육과정 운영은 효과적이지 않으며 그 적용이 거부될 수 있다.

(2) 교육과정의 다양한 전개

교육과정을 적용하는 실제적인 구성원인 교사는 교육과정에 정해진 대로 정확하게 적용할 것으로 생각하기보다 맥락적인 교실상황에서 의미 있게 수정하게 된다. 교육과정은 대략의 수정, 교육과정 내용과 적용자가 서로 영향을 주고받은 절충적인 수정, 혹은 적용자의 관심에 따라 모든 종류의 적용을 전개하는 대폭적인 수정이 있을 수 있다. 관련문제의 해결을 위한 각종 모임, 지역자료의 개발, 교실에서의 보조활동 등 다양한 노력이 이러한 수정을 용이하게 하며 수정이 기능적으로 작동할 때 성공적인 교육과정의 운영이 일어난다.

교육과정의 다양한 전개는 비교적 비구조화되고 매우 개방적인 교육과정 체제를 전제로 한다. 이 개념에 입각한 교육과정의 운영은 개인적인 선택의 여지가 많고 다양한 상황에 대체하기가 적절하다는 이점이 있으나 자주 무엇을 실천해야 되는지에 혼동이 일어나며 교육과정이 계획하여 바뀌며 여러 상황에 걸쳐 달리 실천되기 때문에 분명한 평가가 매우 어렵다.

(3) 교육과정의 효과

교육과정의 효과는 결과 측면의 교육과정 운영개념이다. 교육과정의 적용 혹은 다양한 전개 중 각 시점에서의 결과를 의미한다. 전통적으로 가장 주목을 받는 교육과정의 효과는 학생에게 끼친 결과이다. 즉, 인지적·정의적·심리적 변화로 교육과정을 경험한 학생에 의해 성취된 것을 말한다.

교육과정의 효과를 측정하는 평가는 두 가지의 접근법이 있다. 하나는 '합리적 목적달성 모형(Rational Goal Attainment Model)'이고 다른 하나는 '대안적 교육과정 간 비교법(Curriculum Horse Race)'이다. 전자는 교육과정상 미리 상세화된 목표들과 교육과정의 결과를 비교하여 최초 교육과정의 의도를 얼마나 실천했는지를 기준으로 평가하며, 후자는 두 개의 대안적 교육과정을 경쟁시키며 실행하여 어느 것이 더 학생의 성취를 가져오게 하였는가를 기준으로 평가한다.

2) 교육과정 운영의 특성

교육과정 운영은 다음과 같은 특성이 있다.

첫째, 교육과정 운영은 실제성을 지닌다. 교육과정 운영은 실제사태이며 기존의 방식과는 다른 방식으로 변화되기를 원하는 조건으로부터 나온다. 교육과정 운영의 실제적인 주체는 보다 구체적이고 특수하며 변화되기 쉬운 것이다. 교육과정에 대한 실제적인 연구는 이를 탐구하는 연구자와 문제상황과의 상호작용을 통한 심사숙고의 과정을 취한다. 실제적인 것은 교육적 상황에서 효과적으로 행동하는 능력을 발달시키는 것을 목적으로 한다.

따라서 교육과정 운영은 학교실제라는 문제사태를 변화시키기 위해 교육과정 구성원들 간의 상호작용을 통한 효율성 증대를 목적으로 한다. 교육과정 운영은 학교라는 실제상황에서 일어나므로 학교의 특성이나 수준, 그 지역사회의 조건들을 고려해야 한다.

둘째, 교육과정 운영은 '변화 지향성'의 특성이 있다. 교육과정 운영은 실질적 변화를 일으키는 데 목적이 있다. 만약 변화의 의도가 없다면 교육과정 운영의 의미는 상실될 수도 있다. 왜냐하면 교육과정 운영은 기존의 학교실제를 변화시키고자 하는 의도에서 출발하기 때문이다. 변화는 새로운 교육과정을 개발하고 채택하는 정도의 일회적인 사건이 아니라 오랜 시간에 걸쳐 지속적으로 일어나는 하나의 과정이다.

이 과정에서 사람들의 역할이 중요하며 이들의 사고와 행동이 변화되지 않고서는 학교실제를 변화시키기 어려운 것이다. 다시 말해 교육과정 개정이나 개혁 그 자체도 중요하지만 이를 실천하는 과정에서 무엇보다도 중요한 것은 사람들의 적극적인 역할이라는 것이다.

변화는 이를 수행하는 사람들의 관점에 따라 다양한 특징을 지니며, 이는 교육과정 운영과 밀접한 관련을 지닌다. 교육과정 운영을 담당하고 있는 사람들이 이 변화에 대한 요구를 느끼고 있는지, 적절하다고 보는지, 변화의 목적과 방법이 이해하기 쉬운 것인지 기존의 것과는 달리 차별적이고 복합적인 특성이 있는지 그리고 변화에 필요한 자료들이 적합하고 실제 사용가능한 것인지 등의 교육과정 운영에 상당한 영향을 미친다는 것이다. 만일 교사들이 변화의 필요성을 인식하지 못하고 이에 대한 이해와 확신도 분명히 갖고 있지 않다면 교육과정 운영은 제대로 실천되기 어려울 것이다.

셋째, 교육과정 운영은 상호작용적 활동이다. 교육과정 운영은 몇 사람에 의해서 주도되는 것이 아니라 교육과정 구성원들의 다양한 상호작용을 통해서 일어나는 협동적인 활동이다. 교육과정 운영을 위해서는 교육과정전문가와 교육행정가, 그리고 학교장 및 교사들 간에 원활한 의사소통은 물론 적극적인 협력이 필요하다.

특히 새롭게 변화된 교육과정을 학교 실제에 효과적으로 정착시키기 위해서는 교사들의 참여와 협력이 필수적이다. 교육과정의 운영에 대한 교사들의 관심과 상호작용은 교육과정을 계획하고 지원하는 전문가와 행정가들의 실질적인 지원과 함께 교사들 개개인의 지속적인 노력이 조화를 이룰 때 일어나는 것이다.

3) 교육과정 운영의 단계

교육과정 운영은 일정한 단계를 거쳐서 진행된다. 의도적 노력에 의해 체계적으로 일어나는 교육과정 운영은 교육과정 변화과정의 한 단계로써 설명되는가 하면, 교육과정 개발과정의 사전단계로 설명되기도 한다. 먼저, 교육과정 변화과정에서 보면 운영의 단계는 계획과 평가의 중간단계에서 이루어진다. 교육과정 변화의 과정은 기존 상황에 대한 불만이나 이를 변화시키고자 하는 필요에서부터 시작된다. 현재의 학교체제나 교육과정에 대한 문제를 제기하고 이를 해결하기 위하여 대안들을 모색하는 단계이다. 예를 들어, 현재의 학교 교육과정을 그대로 유지해야 되는지, 아니면 변화시켜야 할 필요성이 있는지, 변화시킨다면 어떻게 변화시켜야 하는지, 그리고 구체적인 문제와 해결방안은 무엇인지 등의 질문에 답하는 가운데서 변화는 시작되는 것이다.

교육과정 변화의 요구를 수용하기 위해서는 정보를 수집하고 변화를 위한 대안들을 검토하며 여러 가지 대비책을 마련하여야 한다. 교육과정 운영의 과정에서는 변화를 수용하고 착수하는 과정과 이를 계획하고 결정하는 적용의 과정을 포함한다. 이와 같이 계획된 교육과정은 학교현장에 보급되고 이후 전면적으로 활용하고 적용되는 교육과정 운영의 단계에 들어선다. 교육과정 운영에서 변화의 단계는 교육과정의 실행의 결과를 좌우하기 때문에 매우 중요하다.

교육과정 운영의 초기 단계에서는 다양한 지원을 받아 교육과정이 성공적으로 진행되는 것처럼 보이지만 이러한 제반지원들이 사라지면 종종 실패하는 경우가 있다. 따라서 새로운 교육과정이 학교 실제에 정착될 때까지 계속적인 유지·관리가 필요한 것이다. 교육과정 운영의 정착단계는 계획된 변화를 성취하는 단계로써 교육과정 운영이 성공적으로 이루어졌음을 시사한다. 교육과정 변화의 단계는 ① 문제제기, ② 계획과 채택, ③ 운영, ④ 정착 및 유지단계로 진행된다.

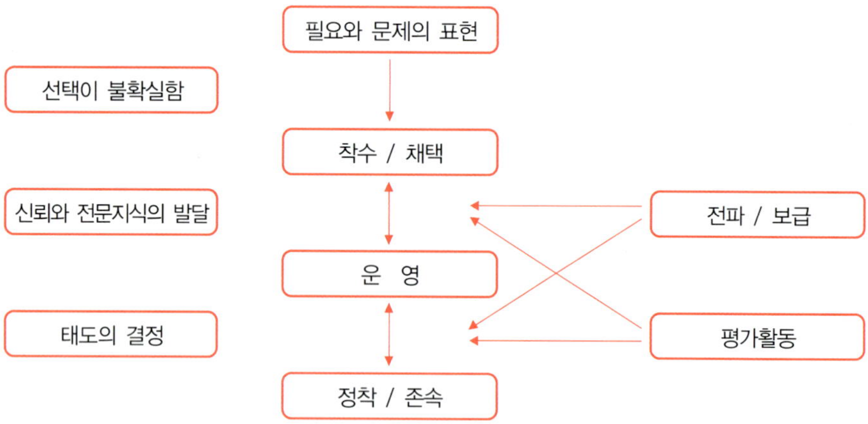

|그림 13-1| **교육과정 변화과정**

교육과정 개발과정을 교육과정 운영의 사전단계로 설명할 수 있다. 에덴(Eden)은 새 교육과정 개발과 운영을 위한 모형을 제시하였다. 첫째, 교육과정 개발과정은 기존 상황에 대한 불만에서부터 출발한다. 현행 교육과정이나 프

로그램이 운영되기 어렵거나 거의 사용되지 않을 때 새로운 교육과정을 설계하고자 한다. 둘째, 교육과정 계획단계로써 기존의 문제상황을 진단하고 추구해야 할 목표를 설정하며 학습활동의 목록을 작성하는 등의 전반적인 준비작업을 수행한다. 셋째, 이 계획안을 기초로 하여 학습자료를 개발하고 현장검증과 형성평가를 통해 수정·보완한 최종자료, 즉 교과서, 지침서, 학습매체를 개발한다. 넷째, 완성된 패키지를 학교실제에 적용시키는 운영단계에는 전면적인 보급, 교사와 학교 관련인사의 훈련, 적용, 정착 등의 하위단계가 포함된다. 다섯째, 새로운 프로그램이 교실에서 정착되고나면 이에 대한 검토와 다음 프로그램을 위한 재사정이 뒤따라야 한다.

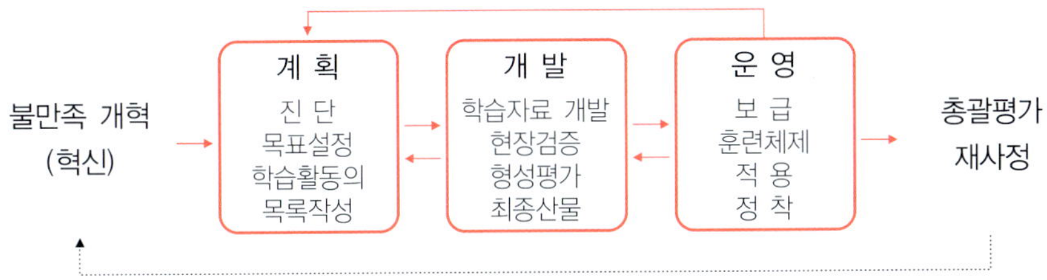

|그림 13-2| 교육과정 개발과 운영을 위한 모형

이와 같이 교육과정 운영은 교육과정 변화와 개발과정에서 결정적으로 중요한 단계임을 알 수 있다. 실제 교육과정 운영의 단계 없이는 변화를 기대할 수 없으며 개발 또한 무용한 것이 되기 쉽다. 아무리 잘 계획된 교육과정일지라도 학교실제에서 운영되지 않으면 그 실효성을 기대하기 어려운 것이다. 그러므로 교육과정 운영이 학교실제에 정착되기까지 계획된 교육과정을 전파·보급하고 이에 대한 필요한 연구와 지원을 제공하는 등의 제 조건들이 전제되어야 할 것이다. 이렇게 될 때 교육과정 운영은 학교 실제에서 효과적으로 적용되며 지속적으로 정착될 수 있을 것이다.

2. 교육과정 평가

학교 교육과정 평가는 1992년 이후 제6차 교육과정을 통해 단위학교 수준의 교육과정 개발체제가 확립되면서부터이다. 사회가 보다 민주적이고 합리적으로 발전되면서 공교육의 자율성과 책무성이 강조되기 시작하였고 이는 제7차 교육과정 및 2007년 개정교육과정에서 더욱 확연하게 나타난다. 제7차 교육과정에서는 '학교 교육과정에 대한 평가'라는 개념을 처음으로 도입하였으며, 2007년 개정 교육과정에서는 이러한 취지에 입각하여 학교 교육과정에 대한 합리적 평가를 바탕으로, 교육의 질 관리를 강화하겠다는 의지를 분명하게 표명하였다.

학교 교육과정 평가와 관련된 국가수준교육과정에 명시된 내용은 교육과정의 질관리를 위한 학생의 학력평가, 학교와 교육기관 평가, 교육과정 편성·운영에 관한 평가를 실시할 것을 제시하였다. 학생의 학력평가는 시·도 또는 지역 교육청별로 일정 수의 학교를 표집하여 몇 개의 학년과 몇 개의 교과를 대상으로 학업성취도를 평가하는 것으로써 이러한 국가수준의 학력평가 결과는 학생 개인의 학력을 학부모에게 알려 주는 것뿐만 아니라, 교육과정 정책수립의 기초 자료로 활용된다.

1) 인간이해와 교육과정 평가

교육평가의 과정이나 활동은 그것 자체가 목적이 될 수도 있다. 그러나 교육의 전체 과정 속에서 교육평가는 교육의 목적달성을 위한 수단이지 그 자체가 목적은 아니다. 교육평가는 우리의 교육현실이 시험, 평가, 교사에게서 좋은 점수를 받거나 성공하고 합격하는 것이 교육목적의 전부인 것처럼 되어버린 현상에 대한 반성을 촉구하려는 데 그 목적이 있다. 또한 교육과정 평가는 인간 이해를 위해 존재하는 것이지 인간규정을 위해 존재하는 것이 아니라는 명제를 교육과정 평가의 중요한 특징으로 이해해야 한다. 따라서 인간이해를 바탕으로 한 교육과정 평가의 특징을 살펴보면 다음과 같다.

첫째, 인간은 현실성보다 가능성이 크고, 주어진 조건보다 개발될 수 있는 잠재가능성이 무한하다는 명제를 믿어야 한다. 현재의 그의 능력, 현재의 그의 성적보다 그것을 극복하고 개발될 수 있는 미래의 그, 미래의 그의 능력, 미래의 그의 인간됨이 가능성이 크며 다양할 수 있다는 사실에 보다 더 교육적 의미를 부여할 때 인간이해의 평가개념이 발생한다. 이 같은 가능성을 부인하고 현실성에 집착할 때 교육평가는 인간을 심판, 판단, 범주화시키는 인간규정의 의식이 지배하게 된다.

둘째, 교육과정 평가의 자료와 대상, 시간은 무한하다는 신념이다. 학생이 남겨 놓은 낙서 한 줄, 그림 한 장, 일기장 한 토막, 대화 한 마디가 모두 인간이해의 자료가 될 수 있다는 가능성을 인식해야 한다. 이러한 흩어진 자료가 교육평가의 자료로 여과되기 위해서 선행되어야 할 것은 그것을 찾고 보는 교사의 눈이다. 교사가 '교과전문가'로만 머물고 있을 때 이러한 귀중한 자료는 교육평가의 자료로 활용되지 않는다. 교사는 교과전문가이기에 앞서 '인간이해자'여야 한다.

한 개의 그림을 보고 구도가 잘 되었느니, 색채의 조화가 좋지 않느니 하고 평가하는 것은 '미술전문가'로서 보는 평가의 눈이요, 그에 앞서 그 그림을 통해 그 학생의 인간상과 그 장·단점을 이해하고 어떻게 지도해 주어야 할 것인가 하는 학생의 심리, 강점과 약점을 이해할 단서를 찾으려고 하는 것은 '미술교사'가 지녀야 할 평가의 시각이다. 이러한 눈동자가 없을 때 주위에 널려 있는 많은 정보도 진정한 교육평가의 정보로 승화되지 못하고 썩어 버린다. 교육평가에서, 넓게는 교육이라는 현장에서 가장 먼저 부각되어야 할 것은 인간이해자로서의 교사요 평가이며 그 이후 교과전문가의 능력과 인식이 뒤따라야 한다.

셋째, 교육과정 평가는 계속적이고 종합적인 과정이어야 한다. 계속성이라는 것은 어떤 특수한 장면이나 어떤 특수한 시간에만 평가하지 않고 언제나 전후 맥락, 다양한 상황을 고려한 평가를 해야 한다. 교육평가는 시험볼 때에만 존재하는 것도 아니며, 오늘 끝나면 내일에는 없는 것도 아니다. 수업할 때마다 숙제를 낼 때마다, 대화를 나눌 때마다, 심지어 학생의 눈동자를 보면서 평가의 기능은 발휘되어야 한다. 이렇게 누적된 기록 혹은 자료가 학생을 평가하기 위한 전후 통일성, 관련성을 밝혀 준다.

종합성(comprehensiveness)은 평가의 과정이 한 학생의 특성 전체에 걸친 넓은 면에 이루어져야 한다. 학생의 학업성적만 평가하는 것이 교육평가의 전부는 아니며 그 이외에 태도, 인성, 사회성, 자아개념, 도덕성, 신체발달 등 여러 측면을 고려해야 한다. 전인(whole man)으로서의 교육목적관은 교육평가의 과정에도 그대로 반영되어야 한다. 한 쪽 측면만 본다는 것은 그만큼 불완전하고 편파되며 미완성된 평가결과를 빚게 마련이다. 예컨대 학업성적이 낮은 경우, 그것이 지능이 원인일 수도 있고, 가정환경이나 신체적 조건, 학습습관이 잘못된 경우와 인성의 결함, 더 나아가서는 이들 전부를 합친 것이 원인일 수도 있다. 그러므로 평가의 과정은 언제나 종합적 시각 위에서 실마리를 찾아야 하고 또 그럴 때만 참된 문제해결이 이루어질 수 있다.

2) 교육과정 평가의 의의

교육과정 평가의 목적은 학교교육에 대한 책무성 강화와 교사의 전문성 신장이라는 두 가지 목적으로 대별될 수 있다. 책무성 강화의 관점에서는 학교 교육과정의 효율성을 중시하기 때문에, 학교 교육과정의 개발, 실행, 평가에 있어서 교사의 책임을 강조한다. 한편 학교 교육과정의 개발, 실행, 평가와 관련된 교사의 전문성을 신장시킴으로써 학교교육의 질적 개선을 강조한다. 이러한 학교 교육과정 평가의 목적의 차이는 평가대상, 평가내용, 평가방법에 영향을 미칠 가능성이 있다. 따라서 동일한 학교 교육과정일지라도 학교 교육과정 평가의 목적에 따라서 서로 다르게 평가될 수 있다.

한편 학교 교육과정 평가의 방향은 학교 교육과정의 유형과 교육과정 실행의 관점에 따라서 다르게 나타날 가능성이 있다. 국가수준 교육과정을 채택하여 운영하는 학교의 경우에는 교육과정 실행의 충실도적 관점에서 학교 교육과정을 평가할 가능성이 높다. 한편 국가 및 지역수준에서 개발된 교육과정을 학교의 실정에 적합하게 재구성하여 운영하는 학교의 경우에는 교육과정 실행의 상호 적응 관점에서 학교 교육과정을 평가할 가능성이 높다. 마지막으로 단위학교의 특색에 적합하게 단위학교 교육과정을 자체적으로 개발 및 실행하는 학교의 경우에는 교육과정 실행의 생성관점에서 학교 교육과정을 평가할 가능성이 높다. 이처럼 학교 교육과정의 유형과 교육과정 실행의 관점은 학교 교육과정 평가의 방향에 영향을 준다.

학교 교육과정의 평가는 '학교 구성원들이 중앙 및 지방에서 개발하여 보급한 교육과정을 단위학교의 특색에 적합하게 채택, 재구성, 창안 등의 과정을 통하여, 학교와 학생의 실정에 부합하도록 교육과정을 계획, 전개, 실현하고 있는지에 대한 의사결정을 하기 위하여 자료를 수집하고, 학교 교육과정의 가치와 질을 판단하는 행위'라고 정의하였다. 이러한 정의에 비추어 볼 때, 학교 교육과정 평가의 핵심은 ㉠ 계획, 전개, 실현된 교육과정, ㉡ 중앙의 교육과정을 단위학교의 특색에 적합하게 채택, 재구성, 창안, ㉢ 학교와 학생의 실정에 부합하는 것이라고 할 수 있다.

학교 교육과정의 평가는 교육과정의 개념, 유형, 요소 등의 3차원적 관점에서의 평가모형으로 세분화할 수 있다.

(1) 학교 교육과정의 개념에 따른 평가

학교 교육과정 평가를 교육과정의 개념을 중심으로 계획된 교육과정, 전개된 교육과정, 실현된 교육과정의 세 가지 측면에서 각각 제시하면 다음과 같다. 계획된 교육과정에는 교육목표 교육내용, 교육방법, 교육평가에 대한 계획들이 포함되어 있다. 계획된 교육과정은 학생들을 가르치기 위한 계획을 담고 있기 때문에, 단위학교 교육과정의 계획이 적절하게 수립되어 있는지 평가해야 한다. 단위학교의 교육과정이 국가 및 지역의 교육과정에 기초하여, 단위학교의 실정과 특성에 부합하게 교육과정 계획을 수립하였는지를 확인할 필요가 있다. 이러한 과정을 통하여, 단위학교에서 계획한 학교 교육과정의 장단점을 분석하여 이들의 장점을 발전시키고 단점을 개선할 수 있다.

전개된 교육과정의 평가는 실천으로서의 교육과정, 운영된 교육과정, 가르친 교육과정 등과 유사한 의미로 사용되나, 대체로 전개된 교육과정이라는 용어를 사용한다. 교육과정의 개념이 전개된 교육과정의 의미를 갖게 되면, 교육과정과 수업의 개념은 동일한 것으로 간주된다. 교육의 장면에서 전개된 교육과정이 교사에 의해서 해석 및 변형된 형태로 구현되기 때문에 가르친 교육과정, 운영된 교육과정의 의미를 갖는다.

전개된 교육과정의 관점에서 보면, 계획된 교육과정이 교실에서 운영될 수도 있고 운영되지 않을 수도 있다. 반대로 계획된 교육과정에 제시되어 있지 않은 것들이 교실에서 운영될 수도 있다. 즉, 단위학교의 교육과정의 계획이 잘 수립되어 있다고 하더라도 그것이 교사에 의해 실행되지 않으면 계획된 교육과정이 아무런 의미를 갖지 못한다. 이러한 점에서 볼 때, 전개된 교육과정은 학교 교육과정 평가에서 중요한 위상을 갖는다. 교사들은 단위학교의 계획된 교육과정을 충실하게 전개하고 있는지를 확인할 필요가 있다. 이러한 과정을 통하여, 단위학교에서 전개된 학교 교육과정의 장·단점을 분석하여 이들의 장점을 발전시키고 단점을 개선할 수 있다.

실현된 교육과정은 성과로서 교육과정, 구현된 교육과정, 달성된 교육과정, 평가된 교육과정 등과 유사한 의미로 사용된다. 학교 교육과정에서 의도하고 있는 목표가 얼마나 실현되었는지, 그리고 의도하지 않았으나 학생들이 학습한 성과에는 어떤 것들이 있는지 평가할 필요가 있다. 학교 교육과정의 계획이 잘 수립되고, 지원과 실천이 적절했음에도 불구하고, 학교 교육과정의 결과가 이해당사자, 특히 학생들에게 미친 영향이 미미하다면 그것은 이해당사자인 학생을 제대로 고려하지 못한 교육과정이라고 할 수 있다. 따라서 학생들에게 계획된 교육과정 또는 전개된 교육과정이 학생들에게 실현되었는지를 확인할 필요가 있다. 이러한 과정을 통하여, 단위학교에서 실현된 학교 교육과정의 장·단점을 분석하여 이들의 장점을 발전시키고 단점을 개선할 수 있을 것이다.

(2) 학교 교육과정의 유형에 따른 평가

학교 구성원들이 학교 교육과정의 개발에 참여하지만, 이들이 참여하는 수준에 따라서 학교 교육과정은 다양한 형태로 나타난다. 학교 교육과정 개발과정에서 발견되는 학교 구성원의 참여 유형을 창안, 조정, 교육과정 자료선정의 세 가지 유형으로 제시하였다. 학교수준 교육과정은 중앙정부에서 개발한 교육과정을 대체하지 않고, 효율적으로 운영한다는 점에서 교육과정 개발과 관련된 의사결정권의 제한이 크다고 할 수 있다. 교육과정의 학교중심 적용은 중앙정부에서 개발한 교육과정을 학교의 특색에 따라서 재구성한다는 점에서 의사결정권의 자율성이 학교수준 교육과정에 비하여 자유롭지만 단위학교에서 새로운 교육과정을 창안할 수 없다는 점에서 학교초점 교육과정에 비하여 의사결정 자율권에 제한이 있다.

이에 비하여 학교초점 교육과정은 외부에서 개발된 교육과정을 채택, 수정, 창안하는 것을 강조하고 있다는 점에서, 교육과정 개발과 관련한 자율성을 가장 크게 확보한다고 할 수 있다. 이처럼 단위학교 교육과정의 의사결정의 자율성에 따라서, 학교 교육과정 유형은 매우 다양한 형태로 존재한다. 학교 교육과정의 자율성의 관점에서, 단위학교 교육과정의 장점과 단점이 무엇인가를 파악하여, 단위학교 교육과정의 가치판단을 내릴 수 있도록 학교 교육과정 평가가 실시되어야 한다.

교육과정 실행의 관점에서 볼 때 학교 교육과정은 충실한 이해, 상호적응, 창안의 세 가지 형태를 갖게 된다. 충실한 이행의 관점에 의하면, 학교 교육과정은 국가 및 지역수준의 교육과정을 단위학교에서 충실하게 이행하는 것을 강조한다. 한편 상호적응 관점에 의하면, 학교 교육과정은 국가 및 지역수준의 교육과정을 단위학교의 특색에 적합하게 재구성하는 것을 강조한다. 마지막으로 창안의 관점에 의하면, 단위학교의 특성에 맞게 자체적으로 교육과정을 개발하는 것을 강조한다. 이러한 교육과정 실행의 세 가지 관점에 따라 단위학교의 교육과정의 운영 모습은 다르게 나타날 가능성이 있다.

(3) 학교 교육과정의 교육과정 구성요소에 따른 평가

학교 교육과정 문제는 특정 상황에서 발생하는 실제적인 문제이기 때문에, 학교 교육과정은 실제상황을 효율적으로 충족시키는 방향에서 개발, 실행, 평가되어야 한다. 따라서 학교 교육과정은 단위학교의 실제를 고려하여 계획, 개발, 운영, 평가되어야 한다. 슈왑(schwab)은 학교교육의 실제를 고려하여 학교 교육과정을 개발, 운영, 평가하기 위해서는 교육과정의 공통적인 구성요소들의 상호작용을 고려할 것을 주장하였다.

그는 교사, 학습자, 교과, 환경의 네 가지를 교육과정의 공통요소로 제시하였다. 교육과정은 이들 네 가지 구성요소들 간의 끊임없는 상호작용에 의한 산물이기 때문에, 이들 요소가 동등한 비중으로 다루어져야 한다. 만약 네 가지 공통요소 중에서 특정 요소를 강조하면, 교육과정은 특정 사조를 반영하게 된다. 즉, 교사를 강조하게 되면 전통적 교사중심 교육과정의 성격이 강하게 나타나게 되고, 반대로 학습자를 강조하게 되면 학생중심 교육과정 성격을 나타낸다. 그리고 교과를 강조하면 교과중심 교육과정, 환경을 강조하게 되면 사회재건 중심 교육과정의 성격을 나타낸다. 이들 네 가지 요소 중에서 특정 영역이 부각되게 되면 교육과정이 한 쪽으로 치우치게 되며, 이럴 경우 학교 교육과정의 민주성과 정치적 중립성 등 다양한 관점에 문제가 발생할 수 있다.

① 학습자 요소의 평가

학습자마다 개인차가 있기 때문에 학교 교육과정을 계획, 전개, 실현할 때에는 이들 학습자의 개인차를 고려해야 한다. 개인차를 고려하지 않는 교육과정은 소수의 학습자에게만 유용하기 때문이다. 따라서 학습자의 개인차 변인인 적성, 흥미, 학습양식 등을 고려하여 교육과정을 구성할 필요가 있다. 학습자의 생활, 관심, 요구를 학습자 자신보다 더 잘 표현할 사람은 없다. 학습자들이 성인처럼 그들의 요구를 직접적으로 표현할 수는 없을지라도, 교사와의 대화를 통해 그들의 관심 및 흥미를 드러낼 수 있을 것이다. 학생과 교사의 대화는 상호작용 또는 숙의를 통해서 이루어지며, 이를 통하여 학생들의 요구가 구체화된다. 그러므로 숙의는 교육과정을 개인적으로 재구성하는 계속적인 과정이며, 이렇게 만들어진 교육과정을 통해 학생들은 통찰과 이해를 추구하게 된다.

학습자는 학교 교육과정을 개발, 실행, 평가하는데 강력한 영향력을 발휘한다. 학습자 특성 및 학습관에 따라 학교 교육과정의 계획, 실행, 성과가 달라질 수 있으며, 학교 교육과정 역시 다양하게 나타날 수 있다. 따라서 학교 교육과정이 이들 학습자 요소를 반영하고 있는지를 평가할 필요가 있다.

② 교사요소의 평가

슈왑(Schwab)은 교육과정을 교실의 전체적인 문화로 간주하고, 전체적인 교실 문화에서 발생하는 교육과정의 공통요소들 간의 상호작용을 중시하였다. 교육과정의 네 가지 공통요소 중에서, 교사는 '교실'이라는 실제에 밀접하게 관련이 있으며, 교실 생활문화에서 중심적이며 지배적인 권한을 갖고 있다.

계획된 교육과정이 우수하더라도, 교사가 실행하지 않으면 교육과정은 더 이상 의미가 없으며, 계획된 교육과정에 제시되어 있지 않지만 교사가 중요하다고 판단하여 학생들에게 가르치게 된다면 그 교육내용은 새로운 의미를 형성하게 된다. 교사가 교육의 본질에 대해 갖고 있는 믿음은 교육이론으로 간주되며, 이것은 어떤 방식으로든지 교실에서 교사의 행동에 영향을 미친다. 교사는 교실에서 실제로 무엇을 가르치고, 어떻게 가르치는가의 견지에서 교육과정에 대한 통제력을 갖는다.

교사는 상황적, 개인적, 사회적, 경험적 그리고 이론적 지향에 의해 실천적 지식을 만들어간다. 이러한 실천적 지식의 내용은 교사 자신에 대한 지식, 환경에 대한 지식, 교과에 대한 지식, 수업과 교육과정 개발 지식 등으로 구분된다. 이러한 교사의 지식은 일반성의 정도에 따라 위계적인 방식으로 조직될 수도 있다. 교사는 학교 교육과정을 개발, 실행, 평가하는데 강력한 영향력을 발휘한다. 특히 교사의 교육관 및 실천적 지식은 학교 교육과정 실행에 중요한 영향력을 행사한다. 따라서 학교 교육과정이 이들 교사변인을 어떻게 반영하고 있는지를 평가할 필요가 있다.

③ 교과 요소의 평가

교과는 교사와 환경의 상호작용에 의해 구현된다. 교과는 그것과 상호작용하는 사람과 집단에 따라 달라질 뿐 아니라 그것을 사용하는 교사와 학습자의 성격을 변화시키기도 한다. 따라서 교과는 교사와 학생, 그리고 학습이 일어나는 상황과 떨어져서는 아무 의미가 없다. 교과는 정적이지만 실제적 패러다임의 관점에서 보면, 다른 공통요소에 대하여 역동적으로 변화하게 된다. 따라서 교과를 선정할 때에는 학습상황의 문제, 요구, 흥미를 우선적으로 고려해야 한다. 즉, 교과는 특별한 실제 사태의 상황적 요구와 흥미를 충족시키기 위해 선택되는 것이다. 학교 교육과정에 선택된 내용은 학습자가 광범위하고 풍부한 영역의 경험을 하도록 도움을 제공하거나 학생이 특별한 문제를 해결하고자 하는 도구적 흥미에 기여해야 한다.

학교 교육과정은 단순히 교과의 내용을 수동적으로 받아들이도록 구성하기보다는 교육의 가능성이 풍부하도록 계획, 전개, 평가되어야 한다. 교과는 교육과정의 핵심요소로서, 교사와 학생을 매개하는 역할을 한다. 교과는 교사들의 계획에 의하여 학생들에게 가르쳐지고 학습하게 된다. 즉, 교육과정에 제시되어 있는 교과가 학생들의 경험을 풍부하게 하는지 평가할 필요가 있다.

④ 환경요소의 평가

환경은 학교 교육과정에 대한 다양한 영향력을 발휘한다. 학교 교육과정에 영향을 주는 환경으로는 학부모, 지역사회, 시대의 변화 등이다. 환경은 학교 내외의 물리적, 사회적, 문화적 그리고 심리학적 측면을 모두 포괄한다. 슈왑은 학교 교육과정 개발, 실행, 평가를 위하여 교사가 사회학, 경제학, 정치학, 법학, 심리학 등의 제 관점을 통찰할 것을 주장한다. 교사가 이들 환경을 철저하게 분석한다면, 학교 교육과정은 보다 효과적으로 계획, 전개, 실현될 것이다.

모든 경험은 의식 속에 존재하며, 이 의식활동은 의식주체와 환경의 상호작용에서 일어난다. 그러므로 이러한 활동을 다루기 위해서는 활동이 일어나는 맥락, 즉 환경을 중요시해야 한다. 환경 심리학자들은 의사결정 과정에서 학생의 학습수준을 자극하고 향상시키는 교육적 환경의 계획을 강조한다. 왜냐하면 교육과정은 학습자뿐만 아니라 사회현상과 적합하게 관련지을 때 의미있게 이해될 수 있기 때문이다. 교육과정은 구체적인 교실상황, 학교, 그리고 끊임없이 변화하는 맥락을 고려해야 한다.

슈왑은 독특한 지역적 요구를 수용하고, 실제적인 것에 주의를 기울이고, 교육과정 지역화의 요구를 충족시키는 교육과정의 다양화를 주장하였다. 교육과정의 지역화는 교육과 관련된 제 변인들의 다양성을 조화시키려는 보다 적극적인 노력으로 해석된다. 교육과정의 지역화는 구체적이고 개별적인 사상들의 상호작용이 일어나는 실제 사태에 관심을 가지는 실제적인 탐구에서 생겨난 것이며 학교중심 교육과정, 지역중심 교육과정, 자연주의 모형도 이러한 맥락과 관련이 있다.

CHAPTER 14

학습자와 교사

1. 학습자의 변인
2. 교사의 유형적 측면

14 CHAPTER 학습자와 교사

교육과정과 관련하여 효과적인 수업에 영향을 주는 변인으로는 교사와 학습자 변인을 들 수 있다. 교사는 교육과정을 운영하는 주체이며, 학습자는 교육과정을 통해 학습을 성취하는 주체이기 때문이다. 교육과정 운영은 이 두 주체와 관련된 다양한 변인들을 고려하면서 이루어질 때 효과적인 수업과 능률적인 학습을 이룰 수가 있다. 학습자 변인은 크게 인지적 요인과 정의적 요인을 들 수 있으며, 교사 변인은 교사의 지식, 인성적 특성, 교수기술, 교사 효율성 요인으로 나누어 볼 수 있다.

1. 학습자의 변인

효과적인 교육과정을 위한 변인은 학습자의 흥미와 동기, 학업성취, 전이 등이다. 학습자의 흥미나 학업성취에 직접적인 영향을 미칠 수 있는 개인적인 요인들로는 인지능력, 지능, 유능감 등이 있고, 수업과정 요인으로는 수업내용 및 개별화, 협동학습, 문제중심학습과 같은 교수방법 등이 있으며, 수업환경 요인들에는 자율성, 통제성, 평가, 피드백 등을 주 요인으로 간주하였다.

교사는 학습이 주체인 학습자가 수업의 모든 과정에서 적극적으로 참여할 수 있게 유도해야 한다. 그러나 학습자들은 동일한 특성을 가지고 있는 것이 아니라 인지적 수준, 적성, 성격, 흥미, 학습양식, 유능감 등 제각기 다른 특성을 나타내고 있다. 예를 들어, 이상적인 평가나 문제유형을 제공하더라도 자기효능감이 높은 학습자들은 개인평가나 자기관련성이 높고 선택을 부여하는 문제유형에 대한 선호가 높은 반면, 자기효능감이 낮은 학습자들은 집단평가나 할당형 문제에 대한 선호도가 높게 나타난다.

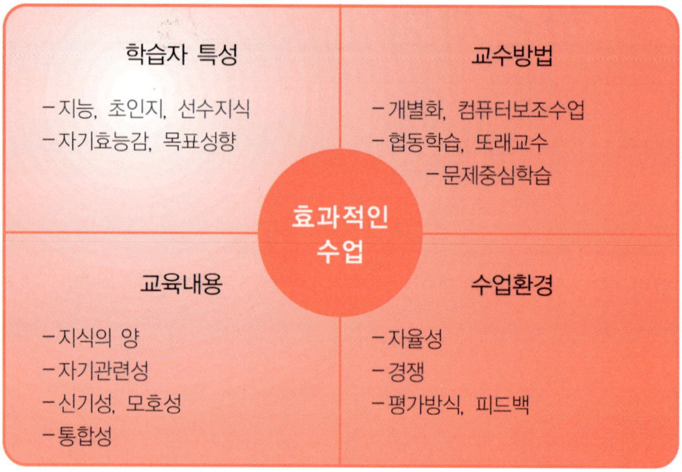

|그림 14-1| 효과적인 교실수업에 영향을 미치는 요인

1) 인지적 요인

(1) 지능

학습자 특성변인은 일반적으로 지능, 초인지, 선수지식 등과 같은 인지적 요인과 자기효능감, 목표성향, 흥미 등과 같은 동기적 요인으로 구분할 수 있다. 인지적 요인에는 문제해결력, 사고력, 추론능력, 창의력, 지능, 초인지 등이 있다. 특히 지능은 학업성취에 직접적인 영향을 주는 변인으로 알려져 있다. 과거의 지능개념은 지능을 단일한 차원으로 간주하고 학습능력이나 추상적인 사고력을 중시하였다. 그러나 최근 지능의 개념은 변화가능하며 다양한 영역으로 확대되었다. 가드너의 다중지능과 같이 지능은 인지능력뿐만 아니라 신체운동지능, 대인관계지능, 언어지능 등으로 다양한 영역에 있어 개개인이 가지고 있는 능력을 말한다.

과거 지능연구에서는 심리측정학적 측면에서 지능의 구성요인의 타당성, 지능의 발달에 초점을 맞추다가 현재는 개인차를 확인하고 교육적으로 활용하려는 노력이 나타났다. 이 중 대표적으로 스노우(Snow)는 인지, 정서, 의지를 통합적인 적성의 개념으로 도입하고 이를 교육에 적용하였다. 그는 적성처치상호작용(ATI : Aptitude Treatment Interaction)연구에서 각 개인의 특성을 파악하는데 지능이 보다 구체적인 정보를 제공하고 있다고 하였다.

예를 들어, 지능적성이 낮은 학습자에게는 구조화되고 구체적인 수업정보, 반복학습, 언어보다는 그림 등의 매체를 제공하여야 한다. 높은 지능적성의 학습자들에게는 발견적이고 탐구적인 수업 등 구조화되지 않은 수업과 교사가 도움을 적게 주는 수업이 효과적이다. 그러나 학교현장의 교사들은 지능이 개인차 변인임은 인정하지만, 수업이나 학습에 이를 반영하기는 어렵다고 하여 일선 학교에서는 지능검사를 이전보다 적게 실시하고 있다.

우리나라에서는 개인차 변인으로서 대부분의 지능연구가 단편적인 인지능력과 측정학적인 관점에서만 초점을 두었기 때문이다. 따라서 앞으로의 지능연구는 개인의 잠재능력을 확인하고 이를 향상시킬 수 있는 교육 프로그램이나 교육환경 조성에 도움을 주는 방향으로 모색되어야 한다.

(2) 초인지

'아는 것과 그 앎의 과정을 잘 이해하는가?'의 개념인 초인지는 학교장면에서 자기조절학습을 함양하는 데 그 목적을 두기 시작하면서부터 더 중요한 요소로 간주되었다. 초인지는 인지라기보다는 학습자의 인지과정에 대한 통제와 지적인 평가라고 할 수 있다. 학습자는 정보를 습득하는 과정에서 계획, 모니터링, 학습전략, 평가 등을 하게 되며 이는 학습의 효과를 높이는 데 중요한 작용을 한다. 초인지는 자율성을 부여하면서 다양한 학습전략을 찾도록 유도한다는 점에서 학업성취나 동기에 영향을 주는 결정적인 요인이라고 할 수 있다.

자기조절능력이 높은 학습자를 양성하기 위한 초인지 전략, 수업모형 개발 및 수업의 효과성에 관한 연구들은 학습자의 초인지 전략을 고려한 수업이 학습태도를 변화시켰다고 한다. 효과적인 학습은 학습자가 많은 학습전략을 습득하도록 유도하는 것이 아니라, 학습자 자신이 무엇을 아는지 모르는지를 파악하게 하고 학습전략을 효과적으로 활용할 수 있게 하는 것이라고 하였다.

그러나 자기조절능력이 환경적인 영향에 의해 수동적으로 획득될 수 있는 것이 아니라 개인, 행동, 환경이 상호작용을 통해 이루어지기 때문에 단편적인 초인지 훈련 프로그램이 실제로 효과가 있는지는 의문의 여지가 있다.

(3) 선수지식

사전지식은 새로운 지식과 정보를 습득하는 과정에서 요구되는 지식이고, 학습자가 이미 습득한 지식 또는 능력이다. 선수지식은 교수와 밀접한 영향이 있고 이것이 높아질수록 교수의 필요성이 증대된다. 최근 연구에서는 선수지식은 학습자마다 그 양과 구조가 다양하기 때문에 교수의 필요성이 양이 아니라 어떤 교수방법을 제공하느냐에 초점을 두어야 한다는 주장이 나타났다.

허인숙(2002)은 개념도를 통해 사전지식을 확인하고, 네 가지 사전개념도 유형을 분석한 후에 이에 대한 구체적인 교사의 피드백을 제안하였다. 그러나 아직까지 선수지식에 대한 연구들은 개인의 사전능력을 확인하는 데만 국한되어 있다.

2) 정의적 요인

(1) 자기효능감

학습자가 과제수행에서 흥미를 지각하는 원인 중 하나는 그 과제나 내용에 대한 자신감, 유능감이 있기 때문이다. 학습상황에서 자기효능감과 관련된 대다수의 연구들에서는 학습내용이나 영역에 관계없이 자기효능감이 학업성취 또는 학습동기와 밀접한 관계가 있다고 보고하였다. 자기효능감이 높은 학습자들은 자신감이 있기 때문에 실패를 경험하더라도 쉽게 포기하지 않고, 도전적인 과제를 선택한다.

즉, 학습자가 자신이 과제를 잘하고 있으며, 자신의 능력이 뛰어나다고 지각하면 불안수준도 낮고 과제를 지속적으로 수행하려고 노력한다. 또한 자기효능감이 높은 학습자는 부여된 과제를 수행하기 위해 다양한 인지전략을 사용하며 기억과제를 접했을 시에도 낮은 자기효능감의 학습자보다 정교한 기억전략을 이용하기 때문에 비교적 수행능력이 높게 나타났다.

반면 자기효능감이 낮은 학습자들은 자신감이 부족하여 불안수준도 높고 실패에 민감하고 어려운 과제를 회피하려는 태도를 보인다.

(2) 목표성향

목표성향은 개인이 자신의 성취에 어떤 의도로 도달하고자 하는지에 대한 이유로 인지적·정서적 측면, 노력, 능력, 실수 및 수행의 준거와 관련된 신념들을 모두 통합하여 형성된 개념이다. 목표성향은 과정지향과 결과지향으로 구분하며, 과정지향의 학습자들은 수행의 결과보다는 과제 자체에 가치를 두는 반면 결과지향의 학습자들은 성적이나 사회적 비교를 통한 결과에 초점을 두고 있다.

피드백의 유형에 있어서도 과정지향의 숙달목표성향이 높은 학습자들은 정보적인 차원이 피드백에서 흥미도가 높은 반면 결과지향의 수행목표성향이 높은 학습자들은 점수의 폭도 크고 상대적인 피드백을 선호하였다. 우리나라 학생들은 숙달목표보다 수행목표성향이 높으며 이는 학년이 올라갈수록 두드러진다.

과도한 경쟁이나 결과중심의 우리나라 교육환경에서 수행목표를 배제하기는 어렵지만, 교사가 수업내용이나 학습하는 이유를 현실적인 측면과 연계하거나 학습자가 깊은 사고를 할 수 있도록 유도한다면 학습자들의 숙달 목표도 높아질 수 있을 것이다.

2. 교사의 유형적 측면

교육과정 실행의 핵심요인은 교사이며 이는 구체적으로 교사의 인성적 특성, 교수기술 등이 효과적인 교육과정 실행의 변인이 된다. 교육과정 실행에서 교사의 지식, 인성적 특성, 교수기술 등에 대해 구체적으로 고찰하고자 한다.

교육과정 실행 변인과 관련한 초기 연구자인 맥로글린(McLaughlin)과 마쉬(Marsh)는 교육과정 실행 영향변인으로 '제도적 동기부여', '학교장의 지도력', '교사 특성' 등 세 가지로 분류하고 있다. 첫째, '제도적인 동기부여'란 교육과정 실행을 담당하는 교사들의 헌신을 가능하게 하는 학교의 체제를 의미한다. 그들은 이러한 학교체제의 형성은 그 학교를 지원하는 교육청 행정가의 지도력과 밀접한 관련을 갖는다고 설명한다. 둘째, '학교장의 지도력'은 교육과정을 주도하는 학교장의 효율성이 높으면 높을수록 혁신의 목표가 성공적으로 성취된다는 점에서 중요성을 갖는다. 셋째, '교사 특성'은 교사의 태도와 능력을 포함한다.

맥로글린과 마쉬는 교육과정 실행에 가장 강력한 영향을 미치는 태도는 효능감이라고 한다. 교사의 효능감이란 가장 실행하기 어렵고 동기가 결여된 경우일지라도 교사가 성공적으로 실행시킬 수 있다고 믿는 신념으로, 이러한 교사 특성은 새로운 교육과정 실행성과에 대해 가장 강력한 영향을 미친다. 맥로글린과 마쉬의 주장은 새로운 교육과정 실행에 무엇보다도 교사의 역할이 중요하다는 것으로 요약할 수 있다.

퍼슨스(Parsons)는 변화를 위한 시간과 기술, 에너지, 지도력, 구성원들의 인식 등을 학교교육의 변화와 혁신을 이끄는 영향요인으로 분류하였다. 즉, 학교 구성원들이 학교교육의 변화를 어떻게 인식하고 있느냐를 주된 관심의 대상으로 삼고 있음을 알 수 있으며 이러한 인식이 교육과정 실행에 영향을 미친다고 밝히고 있다.

1) 교사변인

교사는 교직생활의 전 기간을 통하여 교직과 관련된 가치관, 신념, 태도, 교수기술, 지식 등을 끊임없이 변화하고 발달시켜 나간다고 할 때 이 중 어떤 것을 핵심적인 요인으로 설정할 것이냐는 연구자의 관점에 따라 다를 수 있다. 여기에서는 교사의 지식과 인성적 특성, 그리고 교수기술 세 가지를 교사변인의 핵심요인으로 제시한다.

(1) 교사의 지식

교사의 지식은 수업 중 자신의 기존 지식들을 변형하여 이에 대한 반성을 통해 새로운 지식을 확장하는 과정이다. 교사교육연구가 학생의 반응을 기다리는 시간이나 발문 등과 같은 일반 교수법에 관한 연구는 많이 이루어졌으나 교수 내용에 관한 연구는 거의 이루어지지 않았다. 교사들의 교수내용과 교육학적 지식이 수업내용으로 어떻게 변형되는지, 교과내용을 학생들에게 어떻게 성공적으로 이해시키는지, 새로운 설명과 표현을 위해 전문적 판단을 어떻게 내리는지에 대한 연구가 필요하다.

교사의 지식은 교사의 정보처리과정, 교사의 실천적 지식 연구, 그리고 교육학적 내용지식 연구 등의 세 범주로 구분된다. 카터(Carter)는 다음과 같이 교사 지식 연구의 범위를 분류하였다.

첫째, 교사의 정보처리과정에 대한 연구이다. 교사의 정보처리과정 연구는 교실수업의 문제해결을 위한 계획과 의사결정과 같은 교사의 내적 인지과정에 관심을 두고 있다. 즉, 교사가 현재 상황을 파악하여 계획을 수립하고 문제해결을 위한 의사결정을 내린 후 과연 적절한 행위를 하고 있는가 하는 점을 강조한다. 이는 교사의 의사결정의 부적절성이다.

정보처리과정 연구의 시사점은 교사가 의사결정과 문제해결에 적합한 지식을 획득하고 있느냐보다는 어떤 인지적 과정을 거치느냐에 있다. 즉, 숙련된 교사들은 특수화된 영역지식을 활용한다. 숙련된 교사들은 일반적인 문제해결 기술을 활용함에 있어서 단순히 효율적일 뿐만 아니라 고도로 체계화된 지식에 근거하여 문제를 분석하고 가설을 설정한 후 검증하는 과정을 거친다. 이를 통해 교사가 교육과정에 관한 이론적 전문성을 갖추고 있을수록 계획된 교육과정에 대한 이해와 인식의 수준이 달라질 수 있다.

둘째, 교사의 실천적 지식에 관한 연구이다. 실천적 지식은 교사가 교실상황과 관련하여 획득하고 있거나 또는 유목적적인 교육행위를 하고자 할 때 경험하게 되는 실제적 지식을 의미한다. 수업에서 교사는 특별한 종류의 지식을 발달시키고 사용한다. 교사의 지식은 개인적 배경과 특성에 의해 만들어지고, 특별한 상황에서 교사에 의해 표현된다. 이러한 개인적인 교사의 실천적 지식은 교사가 직면하게 되는 문제에 대한 숙고 혹은 추론의 판단근거가 되며, 판단의 결과로 이어지기도 한다.

이와 같은 맥락에서 교사의 지식을 교사의 사례연구를 통해 수업에서 드러나는 실천적 지식의 특성을 규정하려고 하거나 실제적 지식은 의식적 또는 무의식적으로 순환적인 학교교육과 교실상황에서의 경험을 통해 얻어진다고 본다. 이는 교사의 지식은 실제적인 교수상황과 상호작용한다는 것을 나타낸다. 교사의 지식의 특성, 즉 교사 자신, 교수환경, 교과, 교육과정 개발, 교수와 같은 특성들을 이해할 때 교사는 교육과정이 의미하고 있는 의도를 그 본래적인 성격에 충실하게 실행 가능하다.

셋째, 교사의 교육학적 내용지식에 관한 연구이다. 교사는 자신의 교과지식에 대해 무엇을 알아야 하며 그러한 지식을 교실의 교육과정 상황에 맞게 어떤 방식으로 변형해야 하는 지에 대한 지식이 필요하다. 셜먼(Shulman)과 시케스(Sykes)는 교실상황에 맞는 맥락적인 지식을 교육학적 내용지식이라고 하였다. 초임교사뿐만 아니라 많은 경력교사들이 소유하고 있는 학문적 지식은 매우 다면적이다. 교사의 지식이 관념적 지식차원으로만 머물 경우 실제 수업에서는 많은 도움을 주지 못한다.

요약하면 교사의 지식은 교사가 본래 획득하고 있는 교과에 대한 지식뿐만 아니라 상황에 따라 적절한 의사결정을 내리는데 필요한 사고과정을 의미하기도 한다. 또한 많은 연구자들은 교사들이 획득한 지식이 문제사태에 따라 적절하게 변형되어 활용되어야 한다는 점을 강조한다. 이를 감안할 때 교사의 지식은 개별적인 교실 수업상황에서 매우 밀접한 관련성을 가지며 교사 개개인에 따라 특수한 형태로 형성됨을 알 수 있다.

(2) 교사의 인성

1950~60년대 수업연구자들의 주요 관심사는 효과적인 수업을 반대하는 교사의 태도변인이 무엇인지 밝히려고 하였다. 이와 같은 연구의 초점은 교사의 '민주적 태도' 또는 '권위적 태도'가 학생들의 학업성취도에 미치는 영향력이었다. 팩(Peck)과 튜커(Tucker)는 수업과 관련한 교사변인을 교사의 태도, 인성

요인, 그리고 교실환경 간의 관계성으로 나타내었다. 교사의 신념은 학생의 학습과 교실상황에 영향을 미치며 이는 개인이든 집단이든 학생의 학업성취도에 차이를 나타내는 주요 원인이 된다.

(3) 교수기술

교수기술이란 학습자가 배울 만한 가치가 있는 것을 가르치는 교사의 행동을 말한다. 교수기술은 학습자의 학습을 촉진할 수 있는 발문이나 설명, 학급관리 능력 등을 포함하는 교수행동과 밀접한 용어이다. 실제 수업에서 교사의 교수기술은 학생들의 인지수준, 교과의 특성 및 내용, 교실의 수업환경, 그리고 교사의 교수기술 수준에 따라 변형되어 적용된다. 교사가 수업을 위한 전체적인 계획을 세운다는 것은 계획으로서의 교육과정을 실행하기 위해 교수모형이나 전략을 선정하는 것을 의미한다. 교사의 수업은 미리 선정된 매주, 매일, 매차시의 계획에 따라 교수기술을 활용하여 교사와 학생 간의 유의미한 교육적 경험을 창조해내는 것을 의미한다. 교수기술은 가장 구체적이고 세분화된 단계에서 교육과정이 의도하고 있는 가르침과 배움의 의미를 일깨워주는 기능을 하며 가장 근본적인 수준에서의 교육과정 실행이다.

(4) 교사의 효율성

교사의 효율성에 관한 초기 연구는 교사의 태도, 흥미, 성격과 같은 인성적 변인들과 학생의 학업성취와의 관계, 교사의 수업 방법과 학생의 학업성취의 관계, 교사의 행동과 학업성취와의 관계를 파악하는 것이었다. 그러나 로센십(Rosenship)과 퍼스트(Furst)는 교사의 수업 행동 중에서 학생의 학업성취와 상관이 있는 것으로 밝혀진 열 가지 교사의 수업 행동을 제시하였다.

사실 수업의 주체는 교사이다. 따라서 교사의 수업에 대한 열정과 태도는 효과적인 수업을 조성하는 데 직접적인 영향을 준다. 예를 들어, 교사효능감이 높은 교사는 학생들이 발전할 것을 기대하고, 적극적으로 책임감을 갖고 가르치며 학생들의 입장에서 적용할 수 있는 다양한 교수방법을 실시하여 학습효과를 높인다. 이에 반해 상대적으로 교사효능감이 낮은 교사는 비관적이고, 엄격한 규칙 및 통제를 강조하고 학생들에게 부정적인 제약을 제공하여 동기나 과제수행에도 부정적인 영향을 미친다.

교사들이 수업에 열의를 갖고 철저하게 수업준비를 하도록 고무하는 구체적인 방법에는 어떤 것들이 있는가? 첫째, 교사들이 교육전문가로서 적극적으로 활동할 수 있도록 경험을 제공해야 한다. 예를 들어, 교육과정 또는 평가시스템 개발 프로젝트에 참여하게 하거나 효과적인 수업에 대한 연수 프로그램에 연사로 참여하게 할 수도 있다. 둘째, 교사 간의 효과적인 의사소통을 조성하여 다양한 교재개발과 수업자료를 확보할 수 있도록 하고 수업의 문제점이나 학생들의 지도의 어려움을 동료교사들과 함께 공유할 수 있도록 해야 한다.

뿐만 아니라 현재의 실시되고 있는 형식적인 교사 연수 프로그램을 개선하여 보다 실질적이며 체계적으로 국내외 연수를 받을 기회를 제공하여, 학생들을 이해하고 다양한 교수방법과 매체들을 접하고 이를 활용할 수 있도록 도와주어야 한다.

숀(Schön)은 인지과정 중에서 반성적 사고가 수업에서 필요한 실천적 지식을 습득하는데 핵심적인 역할을 한다고 주장하였다. 교사가 획득한 수업이론과 기술에 대한 지식은 현장에서 일어나는 복잡하고 모호한 상황에 그대로 적용하기에는 한계가 있다.

따라서 경험을 통해 얻어지는 실천적 지식에 대한 관심이 높아지게 되었고, 그는 이러한 실천적 지식을 획득할 수 있는 방법 중의 하나인 반성의 개념을 제안하였다. 그는 경험 자체가 실천적 지식을 가져다주는 것이 아니라 경험에 대한 반성을 통해 의미 있는 지식들을 얻을 수 있다고 하였다. 수업은 교사의 전문적 활동이며, 이러한 교사의 전문적 활동인 수업은 교사의 반성을 통해 자신의 교수행동을 진단하고 개선할 수 있을 때 가능하다.

던킨(Dunkin)과 비들(Biddle)은 교사의 수업행동에 영향을 주는 변인으로 교사의 특성변인과 상황변인을 제시하였다. 이 중 교사의 교수기술, 지능, 동기, 성격특성 등이 수업행동에 강력한 영향을 준다고 하였다.

CHAPTER 15

4차 산업혁명과 교육과정

1. 4차 산업혁명의 의미
2. 4차 산업혁명의 특성
3. 4차 산업혁명 시대의 교육과 교육과정

15 CHAPTER 4차 산업혁명과 교육과정

제4차 산업혁명(Fourth Industrial Revolution)은 정보통신기술(ICT)의 융합으로 이루어낸 혁명의 시대로 교육과 교육과정에서도 '인공지능', '디지털 학습' 등의 빠른 변화를 요구하고 있다. 이러한 시대의 변화에 적절히 대응하고 효과적인 교육을 하기 위해서는 4차 산업혁명에 관하여 탐구할 필요가 있겠다. 따라서 다음에서는 4차 산업혁명의 의미와 특징, 4차 산업혁명 시대에 요구되는 인재상, 4차 산업혁명 시대의 교육과 교육과정의 의의에 대해서 살펴본다.

1. 4차 산업혁명의 의미

제4차 산업혁명은 정보통신기술의 융합으로 이루어 낸 혁명 시대를 말한다.

제4차 산업혁명은 18세기 초 산업혁명 이후 네 번째로 중요한 산업 시대이다. 이 혁명의 핵심은 빅데이터 분석, 인공지능, 로봇공학, 사물인터넷, 무인 항공기, 무인 자동차 등의 무인 운송 수단, 3차원 인쇄, 나노 기술과 같은 6대 분야에서 새로운 기술 혁신이다.

제4차 산업혁명은 클라우스 슈바프(Klaus Schwab)가 의장으로 있는 2016년 세계 경제 포럼(World Economic Forum, WEF)에서 주창된 용어이다. 『제3차 산업혁명(The Third Industrial Revolution)』을 저술한 제러미 리프킨(Jeremy Rifikin)은 현재 제3차 산업혁명이 진행 중이라고 말한다(위키백과, 2018). 제4차 산업혁명은 물리적, 생물학적, 디지털적 세계를 빅데이터에 입각해서 통합시키고 경제 및 산업 등 모든 분야에 영향을 미치는 다양한 신기술로 설명될 수 있다. 물리적인 세계와 디지털적인 세계의 통합은 O2O(Online to offline)를 통해 수행되고, 생물학적 세계에서는 인체의 정보를 디지털 세계에 접목하는 기술인 스마트워치나 스마트 밴드를 이용하여 모바일 헬스케어를 구현할 수 있다(김현아, 2017; 한상기, 2017). 가상현실(VR)과 증강현실(AR)도 물리적 세계와 디지털 세계의 접목에 해당할 수 있다.

인공지능(AI : Artificial Intelligence), 사물인터넷(IoT : Internet of Things), 증강현실(AR : Augmented Reality), 가상현실(VR : Virtual Reality), 빅데이터 등 미래형 최첨단 기술들이 이미 우리의 일상 속으로 깊숙이 파고들고 있으며, 양자컴퓨터, 나노컴퓨터, 로봇 생산 기술, 리플렉트, 와이드5, 홀로그램 등 하이테크의 눈부신 발전과 차차 플랫폼 형태로 바뀌게 될 우리의 산업 및 경제 구조는 우리의 미래가 각종 기계에 대한 의존성이 극대화된 상황으로 나아가는 것을 쉽게 예상하도록 한다.

프린터의 대중화는 현재 우리에게 익숙한 산업, 생산 구조를 이전과는 완전히 다른 형태로 탈바꿈하도록 만들 전망이라고 한다. 무엇보다 SNS의 수평적 사회 네트워크가 급속히 발전되고 있어 앞으로 세계는 더욱 좁아지고 지구촌화될 전망이며, '집단 지성'의 권력이 무소불위의 권위를 가지게 될 날이 머지않았음을 시사하고 있다.

1) 제4차 산업혁명의 배경

최초의 산업혁명은 유럽과 미국에서 18세기에서 19세기에 걸쳐 일어났다. 주로 농경 사회에서 농촌 사회로의 전환이 산업과 도시로 바뀌는 시기를 보였다. 철강 산업은 증기 엔진의 개발과 함께 산업혁명에서 핵심적인 임무를 수행하였다.

제2차 산업혁명은 제1차 세계대전 직전인 1870년에서 1914년 사이에 일어났다. 이 시기는 기존 산업의 성장기였고 철강, 석유 및 전기 분야와 같은 신규 산업의 확장과 대량 생산을 위해 전력을 사용하였다. 이 기간에 주요 기술 진보는 모터, 전화, 전구, 축음기 및 내연 기관을 포함하였다.

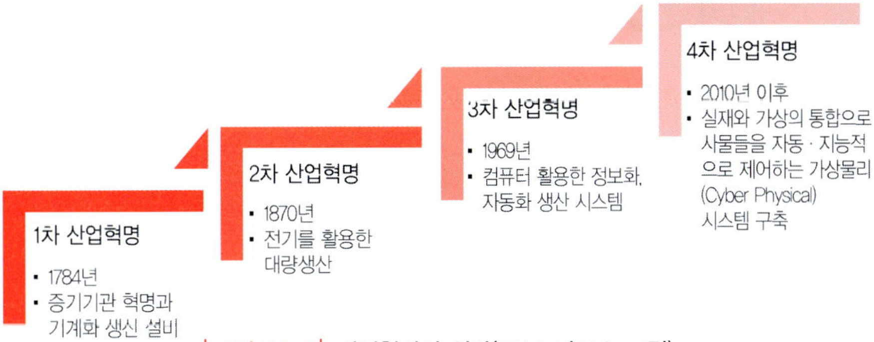

|그림 15-1| 산업혁명의 역사(2016 다보스 포럼)

제3차 산업혁명 또는 디지털 혁명은 경제학자 제레미 리프킨 등이 내다본 미래사회의 모습으로 아날로그 전자 및 기계 장치에서 현재 이용 가능한 디지털 기술에 이르는 기술의 발전을 가리킨다. 제3차 산업혁명의 주요 형태로는 제조업의 진화, 경제 패러다임의 변화 등이 있다. 가상재화 시장은 콘텐츠 중심으로 성장해왔으나 향후 제조 및 서비스 시장까지 범위가 확대되면서 성장할 것이다. 제3차 산업혁명이 가진 수억 명의 사람들이 자신의 가정과 직장, 공장에서 직접 녹색 에너지를 생산하여 지능적인 분산형 전력 네트워크, 즉 인터그리드로 서로 공유하는 특징이 석유 동력 시대에 집중되어 있던 권력을 분산시켜 수평적 권력의 시대가 오고 있다. 1970년대에 시작된 이 시대는 계속되고 있다. 제3차 산업 혁명의 발전에는 개인용 컴퓨터, 인터넷 및 정보통신 기술(ICT) 등이 포함된다.

제4차 산업혁명은 기술이 사회와 심지어 인간의 신체에도 내장되는 새로운 방식을 대표하는 디지털 혁명 위에 구축되고 있다. 제4차 산업혁명은 로봇공학, 인공지능, 나노 기술, 양자 컴퓨팅, 생명 공학, 사물인터넷(IoT : Internet of Thing), 3D 인쇄 및 자율차량을 비롯한 여러 분야에서 새로운 기술 혁신이 나타나고 있다.

2) 제4차 산업혁명의 본질

제4차 산업혁명은 연결, 탈중앙화, 공유 혹은 개방을 통한 맞춤형 시대의 지능화 세계를 지향한다. 이 지능화 세계를 구축하기 위해 빅데이터, 인공지능, 블록체인 등의 여러 가지 기술들이 동원된다. 맞춤형 시대의 지능화를 위해 현실 세계의 모든 내용을 가상세계로 연결한 다음, 가상세계에서 빅데이터 및 인공지능 분석을 통해 예측과 맞춤을 예상하고 이를 현실 세계에 적용하게 된다. 실제로 4차 산업혁명이 언급되기 이전인 2013년부터 우리나라에서도 새로운 산업혁명에 대한 기사들이 줄을 이었지만 전혀 주목받지 못하였다. 2016년 스위스 다보스에 열린 경제포럼에서 언급되고 매일경제 기자들의 보고서가 나오자 놀라운 일이 벌어진 것처럼 대한민국 전반에 파장을 불러일으켰다.

우리나라는 정보통신기술 선진국으로 4차 산업혁명에 대한 관심이 폭발적이어서 현재 내리막으로 가는 경제 상황을 극복할 수 있는 계기를 찾고자 하는데 실상은 손에 잡히는 게 없는 실정이기도 하지만 다른 선진국이나 개발도상국보다 적응 속도가 느린 편이기도 하다. 처음부터 기업생산에서 개인 생산으로 바뀌는 현재의 산업환경 변화와 사회문화적 배경을 이해하고 들었다면 4차 산업혁명이 무엇인지 좀 더 이해가 빨랐을 것이다. 사실 우리나라는 개인 생산 산업이란 건 거의 상상할 수 없는 환경인지라 도무지 무슨 말인지 알 수가 없는 그냥 미래에 닥칠 일처럼 느끼는 건 어쩔 수 없는 현실이다.

2. 4차 산업혁명의 특성

과학자나 공학자들이 지적하는 4차 산업혁명의 흐름은 대체로 다음의 특성을 지닌다. 기술변화로 하이브리드(hybrid)의 경향, 인간, 사물, 컴퓨터 등 모든 것이 네트워크로 연결되는 추세, 차별화의 노력과 협력이 같이 이루어지는 점 등이다. 하이브리드란 예를 들어 가상현실과 같이 인간의 신체 혹은 사물이 사이버와 결합하고 알고리즘과 데이터가 결합한다. 가상현실(VR)은 현실을 왜곡할 수도 있으며, 재해석할 수도 있고 표현할 수 있는 도구이다. 구글 트렌드 분석에 의하면, 4차 산업혁명의 연관어는 빈도순으로 인공지능, 빅데이터, 사물인터넷, 데이터 소프트웨어였다. 기업들은 이미 이러한 4차 산업혁명의 도구를 활용하여 새로운 가치를 창출해 나가고 있으며, 이와 관련하여 미국전자전기학회(IEEE)는 인공지능의 개발을 위한 "윤리적 디자인(Ethically Aligned Design)"의 추구에 주목하면서 문화적 가치와 인권, 책임, 투명성, 교육의 네 가지 생섬을 언급하기도 하였다. 그리고 이러한 혁명의 주체는 나름 아닌 창의적인 인재가 될 것이라는 점에 많은 사람들이 동의하고 있다.

산업혁명의 역사적 흐름에서 보면 4차 산업혁명에 대한 평가는 다소 엇갈린다. 혹자는 4차 산업혁명을 기존의 혁명과 구분되는 또 하나의 혁명으로 보기도 하지만, 다른 사람들은 1, 2차 산업혁명이 인류 역사에 미쳤던 영향력과 선을 그으면서, 3차 산업혁명의 끝자락 정도로 여기기도 한다. 후자의 견해를 주장하는 사람들은 핵심기술의 선도에 대하여 의문을 제기하며, 제조업의 혁신에 기반을 둔 인더스트리 4.0(Industry 4.0) 논의에서 출발했던 것이 4차 산업혁명이라는 용어를 통해 경제 전반으로 확산되었다는 점을 지적하기도 한다(Drath & Horch, 2014). 이러한 평가의 차이에도 불구하고 많은 연구자들은 4차 산업혁명의 결과로서 생산의 유연화나 성장과 더불어, 관련 산업과 직종의 심각한 실업, 정치적 불안, 환경문제, 자원의 감소, 자연재해 등의 여러 문제가 발생할 수 있음을 지적하고 있다.

3. 4차 산업혁명 시대의 교육과 교육과정

1) 4차 산업혁명 시대의 인재상

미래 사회에서 요구하는 인재는 풍부한 지식과 정보를 암기하고 있는 사람이 아니라 새로운 상황에서 적응을 잘하고, 창의적으로 사고하고 생산하며, 다양한 분야의 사람들과 협업할 수 있는 바람직한 인성 '역량'을 갖춘 인재이다.

역량(competency)이란 이를 요구하는 장면에서 실제로 기대하는 바의 실천을 보여줄 수 있는 능력을 말한다. 역량에 대한 논의는 경제협력개발기구 OECD DeSeCo(Definition and Selection of Key Competences) 프로젝트(1997~2003)에서 논의가 시작되었다. 'DeSeCo'는 미래사회에서 개인이 반드시 갖춰야 하는 3대 핵심 역량 범주를 제안한 바 있다.

이러한 역량에는 '도구의 지적 활용', '사회적 상호작용', '자율적 행동' 등이 포함된다. 그리고 OECD PISA(Program for International Student Assessment)에서 지식평가가 아니라, 역량평가가 도입되면서 교육계에서 역량에 대한 관심을 크게 고조되었고, 최근에는 캐나다, 호주, 싱가포르 등 세계 거의 모든 나라들에서 학교 교육과정을 역량 기반으로 개발하는 추세를 보이고 있다. 우리나라에서도 제4차 산업혁명 및 미래인재개발을 위한 인간상을 실현하기 위해 2015년 교육과정이 추구하는 인간상을 다음과 같이 제시하고 있다.

- 자아정체성과 자신감을 가지고 자신의 삶과 진로에 필요한 기초 능력과 자질을 갖추어 자기 주도적으로 살아갈 수 있는 자기관리 역량
- 문제를 합리적으로 해결하기 위하여 다양한 영역의 지식과 정보를 처리하고 활용할 수 있는 지식정보처리 역량
- 폭넓은 기초 지식을 바탕으로 다양한 전문 분야의 지식, 기술, 경험을 융합적으로 활용하여 새로운 것을 창출하는 창의적 사고 역량
- 인간에 대한 공감적 이해와 문화적 감수성을 바탕으로 삶의 의미와 가치를 발견하고 향유하는 심미적 감성 역량
- 다양한 상황에서 자신의 생각과 감정을 효과적으로 표현하고 다른 사람의 의견을 경청하며 존중하는 의사소통 역량
- 지역·국가·세계 공동체의 구성원에게 요구되는 가치와 태도를 가지고 공동체 발전에 적극적으로 참여하는 공동체 역량

2) 4차 산업혁명 시대의 교육의 특징

4차 산업혁명 시대의 교육은 빠른 속도로 변화하고 있다. 한 예로 교실이라는 제한된 학습 공간에서 이루어졌던 교사중심의 일방적인 강의식 수업은 점차 감소하고 있다. 학습자들은 학습 공간과 내용에 있어 제한을 받지 않는 유비쿼터스 학습에 익숙해질 것이다. 유비쿼터스란 '언제 어디에나 존재한다'는 뜻의 라틴어로, 사용자가 컴퓨터나 네트워크를 의식하지 않고 장소에 상관없이 자유롭게 네트워크에 접속할 수 있는 환경을 말한다.

학습자들은 시·공간의 제약을 벗어나 자신의 스마트기기를 통한 학습이 가능하다. 또한 학습내용에 따른 교수자의 피드백도 즉각적으로 제공받을 수 있다. 무엇보다 학습자는 자신의 인지적 역량과 흥미 수준에 따라 학습 내용을 선택적으로 취할 수 있다. 4차 산업혁명 시대의 유비쿼터스 학습은 빅데이터를 기반으로 하는 양방향성이며 맞춤형 교육콘텐츠를 제공할 수 있다. 현재 다양한 경로로 제공되고 있는 개방형 교육에서 학습자 중심의 수업방식으로 전환되는 것이다.

무크(MOOC : Massive Open Online Course)는 미국 대학에서 시작되어 전 세계적으로 확산되고 있는 온라인 대중공개 강좌로 웹서비스를 기반으로 이루어지는 상호참여적인 학습의 형태이다. 학습자들은 무크(MOOC)에 접속하여 자신이 원하는 코스를 정하여 학습과정을 스스로 결정하여 선별적으로 진행할 수 있다. 현재 우리나라의 대학들도 K-MOOC, KOCW와 같은 온라인 대중공개 강좌의 플랫폼을 확장하고 있다.

2016년 우리나라 정부 합동부처 자료에 의하면 우리나라에서도 지능정보사회의 미래 교육 혁신을 위해 맞춤형 교육체제를 구축하고 실제적인 콘텐츠를 활용한 디지털 교과서 개발('17~'19), 보급('18~'20) 및 맞춤형 학습자료 검색이 가능한 교육콘텐츠 오픈마켓을 구축하여 다양한 분야 고급 강의를 한국형 온라인 공개강좌(K-MOOC)를 통해 공유하고 인센티브 확대 등을 통해 지속가능한 학습체계를 마련('17~)하고자 노력하고 있다.

4차 산업혁명 시대에서의 교육의 핵심은 학습자 중심이라는 점이다. 개인화된 다양한 수업방법으로 온라인과 오프라인 학습이 결합한 블렌디드 러닝(Blended learning)이 있다. 블렌디드 러닝의 대표적인 학습형태로서 플립 러닝(flipped learning)이 있다. 플립 러닝은 디지털 매체를 가정에서 활용하여 학습에 필요한 기본 개념과 지식을 사전에 학습하게 하고 교실에서는 학습자 스스로 생각하며 배울 수 있도록 학습하는 형태이다. 교사가 수업 전 사전학습 내용을 사이버 공간에 탑재하면 학습자들은 자신의 수준에 적합하게 학습 속도를 조절하여 학습 컨텐츠를 수용한다. 이처럼 학습자들은 웹 플랫폼에 제공된 강의 내용을 미리 학습하고, 교실에서는 학습한 개념을 문제해결에 적용, 실험, 토론하거나 협력 프로젝트 학습을 수행하게 된다. 학습자는 수업 후에 사이버 공간을 이용하여 자신의 학습에 관한 도움을 청하거나 심화학습을 할 수 있다.

4차 산업혁명 시대의 교육의 목표는 지식의 습득에 머무르지 않고 일상생활에 지식을 적용하여 문제를 해결하는 능력을 키우는 것이다. 따라서 구체적인 문제에서 시작하여 특정 상황을 토론하는 비구조적인 과제를 학습하는 과정인 프로젝트 학습은 다가오는 미래 시대에 부합하는 학습형태이다. 프로젝트 학습의 기대효과는 비판적 사고와 창의성 증진으로 학습자간 협업과 소통의 경험을 증진할 수 있다.

3) 4차 산업혁명 시대의 교육과정

4차 산업혁명의 핵심 키워드라고 할 수 있는 '인공지능'과 '디지털 학습'은 교육과정의 변화도 가져오고 있다. 4차 산업혁명 시대에서는 단순히 지식을 서술하는 수준에 머무르지 않고 지식의 발생과 과정, 결과를 통합적으로 이해할 수 있는 절차적 지식이 요구된다. 이와 같은 관점에서 학생들이 학습의 내용을 수동적으로 소비하기보다는 직접 만들고 창작하는 학습을 중점으로 하는 크리에이터(creator)양성 교육이 강조되고 있다. 즉, 고정적인 지식을 수동적으로 입력하는 것이 아닌 새로운 지식을 창출하는 미래 시대의 학습자를 위한 교육의 형태라고 할 수 있다. 이와 같은 학습 내용과 더불어 미래의 인재가 될 학습자들은 수학과 과학 영역에서 컴퓨팅 사고력(computational thinking)을 키울 수 있어야 한다. 컴퓨팅 사고력이란 주어진 문제를 명확히 파악하고 해결책을 찾아가는 정신적인 사고과정을 의미한다.

4차 산업혁명 시대의 학습이 학습자가 주도적으로 문제를 해결해 나가는 과정이 핵심 요소임을 고려할 때, 컴퓨팅 시스템에 적절한 프로그래밍 언어를 선택하고 결정하는 코딩 학습은 효율적인 교육방법으로 기대할 수 있다. 이와 같은 변화에 대처하기 위하여 교육부는 2018년부터 초등학교에서 코딩교육을 의무화할 것이며 점차적으로 중·고등학생들에게도 코딩교육을 적용할 것이라고 발표하였다. 이와 같은 시도는 다가오는 미래 시대를 대비하기 위한 맞춤형 교육의 예라고 할 수 있다.

4차 산업혁명 시대의 교육은 개별적인 교과가 분리되어 학습되기보다는 융합학문이라는 이름으로 통합적으로 접근하는 모습으로 나타나고 있다. 이와 같은 현상은 자동화와 연결성으로 설명되는 4차 산업혁명의 기조와도 일치한다. 대표적인 융합학문의 예는 바로 STEAM(Science, Technology, Engineering, Arts, Mathematics)이다. STEAM은 과학, 기술, 공학, 예술, 수학의 분야의 융합지식을 토대로 학습자의 총체적인 역량을 증진하는 것을 목적으로 한다. 개별학문의 경계를 허물고 학습의 주제를 중심으로 교육하는 융합 교육의 표본이라고 할 수 있다. 융합학문을 추구하기 위해서는 통합 교과를 활용할 수 있는 교육과정을 비롯한 교사 간 협업이 뒷받침되어야 할 것이다.

4차 산업혁명 시대에서는 유비쿼터스, 빅데이터, 클라우드, 웹 플랫폼을 활용한 교육방법이 상용화될 것이다. 학습자의 인지적 요소를 비롯한 동기 진단을 토대로 한 지능형 학습체제(Intelligence Tutoring System; ITS)에 주목할 필요가 있다. 지능형 학습체제 역시 여러 학문의 융합기술을 기초로 하며, 학습자는 지능형 학습체제(ITS)를 활용하여 자신의 컴퓨터에서 개별화된 학습이 가능하다. 또한 개별화된 학습뿐만 아니라 학습과 교수자, 학습자와 학습자 간 상호작용이 가능하다.

교육방법이 변화함에 따라 교사의 역할도 변화하고 있다. 교사는 학습의 설계자이자 조력자로서 다양한 교수학습의 기자재를 능숙하게 다룰 수 있어야 한다. 뿐만 아니라 교사는 학습 현장에서 학습 내용에 테크놀로지를 접목하고 창의적으로 활용할 수 있어야 한다. 예를 들어, 플립 러닝을 활성화하기 위하여 디지털 매체에 수업자료를 제시하는 과정에서 학습자의 흥미를 유발할 수 있는 기술적인 능력이 수반되어야 한다. 스마트 기기를 비롯한 디지털 매체는 협력적 상호작용과 학습자 맞춤형 교육을 가능하게 할 뿐만 아니라 자기 주도 학습도 극대화할 수 있다.

4) 4차 산업혁명 시대의 핵심역량과 교육원리

세계경제포럼(2015)이 제시한 4차 산업혁명 시대에 요구되는 핵심기술은 기초 문해 능력(foundation skills), 역량(competencies), 인성 자질(character qualities)의 하위영역으로 구성되어 있다. 기초 문해는 일상생활에서의 핵심기술의 적용과 관련되는 인지적인 역량을 의미한다. 역량은 비판적 사고/문제해결(critical thinking/problem-solving), 창의성(creativity), 의사소통(communication), 협력(collaboration)으로 구성된다. 인성 자질은 창의성(creativity), 주도성, 일관성, 도전정신, 적응력, 리더십, 과학 및 문화로 구성되어 있다. 또한 4차 산업혁명 시대를 살아가기 위해 필요한 핵심역량을 미래학자들은 디지털 문해력, 문제해결능력, 창의성과 유연성, 협업 능력, 의사소통능력, 학습법의 학습능력, 스트레스 저항력의 여덟 가지의 '미래 지혜', 혹은 '미래 역량'이 요구된다고 하였다.

(1) 디지털 문해력

'디지털 문해력'이란 ICT(정보통신기술)의 특성과 디지털정보를 이해하고 활용하는 역량을 의미하며, 또한 코딩(coding) 차원의 사유를 할 줄 아는 능력과 SNS를 원활하게 활용할 줄 아는 능력을 포함할 것이다. 이미 현재 시점에서도 우리는 이와 같은 역량들을 갖추지 못할 경우 생계를 위한 직업들을 감당할 수도 없으며, 삶의 사면을 에워싸고 24시간을 함께 하는 스마트 기기들을 제대로 다룰 수도 없는 형편이다. 미래에는 이와 같은 상황이 더욱더 가중될 전망이다. 이에 따라 '디지털 문해력'은 앞으로 현재 우리가 초등교육 수준에서 기본적으로 습득하는 기초 문화기술인 3R, 즉 읽기(reading), 쓰기(writing), 셈하기(arithmetic)와 같은 수준의 중요성으로 다루어질 필요가 있을 것이다 (KMK, 2017 : 4-6, 최재정, 2018 재인용).

성장 세대들에게 디지털 문해력을 갖추도록 교육하기 위해 교육 활동 속에서 지켜야 할 원칙들은 다음과 같다.

① ICT의 기본적인 개념과 활용의 목적, 의미, 범위 등에 대하여 알도록 한다.
② ICT를 원활하게 활용하도록 하기 위한 테크놀로지의 기본 개념과 활용 방법을 익히도록 한다.
③ ICT 활용과 관련하여 발생할 수 있는 위험 요소들에 대하여 충분히 숙지하도록 한다.
④ 중요한 미디어들이나 최첨단 커뮤케이션 기술들과 긍정적인 관계를 쌓아나가도록 한다.
⑤ 정보의 흐름을 파악하고 자신의 관심사와 목적에 따라 정확히 검색하도록 한다.
⑥ 미디어를 통하여 습득한 내용의 근거를 묻고, 세밀히 관찰하고 그 질에 대하여 판단할 수 있도록 한다.
⑦ 책이나 신문 등 실물 자료들도 필요에 따라 선별적으로 이용할 수 있도록 한다.
⑧ 편지나 직접적인 대화와 같은 '전통적인' 상호 소통의 형태도 잘 활용할 수 있도록 한다.
⑨ 스스로 미디어 사용을 조절할 줄 아는 능력을 키우도록 한다.
⑩ 가상세계와 현실의 차이점을 정확히 알고 가상세계로부터 현실적인 경험을 이끌어 낼 수 있도록 한다.

(2) 문제해결 능력

4차 산업혁명 시대의 교육은 지식의 양을 암기하고 아는 것에 그쳤던 표층 학습(surface learning)을 지양한다. 그러므로 4차 산업혁명 시대에서는 제한된 학습 범위에서의 인지적 역량을 측정하는 시험의 형태는 더 이상 효율적인 평가 방식이 될 수 없다. 학습자가 얼마나 많은 교과의 내용을 암기하고 있는지를 평가의 기준으로 삼았던 양적 평가는 더 이상 가치를 지니지 못할 것으로 보인다. 왜냐하면 이전의 학습의 부분을 차지하던 단순 암기 능력은 기계가 수행하는 능력과 차별성을 지니지 못하기 때문이다. 미래사회에서 학습자가 지녀야 할 학습능력은 부분적이며 일차적인 지식을 암기하는 것이 아닌 지식 간의 연결을 이해하여 새로운 지식체계를 구축할 수 있는 창의적인 측면의 역량이다.

4차 산업혁명 시대에는 학습자에게 정해진 답을 암기하도록 하는 교육은 더 이상 가치를 지니지 못한다. 이보다는 문제 해결 과정에서 학습자의 개방적이며 유연한 사고를 촉진하는 학업 내용이 제시될 수 있는 학습방법이 적합하다. 학습자의 비판적인 사고능력과 이를 기초로 한 문제해결과정이 중요하게 인식됨에 따라 문제해결과정 전체를 아우르는 학습자의 역량이 평가의 중요 요소가 될 것이다. 따라서 학습자는 주어진 과제를 비판적인 시각에서 분석하고 평가하여 문제를 해결할 수 있는 역량을 길러야 한다.

미래학자들에 의하면 향후 10년간 인류 역사상 가장 급격한 변화가 일어날 것이라 한다. 심지어 2045년이 오면 특이점(singularity)이 도래하여 인간의 지능으로는 더 이상 미래에 대한 예측 자체가 불가능하리라는 예상마저 나오고 있는 상황이다. 이와 같은 예상에 따를 때 미래의 세계는 우리 어른들과 아이들 모두에게 온통 '미지'의 것이 될 수밖에 없을 것으로 전망된다. 이와 같은 상황 속에서 아이들이 성인이 되어 맞닥뜨리게 될 미래는 온통 풀리지 않는 낯선 '문제'들로 사방이 가득 채워져 있을 가능성이 크다. 결국, 아이들에게 그 수많은 문제들을 스스로 해결할 수 있는 '역량'을 갖춰주어야 한다.

성장 세대들에게 문제해결능력을 갖추도록 하기 위하여 교육 활동 속에서 지켜져야 할 원칙들은 다음과 같다.

① 미래의 세계가 예측하기 힘든 온갖 종류의 '문제'들로 가득 차 있을 것을 예상하도록 한다.
② '문제'에 맞닥뜨렸을 경우, 당황하지 않고 문제에 당당히 맞설 수 있는 자신감과 용기를 지니도록 한다.
③ '문제'에 당면하면, 맨 먼저 그 문제와 관련된 지식의 영역이 어떤 것들인지 파악하고 빠른 시간 안에 그 지식들을 습득할 줄 아는 능력을 키우도록 한다.
④ '문제'를 해결하는 데 도움을 줄 수 있는 전문가들을 찾아서 그들의 자문을 구할 줄 알도록 한다.
⑤ '문제'를 해결하기 위한 효과적, 효율적인 전략을 세울 수 있도록 한다.
⑥ '문제'를 풀기 위하여 모인 팀이 원활하게 상호 협조하는 가운데 문제를 함께 해결할 수 있도록 팀원으로서 효과적, 효율적으로 기여할 줄 알도록 한다.

(3) 창의성과 유연성

제4차 산업혁명, 산업 4.0의 시대를 특징짓는 고도의 불확실성과 초연결성, 유동성은 그 시대를 살아가는 사람들이 이전과 같은 획일적이고 경직된 사유를 할 경우 경쟁력, 생존 가능성이 현저히 낮아질 것으로 전망된다. 특히 산업의 전면적인 디지털화, 글로벌화로 인하여 노동 형태가 시, 공의 차원에서 차차 유연해짐에 따라 규모가 크고 조직이 복잡한 전통적인 대기업 방식보다는 소규모 기업, 혹은 스타트업 방식의 소규모 기업, 심지어 1인 기업들이 늘어날 것이 예상된다. 심지어 기존의 대기업들조차도 조직의 일부분을 스타트업이나 실험실(Lab)의 형태로 변형하여 운영하여야 할 것이다(BMAS, 2017 : 24). 구체적으로 디지털 역량과 관련시켜서는, 특히 디지털 콘텐츠를 창조하고 편집하는 차원에서 창의성과 유연성이 강력하게 요구될 것이다.

4차 산업혁명 시대에서의 구성원 간 경쟁은 개인의 지식의 양에 의존하기보다는 새로운 지식을 창출할 수 있는 역량의 정도에 따라 성패가 좌우된다. 이와 같은 흐름에 맞추어 각국에서는 학습자들의 창의성을 신장시키려는 국가수준의 정책을 마련하고 있다. 우리나라 현 정부의 교육정책 방향인 '꿈과 끼를 기르는 행복교육'과 '자유학기제'를 제안한 이념적 바탕에도 '창의적 인재 양성'의 중요성이 내재되어 있다. 그러나 가시적인 성과를 얻기 위해서는 지속적이며 체계적인 제도보완이 수반되어야 할 것으로 생각된다(박균열·주 효·고 종, 2014, 이선영, 2017 재인용).

성장 세대들에게 창의성과 유연성을 갖추도록 하기 위하여 교육 활동 속에서 지켜야 할 원칙들은 다음과 같다.

① 알려지지 않은 것들에 대한 순수한 호기심과 솔직함, 상상력을 가지도록 한다.
② 긴장을 풀고 새로운 아이디어들을 낼 능력을 가질 수 있도록 한다.
③ 주어진 문제를 풀기 위하여 다양한 해결방법을 찾는 일에 즐거움을 느끼도록 한다.
④ 실수들이 있더라도 그 실수를 통하여 배울 줄 아는 능력을 키우도록 한다.
⑤ 아무리 당연한 것들이더라도 모든 것에 대하여 질문을 던지고, 새롭게 생각하며, 전통적인 생각들을 비판적으로 바라볼 수 있도록 한다.
⑥ 모든 대상에 대하여 다양한 관점으로 바라볼 수 있고, 거시적으로 생각할 수 있도록 한다.
⑦ 자신의 비전과 의지, 꿈을 개발하는 데 즐거움을 느끼도록 한다.
⑧ 변화와 발전을 위한 자기개발, 자기 성장의 기회를 늘 유쾌하게 받아들인다.
⑨ 새로운 사람과 상황, 문제들에 대처하여 기민하게 직관력을 발휘할 수 있도록 해준다.

⑩ 변화 그 자체를 목표로 삼아 기존의 평범한 생각을 변화시킬 줄 알고 실제로 변화를 불러일으킬 수 있는 능력을 키운다.

(4) 협업 능력

4차 산업혁명 시대에는 '팀워크 능력', 즉 '협업 능력'이 요구된다. 협업능력이란 '문제'에 맞닥뜨렸을 때 그 문제를 거의 혼자 풀기보다는 주변의 사람들과 함께 해결해 나가야 하는 상황이 될 것이다. 세계경제포럼은 미래사회의 경쟁력 있는 인재의 핵심 키워드를 '사회·정서 학습 기술[Social and Emotional Learning(SEL) Skills]라고 지적하였다. 사회·정서 학습 기술의 핵심은 타인과 잘 교류하고 협력할 수 있는 능력과 자질이다. 이러한 기술을 키우기 위해서는 타인의 생각을 이해하고 공감하는 관계중심의 인간 친화적인 지능이 필요하다(류성창, 2016).

협업 능력은 내가 좋아하는, 친밀한, 익숙한 사람들과 친하게 잘 지내는 능력을 의미하는 것이 아니다. 그것은 따로 교육이 필요 없는 부분이다. 친하고 익숙한 사람을 좋아하는 것은 본능적으로 이끌리는 것이고, 자연스러운 것이기 때문이다. 진정한 '사회성', '팀워크 능력'이란 완전히 생판 낯선 이들, 개인적 취향에 비추어 특별히 끌리지 않는 이들, 혹은 나와 갈등, 적대 관계에 있는 이들과 마찰 없이, 조화롭게 해당 문제를 잘 해결해 나가는 능력을 의미한다.

성장 세대들에게 팀워크능력을 갖추도록 하기 위하여 교육 활동 속에서 지켜져야 할 원칙들은 다음과 같다.

① 낯선 사람, 낯선 환경에 쉽게, 빠르게 적응하는 능력을 키우도록 한다.
② 새로운 사람들과 쉽게, 효율적으로 의사소통하는 능력을 키우도록 한다.
③ 어떠한 특정한 목표에 따라 그 목표 달성을 위하여 필요한 사람들을 찾아 하나의 팀으로 구성할 줄 알도록 한다.
④ 자신에게 익숙하지 않은 전문분야라 할지라도 그 분야의 전문가와 필요

한 의사소통을 할 수 있는 능력을 키우도록 한다.

⑤ 팀 내에서 구성원들이 평화롭고, 상호 협조적으로 자신의 몫을 담당하여 과제를 수행해나갈 수 있도록 분위기를 조성하는 데 기여할 수 있도록 한다.

⑥ 팀에게 주어진 목표를 위하여 자신의 역량과 지식을 헌신할 수 있는 태도, 즉 책임감을 가지도록 한다.

⑦ 팀 내에서 갈등이 발생했을 경우, 그 갈등을 해결할 수 있는 능력을 키우도록 한다.

⑧ 팀 내에서 자신에게 원래 주어진 역할이 아니더라도 다른 팀원이 담당하는 역할에 대하여 잘 파악할 수 있으며, 유사시 그 역할을 대신 맡아 처리할 수 있는 능력을 키우도록 한다.

⑨ 갈등이나 위기, 예상치 못했던 일들이 닥치더라도 팀이 이루고자 했던 목표를 끝까지 완수하고자 하는 의지, 끈기를 가질 수 있도록 한다.

⑩ 팀 내에서 리더가 되어도 충분히 그 역할을 담당할 수 있도록 리더십을 키우도록 한다.

(5) 의사소통 능력

사회성이나 협업능력을 갖추기 위해서는 의사소통 능력이 전제가 되어야 한다. 타인과 의사소통하는 데 있어서 갖춰야 하는 기본적인 자세 및 소통 기술 등에 있어서의 탁월성이 더 요구될 것이 분명하다. 다양하고 구체적인 문화 간의 차이를 뛰어넘어 다른 인간 개체와 낯선 언어적 기호를 통해서일지라도 기본적인 의사표현 및 소통이 가능해야 할 것이기 때문이다. 기본적인 의사소통능력 및 기술을 바탕으로 하여 주어져 있는 문제나 과제를 다른 이들과 함께 어울려 조화롭게 해결해 나갈 수 있는 능력을 키워주는 일이 매우 중요한 교육의 과제가 될 것이다(호르크스, 2017 : 105-108).

성장 세대들에게 의사소통능력을 갖추도록 하기 위하여 교육 활동 속에서 지켜져야 할 원칙들은 다음과 같다.

① 다양한 언어를 익히고 언어유사적인 기호나 몸짓의 해석 대한 관심을 키우도록 한다.
② 자신이 사용하지 않는 언어들에 대하여서는 그 언어를 통하여 의사소통할 수 있는 방법을 구체적으로 알 수 있도록 한다.
③ 언어를 문법적으로 정확하게 사용할 수 있을 뿐 아니라, 수사학적으로도 정확하게 활용할 수 있도록 한다.
④ 단순한 일상적인 의사소통뿐 아니라 발표, 토론이나 논쟁, 협의, 협상 등과 같은 고난이도의 의사소통 기술도 자유자재로 활용할 수 있는 능력을 갖추도록 한다.
⑤ 의사소통, 대화의 과정에서 나의 메시지를 정확하게 전달할 수 있도록 한다.
⑥ 의사소통, 대화의 과정 동안 타인의 이야기에 집중하여 세심하게 경청하고 그 내용을 정확하게 파악할 수 있도록 한다.
⑦ 대화 상대의 언어뿐 아니라, 몸짓, 표정, 눈빛 등이 주는 의미에 대해서도 주의를 기울이고 그 의미를 정확하게 파악할 수 있도록 한다.
⑧ 대화 상대가 전달하는 메시지를 정확하게 요약하여 재구성할 수 있도록 한다.

(6) 학습법의 학습능력

미래지향적 교육에서는 '지식' 자체를 가르치는 것이 아니라 스스로 지식 습득을 할 줄 아는 '방법'을 가르쳐야 한다는 것이다. 이를 교육학에서는 보통 '학습법의 학습', 즉 '배우는 법을 배우기(learn how to learn)'라고 부른다. 이 능력이야 말로 '평생 교육', '생애 교육'이 가능하도록 하는 가장 기본적인 역량인데, 바로 이 역량을 키워줄 필요가 있다는 것이다.

성장 세대들에게 학습법의 학습 능력을 갖추도록 하기 위하여 교육 활동 속에서 지켜져야 할 원칙들은 다음과 같다.

① 새로운 지식과 술기(skill), 기술(technology)에 대하여 호기심을 가지고 다가가 탐구하고 배우고자 하는 태도를 늘 가지도록 한다.
② 자신의 내부에 잠자고 있는 가능성과 역량, 잠재성이 어떤 것들이고, 그것들이 펼쳐질 수 있는 범위가 어디까지인지 정확하게 파악하고, 그 능력들을 최대한 살려내어 개발하고자 하는 의지를 가지도록 한다.
③ 새로운 지식, 술기, 기술들을 습득할 수 있도록 하는 기관이나 도구들에 대하여 정확하게 파악할 수 있도록 한다.
④ 새로운 지식, 술기, 기술들을 습득하기 위하여 소요되는 시간적, 공간적, 인적 자원들에 대하여 정확히 파악하고 효율적, 효과적으로 투입할 수 있도록 한다.
⑤ 자기 교육, 자기개발을 위한 프로그램을 스스로 기획하고 현실적인 계획을 수립할 수 있는 능력을 키운다.
⑥ 일정한 교육 프로그램이 진행되는 동안 충실히 그 계획에 임하여 끝까지 프로그램을 완수할 수 있도록 의지력을 키우도록 한다.
⑦ 교육 프로그램을 마무리하고 난 후 자신이 달성한 결과를 스스로 객관적, 자아성찰적으로 평가할 줄 알도록 한다.
⑧ 결과에 대한 평가 자료에 근거하여 자신에게 부족한 부분들이 어떤 것인지 정확하게 파악하고, 보완, 보충할 수 있는 프로그램을 기획할 수 있도록 한다.
⑨ 성공적인 교육 프로그램의 완수 이후 그로부터 비롯된 지식, 술기, 기술을 실제 생활 속에서 효과적으로 적용하여 활용할 수 있도록 한다.

(7) 스트레스 저항력

미래 사회는 인간의 지능으로는 예측 불가능하여 미래를 살아가게 될 성장세대에게 있어서 다가올 일상은 온통 ‘문제’들로 가득 차게 될 것으로 예상되고 있다. 또한 개개 근로자들의 업무가 고도로 개별화되어 기획부터 계획, 수행, 평가까지 스스로 책임을 져야 하는 상황에 처하게 될 것이다. 개인이 감당해야 할 스트레스의 강도가 인류 역사상 그 어느 때보다도 높아질 것이 예상된다. 이에 따라 각 개인들이 그와 같은 각종 스트레스들에 대응하여 어떠한 전략을 구사할 줄 아는 역량의 유무가 그들의 정신적, 육체적인 차원에서의 삶의 질에 직접적인 영향을 미칠 것이다. 미래 세계의 험난한 변화와 도전에 잘 적응하기 위해서 아이들은 심리적인 강인함과 안정감, 평정심을 늘 유지할 수 있어야 할 것이다. 그러한 사람들만이 높아지는 성과압력이나 지속적인 자극의 홍수에서도 능히 살아남을 수 있을 것이기 때문이다(호르크스, 2017 : 127).

성장 세대들에게 스트레스 저항능력을 갖추도록 하기 위하여 교육 활동 속에서 지켜져야 할 원칙들은 다음과 같다.

① 건강한 자의식, 자존감(self-esteem)을 키우도록 한다.
② 좌절과 실패의 경우가 다가오더라도 당당하게 맞서도록 한다.
③ 좌절과 실패의 경우, 그로부터 최대한 긍정적인 의미를 도출해 낼 수 있도록 한다.
④ 좌절과 실패로부터 얻은 여러 가지 지식과 경험들을 그다음 프로젝트를 기획, 운영하기 위한 귀중한 피드백 자료로 활용할 줄 안다.
⑤ 스트레스의 원인과 범위, 증상, 그 해소법 전반에 대한 정확한 지식을 가지고 있도록 한다.
⑥ 긴장을 효과적으로 해소할 수 있는 방법을 다양하게 구사할 수 있도록 한다.

참고문헌

강명구(2018). 아무도 알려주지 않는 4차 산업혁명 이야기. 서울 : 키출판사.

강인애·장진혜(2009). "커뮤니티 기반 다문화수업 모형 개발에 대한 연구 : 초등학교 수업사례를 중심으로". 한국초등교육학회. 초등교육연구, Vol. 22, No. 2, pp. 71-97.

강충열(2006). "초등학교 교육과정 개발의 질 향상을 위한 학습경험 선정과 조직의 원리", 한국교육과정학회. 교육과정 연구. Vol 24. No. 3, pp. 61-85.

강현석·유제순(2010). "Backward Design을 통한 교육과정 설계 : 교과의 진정한 이해를 위한 한 구상", 한국교육철학회, 교육철학, 제40집, pp. 1-37.

구병두(2007). 교육과정과 교육평가, 경기 : 공동체.

길형석(2002). "학습자중심 교육과정에 관한 연구", 학습자중심교과교육연구회, 학습자중심교과교육연구, Vol. 2, No. 2, pp. 1-25.

김경배 외(2006). 교육과정과 교육평가, 서울 : 학지사.

김대현 외(2006). 교육과정 및 교육평가, 서울 : 학지사.

김동현(2010). "놀이의 의미 : 교육의 방법과 이상", 학습자중심교과교육연구회, 학습자중심교과교육연구, 제10권 제1호, pp. 41-59.

김두정(2005). "학교 교육과정 개발 및 운영의 요인으로서 학습자", 충남대학교교육연구소, 교육연구논총, Vol. 26, No. 2, pp. 171-200.

______(2010). "뇌 과학 : 학교교육과 교육과정에의 시사점", 한국교육과정학회, 교육과정연구, Vol. 28, No. 3, pp. 127-145.

김병희 외(2009). 교육학개론, 경기 : 공동체.

_________(2010). 유아교육사상사, 경기 : 공동체.

김성일(2006). "뇌기반 학습과학 : 뇌과학이 교육에 대해 말해 주는 것은 무엇인가", 한국심리학회, 인지과학, 17(4), pp. 375-398.

김재건(2004). "인간학에서의 인간과 교육과정에서의 학습자와의 관련 연구", 상명대학교교육연구소, 교육연구, Vol. No. 3, pp. 1-27.

김재춘 외(2005). 교육과정과 교육평가, 경기 : 교육과학사.

김정란(1996). "교육과정 운영의 개념과 접근방식", 한국교육학회부산지회, 부산교육학연구, Vol. 9, No. 2, pp. 27-45.

김진규(2009). 교육과정과 교육평가, 서울 : 동문사.

김평국(2005). "중등학교 교사들의 교과 내용 재구성 실태와 그 활성화 방향", 한국교육과정학회. 교육과정연구, Vol. 23, No. 4, pp. 91-130.

김현재 외(2003). 홀리스틱 교육과정, 서울 : 책사랑.

김현아(2017). (CES 2017)셀바스 헬스케어, 스마트 밴드 '온핏밴드' 공개. 이데일리. 2017

년 1월 6일 일자.
나주일(1988). 교수설계 이론, 서울 : 학지사.
박도순·홍후조(2004). 교육과정과 교육평가, 서울 : 문음사.
박상범·박병기(2010). "주관적 안녕에 대한 통합 창의성, 신념, 동기, 학습의 인과구조 탐색 : 창의성 과정과 Dweek 모형의 결합", 한국교육심리학회, 교육심리연구, Vol. 24, No. 3, pp. 633-660.
박승렬(2008). "교육과정 실행연구에서의 교사변인 논의의 가능성과 한계", 학습자중심교과교육연구회, 학습자중심교과교육연구, Vol. 9, No. 1, pp. 1-20.
박승배(2002). 교육과정학의 이해, 경기 : 양서원.
박일수·권낙원(2008). "교육과정 평가 개념에 관한 고찰", 학습자중심교과교육연구회, 학습자중심교과교육연구, 제8권, 제1호, pp. 211-233.
배성아·안정희(2010). "국민공통 기본교과에 대한 학습자의 인식 및 요구 조사", 학습자중심교과교육연구회, 학습자중심교과교육연구, 제10권, 제1호, pp. 173-193.
소연희(2006). "효과적인 교실수업에 영향을 미치는 요인", 한국교육방법학회, 교육방법연구, Vol. 18, No. 1, pp. 1-22.
송용의(1994). 열린교육에서의 학교경영, 한국초등교육학회 한국열린교육연구회 편저, 열린교육의 이해, pp. 125-163, 경기 : 양서원.
예철해(2006). "듀이의 학습자중심 교육과정의 구성원리", 한국교육철학회, 교육철학, Vol. 27, pp. 189-210.
유광찬(2009). 교육과정의 이해, 경기 : 교육과학사.
은지용(2009). "다문화적 인성 발달 이론에 기반한 다문화 학습 모형 탐색", 한국사회과교육학회, 시민교육연구, 제41권 1호, pp. 107-139.
이선영(2017). 4차 산업혁명 시대의 교육심리학, 안암교육학회, 한국교육학연구, 제23권, 제1호, pp. 231-260.
이성호(2009). 교육과정론, 경기 : 양서원.
이영만(2001). 통합교육과정, 서울 : 학지사.
이용숙(1995). 미래를 향한 열린교육의 이상 : 효율적인 열린수업을 위한 수업운영방안, 전국열린교실연구응용학회, 열린교실연구, 제3집 제2호, pp. 5-19.
______(1993). 한국형 열린교육의 탐색. 한국교육학회 교육철학연구회 편, 열린교육의 이념과 실제, 교육철학연구회 연차학술대회, pp. 57-78.
이은규(1996). "초등학교의 개방성 측정도구 개발연구", 한국교원대학교 대학원 박사학위논문.
이인효·김양분·양미경·강영택(1996). "열린교육 현장연구", 한국교육개발원 연구보고서.
이정선(1997). 왜 열린교육이어야 하는가? : 열린교육현장에 대한 문화기술적 접근, 경기 : 교육과학사.

이해명 외(2006). 현대 교육과정 및 평가, 서울 : 교육아카데미.

장인실·유영식(2010). "다문화 교육 모형과 교과서에 근거한 다문화 교육과정 개발방법의 효과성 연구", 한국초등교육학회, 초등교육연구, Vol. 23, No. 1, pp. 141-161.

전영은(2003). 교육과정, 서울 : 학지사.

정광순(2009). "교사의 교재구성 권한과 재량활동 운영", 학습자중심교과교육학회, 학습자중심교과교육연구, 제9권, 제2호, pp. 233-254.

정길영 외(2007). 교육학 개념 해설집, 경기 : 양서원.

정종진 역(2010). 뇌기반 교육의 원리, 서울 : 학지사.

정진곤(1993). 열린교육의 특성과 이념, 한국교육학회 교육철학연구회 편, 열린교육의 이념과 실제, 교육철학연구회 연차학술대회, pp. 13-32.

정현철 외(2002). "과학 창의성 계발을 위한 프로그램 개발", 한국지구과학회지, Vol. 23, No. 4, p. 23, No. 4, pp. 334-348.

조난심 (2017). 제4차 산업혁명과 교육, 교육비평, (39). pp. 330-347.

진은영(2003). 교육과정의 이론과 실제, 서울 : 학지사.

채희태(2005). "Wolf Singer의 뇌 이론 탐색과 뇌기능 중심(특수) 교육의 가능성 모색", 특수 교육저널 : 이론과 실천, 6(1), pp. 425-444.

최재정(2018). 제4차 산업혁명의 시대에 필요한 '미래역량 교육'의 방향과 원리 탐색, 한독교육학회, 교육의 이론과 실천, 제 23권, 제2호, pp. 39-67.

홍소영(2009). "교사의 수업반성이 토의수업행동에 미치는 영향", 학습자중심교과교육학회, 학습자중심교과교육연구, 제9권, 제2호, pp. 293-317.

한상기(2017). 글로벌 메이저 IT 기업의 헬스케어 시장 대응 전략. 슬로우뉴스. 2017년 1월 23일 일자.

황규호·양영자(2008). "한국 다문화교육 내용선정의 쟁점과 과제", 한국교육과정학회, 교육과정연구, Vol. 26, No. 2, pp. 57-85.

Andreae, J. Stages in Implementation. In(Eds.) Myers, L., & Myers, D. A.(1973). *Open Education Re-examined*, pp. 23-31, Lexinton Books.

Anyon. J.(1981). "Social class and School Knowledge", *Curriculum Inquiry, 11*(1).

Aoki, T.(1979). "Toward a Curriculum in a New key", *Curriculum, Media and Institution Occasional Paper No. 2*, Edmonton, Alberta, Canada : University of Alberta.

Apple, M. W.(1982). "Reproduction and Contradiction in Education : An Introduction", in Apple(ed.), *Cultural and Economic Reproduction in Education*, London : Routledge and Kegan Paul.

Arnstine, D. Open Education : an aspirin for the plague, In(Ed.) Nyberg, D.(1975). *The Philosophy of Open Education*, pp. 160-173. R.K.P.

Barrett, William(1979). *The Illusion of Technique*, Anchor Press/Doubleday.

Beane, J. A.(1993). "Problems and Possibilities for an Integrative Curriculum", *Middle School Journal*, Vol. 25, No. 1.

Beck, Isabel, & others(1998). "Getting at the Meaning", *American Educator*, Vol. 22, Nos. 1 and 2(Spring/ Summer), pp. 66-71. BleeeTaYoe NewYokatine Books.

Bigge, June L.(1999). *Curriculum, assessment, and instruction for students with disabilities*, Belmont, CA : Wadsworth Pub.

Bobbitt, John Franklin(1918). *The Curriculum*, Boston : Houghton Mifflin.

Bourdieu, P.(1977). "Cultural Reproduction and Social Reproduction", in Karabel and Halsey(eds.), *Power and Ideology in Education*.

Bourdieu, Pierr, & Saint-Martin Monque de(1974). "The School as a Conservative Force : Scholastic and Cultural Inequalities", in John Eggleston(ed.), *Contemporary Research in the Sociology of Education*, New York : Harper and Row.

Brophy, Jere E., & Thomas L. Good(1986). "Teacher Behavior and Student Achievement," in *Handbook of Research on Teaching*(Third edition),

Bruner, J.(1996). *The Culture of Education*, Harvard University Press.

Choate, Joyce S.(1992). *Curriculum-based assessment and programming*, Boston : Allyn and Bacon.

Combs, A. W.(1979). *Myths in Education*, Boston : Allyn and Bacon, Inc.

Cornwell(2009). *Emotional Curriculum : a journey towards emotional literacy*, Sue. Sage Publications, Ltd.

Cronbach, L. J.(1971). "Test Validation", in R. L. Thorndike(ed.), *Educational Measurement*(2nd ed.), Washington : American Council on Education.

De Bono, Edward(1979). *Future Positive*, Maurice Temple Smith Ltd., London.

De Castell, S., & A. Luke(1983). Defining Literacy in North American Schools : Social and Historical Conditions and Consequences, Paper Presented at the X World Conference of Sociology.

Doll, Ronald C.(1986). *Curriculum improvement : decision making and process*, Boston : Allyn and Bacon.

Dreeben, R.(1967). "The Contribution of Schooling to the Learning of Norms", *Harvard Educational Review, Vol. 37*.

Eisner, E.(1988). "The Primacy of Experience and the Politics of Method", *Educational Researcher, 17*(5).

Gendron, Bernard(1977). *Technology and the Human Condition*, New York : Saint Martin's Press.

Gibbons, K. A.(1979). "Curriculum Integration", *Curriculum Inquiry, Vol. 9*, No. 4.

Gress, James R.(2002). *Curriculum : frameworks, criticism, and theory*, Calif. : McCutchan Pub. Corp.

Gwynn, John Minor(1945). *Curriculum principles and social trends*, New York : The Macmillan Company.

Hambleton, et al.(1975). "Criterion-Reference Testing and Measurement", Review of Technical Issues and Development, An Invited Symposium Presented at the Meeting of the American Educational Research Association, Washington D.C.

Hass, Glen(1983). *Curriculum planning : a new approach*, Boston : Allyn and Bacon.

Hass, Glen, & Parkay, Forrest W.(1993). *Curriculum planning : a new approach*, Boston : Hiss, Glen, Allyn and Bacon.

Henson, Kenneth T.(2001). *Curriculum planning : integrating multiculturalism, constructivism, and education reform*, LA : McGraw-Hill.

Hirst, P. H.(1967). "The Logical and Psychological Aspect of Teaching a Subject", In R. S. Peters(ed.), *The Concept of Education*, London : RKP.

Hurn, Christopher J.(1976). "Recent Trends in the Sociology of Education in Britain", *Harvard Educational Review, 46*.

Jackson, P. W.(1968). *Life in the Classroom*, Holt, Rinehart & Winston.

____________(1992). "Conceptions of Curriculum and Curriculum Specialists", In *Handbook of Research on Curriculum : A Project of the American Educational Research Association*, edited by Philip W. Jackson, 3-40, New York : Macmillan Pub. Co.

Johnson, M.(1967). "Definitions and Models in Curriculum Theory", *Educational Theory, 17*(2).

Keathley, G., & Lawson, C.(2006). Integrated design curriculum : a case for integrative learning at Parsons, *Enhancing Curricula, Vol. 3*, No. 1.

Keddie, Nell(1971). "Classroom Knowledge", M. F. Young(ed), *Knowledge and Control*, London : Collier Macmillan.

Kelly, A. V.(2009). *The Curriculum : theory and practice*(6th ed.).

Kliebard, H. M.(1970). "Reappraisal : The Tyler Rational", *School Review*, February.

Klohr, P.(1974). "Curriculum Theory : The State of the Field", Paper Presented at the Xabier University Curriculum Theory Conference.

Krogh, Suzanne, L.(2001). *The early childhood curriculum*, Mahwah, N.J. : Erlbaum Associates.

Longstreet, Wilma S., & Harold Gray(1992). *Curriculum for a new millennium*, Boston : Allyn and Bacon.

Macdonald, James B., & Leeper, Robert R.(ed.)(1965). "Educational Models for Instruction", *Theories of Instruction*, Association for Supervision and Curriculum Development, Washington, D.C.

Mann, J.(1975). Curriculum Criticism : In W. Pinar(ed.), *Curriculum Theorizing : The Reconceptualists*, Berkeley, CA : McCutchan.

Marcuse, Herbert(1964). *One Dimensional Man*, Boston : Beacon Press.

Marsh, Colin J. Pearson(2007). *Curriculum : alternative approaches, ongoing issues*, Upper Saddle River, N.J. : Merrill Prentice Hall.

Marsh, Volin J, Merrill(1999). *Curriculum : alternative approaches, ongoing issues*, New Jersey : Merrill.

Martin, J.(1974). "What Should We do With a Hidden Curriculum When We Find One", H. Giroux and D. Purpel(ed.) (1983). *The Hidden Curriculum and Moral Education*, Berkeley : McCutchon Publishing Co., pp. 122-140.

Mazza, K. A.(1980). "Reconceptual Inquiry as an Alternative Mode of Curriculum Theory and Practice : A Critical Study", ED D. Dissertation, Boston University School of Education.

Middlewood, David(2001). *Managing the curriculum*, London : Paul Chapman.

Miller, J. L.(1979). "Curriculum Theory : A Recent History", *Journal of Curriculum Theorizing Ⅰ*, Winter.

Newman, S.(1972). *A Brief Overview of Open Classroom Education, ED # 064 245.*

Pinar, W.(1978). "The Reconceptualization of Curriculum Studies", *Journal of Curriculum Studies, 10*(3).

Pinar, W.(1980). "A Reply to My Critics", *Curriculum Inquiry, 10*(2).

Pinar, William F., & William M. Reynolds(1995). *Understanding Curriculum : An Introduction to the Study of Historical and Contemporary Curriculum Discourses*, New York : Peter Lang.

Pinar, William(1998). *Curriculum : toward new identities*, New York : Garland Publ.

Posner, George J.(1995). *Analyzing the curriculum Analyzing the curriculum*, New York : McGraw-Hill.

Putnam, John F., & Chismore, W. Dale(1970). *Standard terminology for curriculum and instruction in local and State school systems*, Washington : National Center for Educational Statistics.

Ragan, William Burk(1977). *Modern elementary curriculum*, New York : Holt, Rinehart and Winston.

Raphael, D. D.(1967). *Political Theory and the Rights of Man*, London : Macmillan.

Reid, M.(2009). Curriculum deliberations of experienced elementary teachers engaged in voluntary team planning. *Curriculum Journal*, *Vol. 20*, No. 4.

Resenbaum, J. E.(1980). "Social Implications of Educational Grouping", *Review of Research in Education, 8*, pp. 361-401.

Rothenberg, J.(1989). The Open Classroom Reconsidered, *The Elementary School Journal, Vol. 90*, No. 1, pp. 69-86.

Saylor, J. Galen, & John Galen(1974). *Planning curriculum for schools Planning curriculum for schools*, New York : Holt, Rinehart and Winston.

Schuurman, Egbert(1977). *Reflections on the Technological Society*, Wedge Publishing Foundations, Toronto.

Schwab, Joseph Jackson(1969). *College curriculum and student protest*, Univ. of Chicago Press.

____________________(1978). *Science, curriculum, and liberal education : selected essays*, University of Chicago Press.

Scott, David, Routledge(2003). *Curriculum studies : major themes*, New York : Routledge.

Sherin, M. G., & Drake, C.(2009). Curriculum strategy framework : investigating patterns in teachers' use of a reform-based elementary mathematics curriculum, *Journal of curriculum studies, Vol. 41*, No. 4.

Shimahara, N. K., & Sakai, A.(1995). *Learning to Teach in Two Culture : Japan and the United States*, Garland Publishing Inc.

Slavin, R.(1987). "Ability Grouping and Student Achievement in Elementary Schools : A Best-evidence Synthesis", *Review of Educational Research, 60*, pp. 471-499.

Spradley(1979). *The Ethnographic Interview*, Harcourt Brace Jovanovich College Publishers.

________(1980). *Participant Observation*, Harcourt Brace Jovanovich College Publishers.

Stevenson, H. W., Stigler, J. W., Lucker, G. W., Lee, S., Hsu, C. C., & Kitamura, S.(1987). Classroom behavior and achievement of Japanese, Chinese, and American children, in R. Graser(ed.), *Advances in Instructional Psychology, Vol. 3*, pp. 153-204. Hillsdale, NJ : Erlbaum.

Stigler, J. W., & Stevenson, H. W.(1991). How Asian teachers polish each lesson to perfection, *American Educator*, Spring, pp. 12-47.

Stigler, J. W., Lee, S. Y., Lucker, G. W., & Stevenson, H. W.(1982). Curriculum and achievement in mathematics : A study of elementary school children in Japan, Taiwan, and the United States, *Journal of Educational Psychology, 74*, pp. 315-322.

Sung, I. J.(1986). A Critical Understanding of Technology and Educational Development, Ph. D. Dissertation, University of Alverta.

Tanner, D., & Tanner, L. N.(1981). "Emancipation from Research : The Reconceptualist Prescription", in H. A. Giroux et al.(eds.), *Curriculum and Instruction*, Berkeley, C. A. : MacCutchan.

Vallance, E.(1973/1974). "Hiding the hidden curriculum : An interpretation of the language of justification in nineteenth century reform", *Curriculum Theory, Vol. 4*, No. 5.

Walker, D. F., & Schaffarzick, J.(1974). "Comparing Curricular", *Review of Educational Research, 44*, Winter.

Walker, D. F.(1971). "A Naturalistic Model for Curriculum Development", *School Review, 80*, November.

World Economic Forum.(2015). New vision for education: Unlocking the potential of technology. Colony/Geneva: World Economic Forum.

World Economic Forum.(2016). New vision for education: Fostering social and emotional learning through technology. Colony/Geneva: World Economic Forum.

Wringe, C. A.(1981). *Children's Rights*, London : Routledge and Kegan Paul.

____________(1992). "The Ideology of Liberal Individualism, Welfare Rights and, the Right to Education", in : Freeman, M. and Veerman, P.(eds.), *The Ideologies of Children's Rights*, Netherlands : Kluwer Academic Publishers.

Young, Michael F. D.(1998). *The curriculum of the future : from the "new sociology of education" to a critical theory of learning*, London : Falmer Press.

찾아보기

인명

내용

저/자/약/력

■ 김병희

경북대학교 교육학사
서울대학교 교육학석사
서울대학교 교육학박사
강원대학교 유아교육과 교수

■ 정길영

대구가톨릭대학교 교육학석사
대구가톨릭대학교 교육학박사
대구교육대학교 및 대구대학교 외래교수

■ 차상희

대구가톨릭대학교 교육학사
대구가톨릭대학교 문학석사
대구가톨릭대학교 교육학박사
전 성운대학교 유아교육과 교수

■ 은은숙

프랑스 프와티에 대학 D.E.A.
프랑스 프와티에 대학 박사과정 수료
경북대학교 교육학박사
경북대학교 및 대구가톨릭대학교 외래교수

【제2판】

4차 산업혁명 시대를 위한

교육과정의 이해

|공저자| 김병희 · 정길영 · 차상희 · 은은숙

|1판 1쇄| 발행 2011년 8월 30일
|1판 2쇄| 발행 2013년 1월 25일
|2판 1쇄| 발행 2019년 8월 30일
|2판 2쇄| 발행 2022년 1월 25일
|2판 3쇄| 발행 2024년 3월 20일

|발행인| 김동훈
|발행처| 공동체

|주소| 경기도 고양시 일산동구 호수로 358-39, 동문타워 I 905호(백석동)
|전화| 031) 814-3000(대표)
|팩스| 031) 814-3100
|홈페이지| http://www.compub.co.kr
|전자우편| compub@naver.com
|출판등록| 2005년 10월 6일
|등록번호| 제396-2005-36호

|ISBN| 979-11-6105-515-2
정가 18,000원